다시 쓰는 지방자치,
회복력

다시 쓰는 지방자치, 회복력
2024년 12월 12일 초판 발행

지은이 이광재·최연우
엮은이 한국매니페스토실천본부
펴낸이 오현순
펴낸곳 공공의제연구소 오름

주소 서울시 영등포구 국회대로 780 LG에클라트 501호
전화 02-6265-0532
팩스 02-784-0537
이메일 witrida43@daum.net

값 21,000 원
ISBN 979-11-969184-8-4 93300

* 이 책은 김해시, 경남연구원의 도움으로 제작되었습니다.
* 잘못된 책은 바꿔 드립니다.
* 지은이와 협의에 의해 인지는 생략합니다.

2024 전국기초단체장
매니페스토 우수사례

다시 쓰는 지방자치, 회복력

이광재 · 최연우 지음
한국매니페스토실천본부 엮음

공공의제연구소 오름

발 / 간 / 사

인류문명의 대전환 시대, 우리는 왜 지방자치를 다시 써야 할까.

지금 인류문명은 전에 없던 방식으로 바뀌고 있습니다. 문명사회의 대전환 속에서 패러다임Paradigm이 크게 변화하고 있습니다. 생명기술과 정보기술의 융합은 파괴적 혁신으로 인류사회 전체를 재구성하고 있고, 오래 사는 인류의 탄생으로 세계는 급격한 인구구조 변화를 경험하고 있습니다. 팬데믹, 전쟁, 기후재앙, 경제위기, 고령화와 사회적 불평등 확대 등 다양한 리스크 요인들이 동시다발적으로 밀려오면서 위기가 일상이 되고 있습니다. 이런 상황을 헤쳐 나가기 위해서는 그 어느 때보다 일상의 삶과 가장 가까이 있는 지방자치가 조금 더 지혜로운 역할을 해야 합니다.

한국매니페스토실천본부는 이러한 변화에 직면하여 새로운 도시정책을 모색해 오고 있으며, 2007년부터 고용, 불평등, 인구구조변화, 기후환경, 공동체 회복 등 우리사회가 직면한 다양한 주제를 가지고 지자체 간 상호교류, 학습, 소통을 위한 전국기초단체장 매니페스토 우수사례 경진대회를 개최해오고 있습니다.

올해로 14회째를 맞이하는 「2024 전국기초단체장 매니페스토 우수사례경진대회」는 '다시 쓰는 지방자치, 회복력resilience'을 주제로 경상남도 진해시에서 148

개 지자체의 353개 사례가 참여하여 열띤 경연을 펼쳤습니다. 그리고 본 도서는 전국기초단체장 매니페스토 우수사례 경진대회에서 발굴한 7개 분야 36개 우수사례를 담아 발간한 책입니다.

문명사회의 대전환에 서 있는 한국사회는 질곡의 현대사를 겪어왔습니다. 해방으로 식민지 시대가 끝났지만 곧이어 전쟁이 벌어졌고, 압축적 산업화와 역동적 민주화, IMF외환위기 등 주기적인 경제위기를 겪어오면서 갈등의 골과 상처가 더 깊어져 지워지지 않는 문신과 같이 새겨지고 말았습니다.

그리고 상흔의 역사는 삶의 가치에 근본이 되는 정신적 풍요와 문화적 성숙을 이루려는 노력보다는 혐오와 배척이 우선되는, 위험사회의 주요 원인이 되고 말았습니다. 이처럼 문명사적 대전환과 마주한 한국사회를 위태롭게 하는 주요 원인은 두려움과 탐욕으로부터 시작하는 상흔의 역사와 '단절disconnect'입니다.

우리 사회의 미래는 생존을 위한 공존·공생의 가치를 찾아낼 수 있으냐, 없느냐에 따라 그 운명이 바뀔 수도 있습니다. 그리고 공존·공생의 가치를 찾아는 길은 상흔의 역사와 단절사회를 어떻게 치유할 것인가에 대한 여정이 될 것입니다. 공존·공생의 가치는 문명사적 대전환 과정에서 타격이 심할 수 있는 빈곤층과 취약계층의 경제, 사회, 기후생태적 충격 및 재난에 대한 노출을 줄일 수 있는 현명한 방안 마련이 그 해답의 열쇠가 될 것입니다.

그리고 그것은 강인한 회복력이며, 이를 위한 끈끈한 사회연대입니다. 팬데믹이 집요하게 공격했던 약한 고리는 느슨한 사회연대였으며, 도시종말의 고리는 결국 취약계층에서부터 시작한다는 불편한 진실을 목도했기 때문입니다.

이와 같은 이유로 본 도서는 공존·공생을 위한 사고와 전략으로서의 회복력 방안들이 공론화되고 전쟁, 기후재앙, 환경파괴, 팬데믹, 불평등 심화 등과 같은 현대사회가 마주한 파국을 헤쳐나가는 노력의 작은 디딤돌이 되면 좋겠다는 기대로 만들어졌습니다. 따라서 본 도서에서 소개되는 우수사례는 인간다움과 삶의 존엄에 대한 성찰에 다가서는, 다시 쓰는 지방자치의 단초가 되기를 소망하고 있습니다.

끝으로 경진대회의 심의를 위해 애써주신 심사위원의 노고에 감사드리며, 이 책의 편집과 출판을 위해 힘써주신 모든 분들에게 수고에 격려의 말씀을 드립니다.

2024년 11월
한국매니페스토실천본부 사무총장 이광재

차 례

발 간 사　　4

일자리 및 고용개선

경기 안산시	안산시 DSLR로 바라보는 노동정책 길라잡이 : 노동자의 안전과 편안함	1
경기 용인시	– 도시와 농촌이 함께 만드는 미래 – 농업의 힘!「용인특례시 농업기술센터」	2
전남 신안군	"남이 가지 않는 길" 신안군 정원수 사회적 협동조합	3
서울 관악구	스타트업(Start-up) 별(Star)들이 모여들다, 한국형 실리콘밸리로 떠오르는 '관악S밸리'	4
대전 유성구	어궁동 제2의 전성기, 창업 혁신생태계에서 답을 찾다	4

사회적 불평등 완화

경기 시흥시	시민의 목소리로 시작된 아동 인권 존중	
경남 김해시	多함께 가야(김해)G(GLOBAL) "이제 우리도 김해시민입니다."	
충북 영동군	"김영동(永同)할머니"의 하루(부제 : 10 으로 100 까지) (10개 영동형 생활밀착 시책으로, 100개까지 건강하게)	
광주 서구	– 미래를 잃어버린 청년에게 '내일'을 선물하다 – 전국 최초! 가족돌봄수당 지급, 주민참여형 동행복지 실현	

경제적 불평등 완화

강원 원주시	원주시 소상공인 지원 프로젝트, 모르는 소상공인 없게하기!	
충남 당진시	– 교육부 공모 3관왕 달성 – 학령인구 감소, 지역소멸 위기 극복을 위한, 당진시의 교육혁신	
경남 창녕군	창녕농민 웃게 하고, 지역경제에 활력을 준 다시 돌아온 창녕갈릭버거	
서울 노원구	구민 누구나 차별없이 건강을 누리는「노원형 건강도시」	
부산 서구	서구형 에너지복지 허브 조성 사업	

인구구조 변화대응

경기 수원시	수원형 마을단위 통합돌봄사업! 빈틈없는 수원새빛돌봄 도입	
경기 이천시	"전국최초 0~12세 맞춤형 돌봄서비스" 이천시 24시간 아이돌봄센터 운영	
경북 영양군	군민 모두 건강 바람, 안전 바람 전국 최초 '군민 건강검진비' 지원	
서울 은평구	영유아 마음건강 돌봄시스템 구축「은평 아이맘 상담소」	
대구 남구	'내 이웃을 살리는기적' 대명 9동 고독사 없는 안전한 마을	

기후 생태 환경

경기 파주시	지속가능발전을 위한 파주형 환경정책	184
전남 나주시	쾌적한 도시환경 조성을 위한 악취통합관제센터 구축	194
충북 괴산군	기후 위기의 가장 큰 이슈 '에너지 전환' 방치된 '산림바이오매스' 활용 산림에너지자립마을 조성	202
전북 부안군	[전국최초] 갯벌 한 평으로 지구를 살리는 한평생 부안갯벌 프로젝트	211
광주 북구	사람과 자연을 잇는 녹색 안전 도시 광주 북구 : 생태자원 보존과 기후 위기 대응까지	221

지역문화 활성화

전남 목포시	숨은 고수를 찾아라! '생활장인대학'	230
경남 통영시	폐조선소 도시재생으로 탄생한 통영의 핫-플레이스 통영리스타트플랫폼	239
울산 울주군	내. 디. 내. 만. 울주동네문화생활 *내디내만: 내가 디자인하고 내가 만드는	248
전북 장수군	청년들이 만들어가는 새로운 로컬브랜드 "장수트레일레이스"	258
서울 성북구	한국 근현대 역사문화예술의 산물, 아카이브의 도시 '성북'	266
인천 미추홀구	지역작가 양성으로 책을 창작하고, 지역서점 판매에서 소비까지 연결되는 '나는 미추홀구 작가' 책 순환 프로젝트!!	276

공동체 강화

경기 부천시	더 따뜻한, 더 똑똑한, 더 촘촘한! 부천형 스마트 안(전)부(천) 시스템	286
경북 안동시	원도심 활성화 프로젝트! 시민의 힘을 모아 축제의 혁신을 이끌어내다	295
충북 증평군	기록공동체 증평! 마을과 사람을 기록하다	303
경북 청도군	깡촌시골의 반란! 청도 삼삼오오 프로젝트!	313
서울 서초구	"쓸수록 서초 하늘이 맑아진다" 서초코인 그린코인 운영	323
광주 광산구	1명이 3세대를 1세대에 3명이 단짝되는 '1313 이웃살핌'	333

2024
전국기초단체장
매니페스토 우수사례

일자리 및 고용개선

경기 안산시 | 경기 용인시 | 전남 신안군 | 서울 관악구 | 대전 유성구

2024 전국기초단체장 매니페스토 우수사례
일자리 및 고용개선 | **경기 안산시**

안산시 DSLR로 바라보는 노동정책 길라잡이: 노동자의 안전과 편안함

경기 안산시

· · ·

"우리나라는 어떤 민족입니까?"

배달 서비스 문화에 익숙한 한국인들은 우스갯소리로 우리나라는 배달의 민족이라는 말을 곧잘 잘 하곤 한다. 한국의 좁은 영토와 높은 인구밀도, 발전한 IT 기술, 빠른 속도를 추구하는 문화 덕에 우리나라의 배달 서비스는 전세계와 견주어도 우위를 선점한다. 현대인들에게 편리함을 가져다 준 배달, 그러나 그 이면에 배달 노동자의 생계가 있다.

늘어나는 배달 노동자의 사고율이 현장 노동자의 근무환경을 가감없이 보여주고 있다. 지난 4년 간 음식서비스 온라인몰 거래액 추이는 약 2.5배 이상 증가했고, 한 해에 배달 전문 오토바이의 사고율은 개인용 오토바이에 비하여 약 15배가 증가했다. 1대 당 2번 이상 사고가 일어난 셈이다. 원인을 조사한 결과 84% 이상의 응답자가 법규위반인줄 알지만 이동시간 단축을 위해 위험운전을 행했다고 답했다. 음식 한 개, 신호등 신호 한 번이 하루 소득과 직결되는 일이기 때문이다. 그들은 비가 와도 눈이 와도, 낮이어도 밤이어도, 작업복을 챙겨입고 미끄러운 도로로 향한다. 하룻밤에 몸이 망가지고, 하염없이 기다렸던 가족을 잃는 슬픔은 이루 말할 수 없이 갑작스러울 것이다. 안산시는 이러한 현장노동자의 생활과 어려움을 DSLR (Delivery Safety, Laundry, Rest)로 바라보았다.

DS, 배달노동자 안전은 내가 지킨다

광역적인 안전교육이 필요하다고 판단한 안산시는 안전한 배달문화를 조성하기 위한 안전지킴이를 모집했다. 배달노동자 약 50여명이 '움직이는 안전지킴이'로 위촉되어 지역사회 안전을 위한 여러가지 활동들을 시작한 것이다. 우선적으로 기본적인 교통법규를 준수할 것을 서로 약속했다. 안전스티커 부착 및 홍보 전단을 배포하고, 교통사고 예방을 위한 바디캠 등의 안전용품도 지급했다. 배달 중 불량 노면이나 취약 가정을 발견할 시에는 공익 신고 조치를 하였다. 어쩌면 가장 자주, 그리고 밀접하게 사각지대에서 어려움을 겪고 있는 가정들에게 손을 내밀 수 있는 자리가 아닐까? 도로 위를 동에 번쩍 서에 번쩍 이동하는 현 시대의 홍길동 같은 역할을 기대하게 한다.

사업장으로 찾아가는 안전교육과 캠페인 또한 병행적으로 추진했다. 배달대행업체를 방문해 최근 발생한 이륜차 사고 현황과 내용을 서로 공유하며 교통법규 준수 실천을 통한 안전한 교통문화의 정착을 당부하고 논의한 것이다. 빠른 배달보다 이륜차 운전자와 보행자의 안전이 우선되어야 함을 다시 한번 상기하는 계기를 만들었다. 지난 겨울에는 행복나눔터에서 취약계층을 대상으로 한 김장 나눔 봉사를 진행했다. 직업 특성상 안산의 지리를 잘 알고 있다는 장점을 살린 것이다. 좁은 골목길을 바람처럼 달리며 홀몸 어르신, 이동이 힘든 시민들을 위해 자원봉사자들이 직접 담근 김장김치를 배달했다. 비가 추적추적 내리는 날씨에도, 힘든 기색 없이 따뜻한 정을 선물했던 보람찬 시간이었다.

L, 오염물질로부터 가족 건강 보호

안산시의 눈길은 노동자가 하루 일과를 마친 뒤에도 이어졌다. 약 700명에게 '안산시 노동자 작업복 세탁소 수요조사 및 운영방안 연구'를 주제로 설문조사를 시행한 것이다. 작업복을 세탁할 때의 애로사항으로 잔존 유해물질이 불안하다는 의견이 약 20%, 가족의 위생이 걱정된다는 의견이 약 22% 존재했다. 오염된 작업복으로부터 가족의 건강을 보호하기 위해서는 작업복 세탁소가 꼭 필요했다.

이러한 고충을 해결하고자 안산시는 2023년, 경기도 최초의 노동자 전용 세탁소 '블루밍 세탁소'를 개설했다. 경기도 장애인 복지회 안산지부가 위탁 운영을 맡으며 장애인 일자리도 창출하는 효과를 가져왔다는 점에서 더욱 주목할 만하다. 이용 대상은 관내 소규모 영세 사업장을 우선적으로 하였다. 사업장별 수거, 세탁, 배송까지 원스톱 서비스를 제공함과 동시에 간단한 수선도 맡길 수 있도록 했다. 사업장의 부담을 감소하기 위해서 이용료도 저렴하게 책정했다. 춘추복과 하복이 1벌에 1000원, 동복이 2000원으로 기존 세탁 비용 대비 약 1/3에 달하는 가격이다. 서비스 이용 만족도를 분석한 자료에서도 이용료와 관련해 100% 만족한다는 설문 결과가 나왔다. 그 밖에 세탁품질, 직원친절, 세탁 시간과 관련해서도 98%의 매우 높은 만족도를 보여주었다. 이용업체 수가 작년(88개) 대비 85% 증가한 163개 업체로 크게 증가한 것은 마땅한 성과이다. 세탁소의 이름은 공모를 통해 선정되었는데, 노동자를 뜻하는 블루(Blue)와 꽃이 만개한다는 뜻의 블룸(Bloom) 이라는 의미가 모두 담겨있다고 한다. 안산시와 안전지킴이, 그리고 수많은 이동노동자들의 땀과 결실이 활짝 피어 눈에 띄게 자라는데 도움이 되었으면 좋겠다.

R, 피곤한 이동노동자의 휴게권 보장

안산시의 세심한 노력들은 멈추지 않고 자연스럽게 이동노동자에게로 확장되었다. 이동노동자란 이동하여 근로하는 노동자를 일컫는 말로, 배달기사, 대리기사, 퀵서비스 기사를 모두 포함하고 있다. 근무지가 일정하지 않고 외부에서 장시간 일하는 이동노동자들의 휴식권을 보장하기 위해 쉼터를 마련한 것이다. 이동노동자쉼터 1호점 '힐링'은 매일 오전 9시부터 다음날 오전 6시까지, 휴게실, 프로그램실, 동아리방, 스낵바, 여성 휴게실 등을 갖추어 운영하고 있다. 이곳은 처음 생긴 2023년 한 해 동안 14,000명이나 방문할 정도로 큰 호응을 얻었다. 더운 여름과 추운 겨울 같은 열악한 외부 환경으로부터 벗어나 자비를 사용하지 않고 부담없이 휴식을 취할 수 있다는 데에서 호평을 받은 것이다. 휴게 공간에 더해 건강 관리와 법률 상담, 취업 상담, 장소 대관, 안전 교육 등의 다양한 프로그램도 진행하고 있다는 점이 돋보인다. 뒤이어 개설한 2호점은 24시간 무인운영으로, 커피 등 음료가 무료 제공되고 구급함이 비치되어 있다. 또한 카드단말기에 개인신용 카드로 인식 후 출입이 가능하도록 만들었다. 이를 통해 이용자 수를 즉각적으로 확인할 수 있고 혹시 모를 사고를 효과적으로 예방 및 대비할 수 있다. 최근 7월에는 전국적으로 잦은 비 소식과 체감온도의 상승으로 기존 이동노동자 쉼터 2개소를 '이동노동자 무더위 쉼터'로 운영하기도 했으며, 저탄소 친환경 배달문화 조성을 위해 전기이륜차 배터리스테이션을 2호점과 신규로 개소한 3호점에 설치하여 사방팔방 촘촘한 노동환경 개선 지원 인프라를 구축 중이다. 쾌적한 노동 환경을 위해 노동자들의 의견을 적극적으로 수용하는 안산시의 노력이 나타나는 사례이다.

안산시 이동노동자 쉼터 '휠링'과 이동노동자들

그 외에도 안산시 노동자지원센터 건립을 추진하고 있다. 지하 1층, 지상 6층의 규모로 이동노동자 쉼터 4호점, 블루밍세탁소, 여성노동자복지센터, 노사민정협의회, 비정규직노동자지원센터 등을 모두 이용할 수 있도록 하는 다목적공간을 운영하기 위해서이다. 원스톱 지원이 가능한 진정한 근로자 복지 플랫폼을 구축하기 위해서 노동법에 있어 전문 지식을 갖춘 상담사와 근로복지 전문가도 함께 배치할 계획이다. 노동권에 대한 지역사회 네트워크를 긴밀히 형성하고 협력할 수 있는 노동복지허브가 되기를 손꼽아 기다리게 된다. 반월국가산업단지가 위치한 우리나라 산업의 중심지이자 "노동자의 도시"라는 명성에 걸맞게, 사회정책적인 안전망을 체계적으로 구축하고 있는 안산시의 행보가 앞으로도 기대가 된다.

인터뷰 Interview

안산시장
이민근

1. 안산시가 노동 정책에 특히 역량을 집중하는 이유는 무엇인지요.

안산시는 수도권 제1규모의 산업단지인 반월국가산업단지를 포함하여 4개의 산업단지가 위치해 있으며, 기업체 11,741개, 근로자 약 15만 2천여 명의 근로역군이 발전을 견인하는 대표적인 산업도시입니다. 그러나 반월국가산단은 1987년 조성이 완공된 이래 37여년이 지나면서 점점 노후화되고 있으며, 50인 미만 소규모 기업이 96%를 차지하고 있어 열악한 환경에서 일하는 근로자의 비중이 높은 상황입니다.

반월산단은 국가산단이기에 지방정부의 역할에 한계가 있지만, 산업단지 근로자는 사회구성의 근간이 되는 안산시민의 일원으로 민선8기 안산시는 핵심비전인 "시민과 함께"를 실현하고자 노동환경 개선과 정책 혁신에 방점을 두고 최선을 다하고 있습니다.

2. 수도권의 대표적인 산업도시인 민선8기 안산시가 안전한 노동환경을 구축하기 위한 중대재해제로(Zero)화 노력을 소개해 주신다면.

지난 1월 27일, 중대재해처벌법 확대 시행으로 5~50인미만 사업장은 전문인력 부재, 의무내용 과다 등 법규 준수에 많은 어려움을 토로하고 있습니다. 특히 안산시는 50인 미만 소규모 기업이 96% 이상 차지하고 있고 그중 대부분은 2차 산업인 제조업을 기반으로 하고 있습니다. 규모가 작은 만큼 강화되는 노동법규에 대응해 사업체에서 근로자의 작업환경 안전을 위한 투자를 하기에는 현실적으로 매우 어려운 실정입니다.

이에 안산시는 어떻게 하면 근로자들이 안전한 환경에서 근무할 수 있을지 여러 기관과 함께 고민하고 중대재해 제로화에 힘썼습니다. 먼저 안산시는 중대재해예방TF팀을 구성하여 선제적인 대응에 나섰으며, 경찰, 소방 등 공공기관과 노동단체, 기업, 대학, 병원 등 노·사·민·정이 함께 "중대재해 제로 공동선언"을 선포하여 지역 내 실질적인 산업재해 예방과 안전보건문화 확산을 위한 경각심을 고취하고 선언문을 이행하고 있습니다.

또한 소규모 사업체를 위한 "노동안전지킴이 운영 사업"을 추진하고 있습니다. 총 4명의 안전지킴이가 직접 현장점검을 실시하며, 간과하기 쉬운 작업환경의 안전상태 점검을 돕고 개선방향도 컨설팅하고 있습니다.
지난 2023년 8월 산업안전보건법 개정으로 사업장 휴게시설 설치 의무 대상이 확대됨에 따라 안산시는 열악한 현장노동자 휴게시설 개선을 지원하여 사업주의 설치 부담을 완화하고 노동자 휴게권을 보장하는 "현장노동자 휴게시설 개선사업"을 추진하고 있습니다.

올해는 공동휴게시설 1개소, 개별 휴게시설 4개소 등 총 5개소, 약 7천만 원을 지원하였습니다.

향후에도 안산시 안전보건관리체계를 공고히 하고 산업재해 예방 캠페인 및 안전 물품 지원 확대, 폭염 등 산업재해 예방을 위한 노동안전지킴이 활성화, 작업환경 측정 및 산업안전 현장지도점검 등 지속적인 관리를 통해 근로자의 안전을 확보하겠습니다.

3. 시장님의 공약이기도 했던 이동노동자 쉼터 '휠링' 운영은 특히 어떤 문제에 주목하셨고, 어떤 효과를 기대하시고 제안하셨는지요.

포스트 코로나 시대에 우리 시민들의 삶은 급격히 변화했습니다. 대면보다는 비대면이 일상화되었고 플랫폼을 통한 대리기사, 배달기사 등 이동노동자가 빠르게 증가하였으며 배달전문 오토바이 사고율은 212.9%로 개인 오토바이 사고율 14.5%의 15배에 달하는 등 계속 높아지는 추세입니다.

이동노동자의 경우 기업에서 제공하는 노동복지서비스를 받을 수 없고 폭염과 폭우, 폭설 등 악천후 속에서도 이동해야 하는 열악한 상황이 높은 사고율의 원인으로 꼽힙니다.

길에서, 혹은 어느 건물의 계단에서, 공원의 벤치에서 불편한 휴식을 해야만 하는 상황이 안타깝게 느껴졌고, 잠시나마 그분들이 편하게 쉴 수 있는 공간을 마련해야겠다는 생각에 이동노동자 쉼터를 추진하게 되었습니다.

안산시는 민선8기 출범 이후 이동노동자 쉼터 3개소를 설치·운영하고 있으며, 향후 4호점까지 관내 동서남북 사방에 운영하여 언제 어디서든 이동노동자가 가까운 쉼터에서 편안하게 휴식을 취할 수 있도록 사업을 계속 확대해 나갈 계획입니다.

4. '안산시 노동자지원센터' 건립은 어느 단계이며, 센터가 담당할 핵심적인 사업은 무엇인지요.

"안산시 노동자지원센터"는 지상 1층 지상 6층, 연면적 3,786.37㎡의 규모로 경기도 안산시 단원구 선부동의 기존 근로자종합복지관 옆 부지에 건립을 추진하고 있습니다. 지방재정투자심사, 공유재산관리계획 수립 등 주요 행정절차를 완료하였으며 설계공모를 추진 중입니다. 오는 11월 설계공모안이 확정되면 2025년 상반기 중 착공할 예정입니다.

안산시 노동자지원센터는 노동복지서비스를 원스톱으로 제공할 수 있는 플랫폼 구축이 핵심입니다. 기존에 여러 곳에 흩어져 있던 노동자 지원단체를 집약하고, 노동자블루밍세탁소, 이동노동자 쉼터 등 근로자 편의시설뿐만 아니라 일자리 알선, 노무상담 등 근로자가 필요로 하는 서비스를 제공할 예정입니다.

또한, 기존 근로자종합복지관과 연계하여 자격증 교육, 교양강좌, 문화활동 등 노동자의 삶의 질 향상을 위한 프로그램을 추진하고, 일반 시민들도 언제든 방문하여 휴식할 수 있는 카페도 설치할 예정입니다.

5. 노동의 가치를 존중하는 문화가 뿌리를 내리기 위해서 가장 시급한 과제는 무엇이라고 생각하시는지요.

민선 8기 안산시의 가장 중요한 가치는 "시민과 함께"입니다. 안산시민의 대리인인 시장으로서 시의 발전과, 시민의 삶의 질 향상을 위해서, 예산을 투입하는 모든 사업에 시민의 가치를 담고자 노력하고 있습니다.

노동 현장도 다르지 않다고 생각합니다. 과거 70~80년대 먹고살기 바빴던 터라 산업발전을 사람보다 우선시하던 시대와는 달리, 노동환경이 크게 바뀌었고 이제는 기업의 소중한 구성원이자 가족처럼 여겨지는 시대가 도래했습니다.

근로자의 의견에 귀를 기울이고 그분들이 원하는 사항을 반영할 수 있는 사회가 되는 것이 어느 것보다도 우선되어야 합니다.

앞으로도 안산시는 근로자의 권익 보호와 '노동의 가치를 존중하는 사회', '기업과 노동자가 상생하는 안산'을 만드는 데 최선을 다하겠습니다.

2024 전국기초단체장 매니페스토 우수사례
일자리 및 고용개선 | **경기 용인시**

– 도시와 농촌이 함께 만드는 미래 –
농업의 힘!「용인특례시 농업기술센터」

용인특례시
YONGIN SPECIAL CITY

· · ·

인류 문명은 수렵사회에서 농업사회, 산업사회를 거쳐 정보사회에 이르렀다. 문명이 발전함에 따라 인류는 여러가지 방면에서 발전을 이룩해왔으나 기후변화, 환경파괴, 식량위기, 도시화와 고령화 등의 또 다른 과업을 해결해야 하는 상황에 놓였다. 급격하게 변화하는 사회 가운데서 농업은 경제 및 산업적 측면으로 그 가치가 재조명되고 있다. 가장 중요한 미래 식량 뿐만 아니라 목재, 비단, 면화 등의 원재료를 제공하고 산림, 호수, 토양과 같은 자연환경을 유지하고 공급하는 데에도 필수적인 역할을 하기 때문이다. 현세대와 미래세대의 연결은 도시와 농촌이 얼마나 상생하며 살아가는가에 달려있다고 해도 과언이 아니다. 농업과 농촌, 그리고 도시는 어떻게 안정적으로 병존하며 같은 방향으로 나아갈 수 있을까.

스마트 농업 현장기술지원

반도체 클러스터 구축으로 범국가적으로 큰 관심과 투자를 받고 있는 용인시는 4차산업의 첨단기술을 농업에 도입하여 경쟁력을 향상하고자 했다. 전문 일자리를 창출하고 농촌 고령화 대응을 위한 청년 농업인 등의 미래인재를 육성하고자 한 것이다. 그 첫걸음은 스마트농업 테스트베드를 운영하면서 시작되었다. 용인시는 2022년 8월부터 스마트팜 적용 농업인 또는 희망인을 대상으로 스마트농업 현장기술지원 사업을 전개했다. 약 960㎡의 3연동 스마트온실을 마련하고 방울토마토 신품종을 재배했다. 수박 수직형 수경재배, 멜론 수경재배 착과량에 따른 중량 비교 실증 재배 또한 추진했다. 아열대작물 전용의 과학영농시설도 운영했다. 1,152㎡ 면적의 벤로형 3연동 ICT복합환경제어 온실에서 만감류 3종 58주, 바나나 52주, 애플망고 75주를 재매했다. 동시에 아열대작물 재배 메뉴얼도 확립하여 농산물 수확의 효율성을 높였다. 빅데이터 관제센터 운영 및 지원사업으로 11농가의 데이터를 수집하기도 했다. 스마트농업 환경제어 기술보급 사업 등 7개의 농가를 지원했고 생산성 증대와 노동력 절감 효과를 창출했다. 대상자들을 위한 전문교육도 빼놓을 수 없었다. 스마트농업 기본교육, 환경관리 교육, 인턴십 프로그램을 제공했고 특히 인턴십 같은 경우에는 총 60회에 236명이 참여하여 높은 만족도를 보였다.

안전한 농산물을 생산하기 위한 시스템도 구축했다. 토양, 중금속, 수질, 퇴비, 액비 등을 분석하는 종합분석실, 전국최다 분석건수를 달성한 잔류농약 분석실, 식중독세균을 분석하는 유해미생물 분석실이 설치되어 운영되고 있는 것이다. 이를 통해 '안전한 우리식탁, 로컬푸드' 라는 장점을 살려 갓 수확한 농산물의 신선함을 강조하고 있다. 2022년에는 전국 지자체 중 유일하게 농산물우수관리(GAP) 인증기관에 재선을 하며 입지를 탄탄히 다졌다.

스마트농업테스트베드(좌)와 아열대과학영농시설(우)

용인농업의 외연확장, '도시×치유 농업'

도시×치유 농업이 새로운 농업 트렌드로 떠오르고 있다. 치유농업이란 농업×농촌 자원을 활용해 국민의 신체, 정서, 심리, 인지, 사회 등의 건강을 도모하는 활동과 산업을 의미한다. 농사 자체가 목적이 아니라 건강의 회복을 위한 수단으로 농업과 친밀해지는 데에 그 가치가 있다. 용인시는 전국 최초로 홍수면 부지를 활용하여 시민을 위한 용인시민농장을 확대 운영했다. 기존 400구좌에서 800구좌로 땅 면적 약 2.5배가 넓어졌다. 장애인 및 실버 전용텃밭을 조성하고 맞춤형 텃밭 교육도 운영했다. 분양자들 대상으로 병해충, 생리장해 진단과 처방을 해주었고 분갈이 방법에 대해 교육했다. 관내 농업인을 활용하여 시민농장 주말 무료 분갈이 체험을 봄, 가을에 추진했다. 시기별 모종 나눔행사도 열었고, 작물별 텃밭 기술지도를 통해 신중년 경력형 일자리를 창출하여 총 6명이 이를 도왔다.

도시와 농촌이 함께하는, 용인농촌테마파크

참여자들의 큰 만족감과 지속적인 인기에 힘입어 도시농업관리사 135명을 육성하는 데에도 성공했다. 도시농업관리사는 국가공인자격으로 도시농업 관련한 해설과 교육 지도 및 기술을 보급하는 역할을 한다. 민간단체와의 협력을 통해 도시농업공동체 29건을 등록하고 용인시 도시농업관리사 협회도 구성했다.

'용인농촌테마파크'는 도시민에게 일상을 벗어난 전원 체험 공간, 가족단위의 휴식 공간을 제공하고있다. 연간 2회 도농어울림 행사를 추진하고, 농산물직거래장터도 운영하고 있다. 숲속도서관, 농경문화전시관, 교육장 3개소 등의 시설이 구비되어 있으며 용인시만의 차별성 확보를 위한 자체 체험도 운영하고 있다. 숲속도서관에서는 농업관련 동화책을 읽고 직접 체험해보는 활동을, 용담호수둘레길에서는 생태환경 관리 및 명상체험 프로그램을, 작물학습포에서는 농촌테마파크 작물 재배 및 체험교육을 진행하고 있다. 농촌테마파크 내 초화류를 재배하는 새기술실증시범포(온실)도 운영하고 있어서 도시와 농촌의 신규 허브 역할을 톡톡히 하고 있는 중이다. 자체 육성한 체험학습지도사 또는 체험농가를 활용해 원예체험을 추진하면서 관련 자격증을 보유한 22명의 농업인을 고용, 신중년 일자리를 창출하기도 했다.

미래 전문농업인 양성

청년농업인 활성화 지원과 역량 강화 교육에도 적극적인 용인시이다. 효과적인 영농 지원으로 농업을 선도할 젊고 유능한 인재를 육성하며 미래 성장동력을 확보하기 위함이다. 가공, 관광, 시설원예, 6차산업, 스마트 팜 등 다양한 영농 분야에서 청년농업인의 신기술과 창의적 아이디어가 반영된 자율형 공모사업을 지원했다. 용인시 청년농업인은 2023년 대비 현재 9.5%가 증가할 만큼 큰 성과를 얻었다. 더 나아가 후계농업인 조직 네트워크 구축을 위해 한국4-H 용인시 본부를 설립하고 후계농업경영인 용인시연합회 청년회 40명을 구축했다. 회원들의 초기 영농기반 조성을 위한 규모화, 현대화 사업을 지원하고 영농기반 시설 및 장비를 구축하는데 책임을 다하고 있다.

용인바이오고등학교의 실무과목과 연계한 체험학습도 아낌없이 지원하며 학생들의 진로모색의 길을 넓혔다. 농업기술센터의 과학영농시설 견학 및 체험 프로그램을 제공했고 각 전공과 관련된 NCS 실무 과목을 접하도록 하여 현장 능력을 함양시켰다. 용인그린대학 및 대학원도 운영했다. 작물별 영농기술 및 마케팅 관련 이론과 실습을 병행하여 원스톱 교육 프로그램을 체계화했고 도시민의 친환경 전원생활 및 귀농, 귀촌 희망자의 안정적 정착을 도왔다. 원예과, 그린농업과, 생활농업과를 신설하고 퇴직 농촌지도직 공무원 등을 강사로 활용했다. 동문회를 통한 네트워킹도 꾸준하다는 점에서 더 건강하고 지속가능한 미래를 추구하는 도시농업(퍼머컬쳐) 의미를 고취시킨다.

농업의 6차산업화

용인시는 농업의 힘을 믿고 키우며 농촌의 6차산업화를 선도하고 있다. 6차산업이란, 농촌에 존재하는 모든 유무형의 자원을 바탕으로 농업과 식품, 특산품 제조와 가공, 유통판매, 문화, 체험, 관광, 서비스 등을 연계함으로서 새로운 부가가치를 창출하는 활동을 의미한다. 용인시의 농산물 종합가공지원센터는 농업인 개개인이 설비시설을 갖추고 유통, 홍보까지 진행하기에는 현실적으로 어려움이 있다는 걸 파악하여 이를 해소하고자 설립되었다. 이곳에서 진행하는 창업교육 프로그램은 가공기초반 교육, 가공창업반 교육, 맞춤형 컨설팅, 역량강화 교육의 총 4단계로 이루어져있다. 이 과정을 통해서 지역 농식품 인재 CEO가 다수 양성되고 있다. 자체 공동브랜드 '용인의 소반' 같은 사례가 국내와 국외 박람회 참가를 통해 용인 르네상스 브랜드를 성공적으로 전파하고 있음을 보여준다. 2023년 3월 도쿄국제식품박람회에서는 20여종 가공품에 대해 58건의 수출 상담을 진행했고 같은 해 5월, 제1회 용인시 소반 푸드페스티벌을 열어 13개 기업의 99종 식품이 참여했다. 7월에는 메가쇼 팔도밥상페어에서 13개 기업 50여종의 식품이 참여했고 대한민국 지방자치경영대전에서 농림축산식품부장관 상을 수상했다.

'무한불성'이라는 사자성어가 있다. 땀과 노력이 없으면 아무 일도 이룰 수 없다는 뜻이다. 봄에 논밭에 씨를 뿌리고 무더운 여름을 지나 가을에 풍성한 수확을 얻기 위해서는 햇빛 아래에서 내내 구슬땀을 흘려가야 비로소 가능하다. 농부의 땀, 그 가치를 알고 진솔하게 자라고 있는 용인시를 응원한다.

인터뷰 Interview

용인특례시장
이상일

1. 민선 8기 시정 비전인 '함께 만드는 미래, 용인르네상스'의 핵심은 어떻게 설명할 수 있나요.

민선8기 시정 비전인 '함께 만드는 미래 용인 르네상스'는 시민과 함께 지혜를 모아 반도체를 비롯한 산업의 융성뿐 아니라, 교통·교육·문화예술·복지·농업축산·체육 등 모든 분야에서 질적 변화와 양적 성장을 이루어 용인시민의 삶을 한층 더 업그레이드 하겠다는 것으로, 시정 비전인 동시에 시정철학입니다. 용인시민의 기대와 염원을 경청하고, 이를 토대로 시정을 구상하여 시민과 함께 용인특례시의 성장을 이끌어갈 것입니다.

2. 결국 농업은 여전히 우리의 삶과 산업의 근본이고 미래를 위한 르네상스적 신사고와 상상력이 중요하시다는 말씀인데 시장님이 생각하시는 미래 농업은 무엇인지요.

미래 농업은 우리 삶과 산업의 근본을 새롭게 혁신하는 중요한 요소입니다.
용인르네상스라는 시정 비전 하에, 저는 미래 농업을 단순한 식량 생산을 넘어 지속 가능한 발전의 핵심 축으로 보고있습니다. 농업은 첨단 기술과 융합되어야 하며, 이를 통해 더 나은 생산성, 안전성, 자원 관리 그리고 환경보고가 가능해질 것입니다.

특히 스마트농업은 중요한 역할을 할 것입니다. 인공지능(AI), 빅데이터, IoT와 같은 기술이 결합된 농업 시스템은 농작물의 상태를 실시간으로 모니터링하고 외부 환경변화에 맞추어 최적의 작물 재배기술 방법을 제시할 수 있습니다. 또한 도시 및 치유농업과 같은 시민체감형 농업 형태도 우리 용인특례시의 중요한 부분이 될 것입니다.

이러한 새로운 방식의 농업은 단순히 생산의 효율성을 높이는 것에 그치지 않고 시민들이 농업의 가치를 느끼며 직접 체험하고 참여할 수 있는 기회를 제공합니다. 이는 단순히 농업을 지원하는 것이 아니라 시민들이 함께 만드는 미래 지향적 농업 생태계를 구축하는 길입니다.

우리 용인특례시는 르네상스적 신사고와 상상력을 바탕으로 기술과 자연이 조화를 이루는 지속가능한 농업을 통해 용인의 미래를 새롭게 설계할 것입니다.

3. 전국에서 9번째로 인구가 많은 용인특례시를 도농복합도시라고 소개하시면서 스마트·치유농업을 강조하고 계시는데, 그에 대한 배경과 비전을 말씀해 주신다면

우리 용인특례시는 도시와 농촌의 균형 발전이 매우 중요합니다. 스마트농업, 도시농업, 치유농업을 핵심 전략으로 삼아 미래 농업의 새로운 패러다임을 제시하고자 합니다.

용인은 인구가 많고 기술기반 인프라가 잘 발달되어 있어 스마트농업을 도입하기에 최적의 조건을 갖추고 있습니다. 이를 통해 농업 생산의 효율성을 높이고 예측 가능한 농업 경영을 가능하게 할 수 있습니다. 우리시는 스마트농업 테스트베드를 운영하여 딸기, 방울토마토, 메론 등을 실증재배하고 인턴십 교육 등을 통하여 농업인들에게 현장기술을 지원하고 있다. 이러한 노력은 외부 환경변화에 민감한 농업 환경에서도 지속 가능한 농업의 대안이 될 것입니다.

치유농업은 농업 활동을 통해 심리적, 신체적 건강을 증진시키는 형태의 농업입니다. 우리시는 자연환경과 더불어 시민들의 건강과 복지에 중점을 두고 있기 때문에 치유농업을 적극적으로 추진할 필요가 있습니다. 이를 통해 스트레스 해소, 심리적 안정, 공동체 속에서의 상호교류를 촉진할 수 있습니다. 특히 고령화 사회로 접어드는 현재 치유농업은 어르신들과 사회적약자들에게 큰 혜택을 줄 수 있는 대안이 될것입니다.

스마트농업 치유농업은 기술과 사람, 자연이 조화를 이루는 미래 농업의 새로운 모델로 지속 가능한 발전과 건강한 삶의 질 향상을 목표로 합니다. 우리시는 도농복합도시로서의 특성을 살려 이러한 농업 모델들을 효과적으로 도입하고 발전시킬 수 있는 최적의 환경을 갖추고 있습니다. 첨단 기술과 사람 중심의 정책을 바탕으로 새로운 르네상스를 실현해 나갈 것입니다.

4. 과거 대부분이 산지인 지형의 특성상 농업이 활성화되기 어려운 지역이기도 했는데, 새로운 '용인형 농업정책'으로 이와 같은 지역적 한계를 극복할 수 있는지요.

우리시는 과거부터 산지 지형으로 인해 농업 활성화에 어려움이 있지만 용인만의 농업정책으로 이를 극복해 나가려고 노력하고 있습니다.

먼저 스마트농업의 적극적인 도입입니다. 용인의 산지 지형에도 스마트팜과 같은 첨단 농업 기술을 활용하면 생산성과 효율성을 높일 수 있습니다. 예를 들어 수직농장, 실내 농업을 통해 공간 제약을 최소화 할 수 있습니다. 또 스마트 센서와 자동화 기술을 적용하여 토양, 기후, 수분 상태를 실시간으로 관리하여 경사면 등 불리한 농지에서도 고효율 생산이 가능합니다.

산지 지형은 농업 생산에 있어 어려움이 있을 수 있지만 오히려 치유농업과 농업 관광을 통해 새로운 기회를 만들 수 있습니다. 자연을 활용하여 용인농촌테마파크를 조성하였고 자체 치유농업 프로그램을 개발하여 시민들과 관광객들이 자연속에서 치유와 재충전을 경험할 수 있도록 하였습니다.

5. 용인형 농업정책은 스마트·치유·청년농업 등 미래농업이라 할 수 있는데 이는 미래의 주역인 청년들의 참여가 가장 중요할 것 같습니다. 이를 위한 핵심 정책이 있다면 설명해 주시지요.

우리 용인특례시는 지속 가능한 미래 농업을 이끌어 갈 차세대 농업 인재를 발굴하고 지원하는데 중점을 두고 있습니다. 우리시는 90명의 청년농업인이 있으며 올해 한국4-H용인시 본부를 설립하여 미래 후계인력 양성에 힘쓰고 있습니다. 미래 인력양성을 위해 대표적인 주요 정책 방향을 다음과 같습니다.

청년들이 농업에 쉽게 진입하고 성공적으로 정착 및 경영할 수 있도록 재정적, 교육적 지원을 강화할 것입니다. 안정적인 영농 정착과 경쟁력 제고를 위한 맞춤형 사업을 지원하고 있습니다. 또한 공통 관심사 분야 전문역량 강화, 전문자격증(중장비 등) 취득을 위한 교육, 품목별 신농업기술 습득을 및 리더십 향상을 위한 교육 등 다양한 맞춤형 프로그램을 운영해 나갈 것입니다. 더불어 성공한 선배 농업인들 멘토로 연결해주는 멘토링 프로그램을 통해 청년들이 실질적인 경험을 쌓고 네트워크를 구축할 수 있는 기회를 제공하고자 합니다.

청년농업인들이 서로 교류하고 협력할 수 있는 네트워크를 구축할 것입니다. 이를 통해 서로 농업에 대한 정보를 공유하고 협력할 수 있는 장을 마련하여 공동 프로젝트나 공동 마케팅 활동을 통해 농업 경영의 안정성을 높일 수 있습니다. 우리시는 이를 위해 정기적으로 워크숍과 세미나를 개최하여 소통의 장을 마련하고 더 나은 성과를 낼 수 있도록 지원하고자 합니다. 특히 올해 한국4-H용인시 본부를 설립하고 후계농업경영인 용인시연합회 청년회를 구축하였고 이를 중심으로 적극적인 지원을 하겠습니다.

청년들이 농업경영 뿐만 아니라 도농복합도시인 우리시 특성을 반영하여 도시 내에서 새로운 농업 활동을 할 수 있도록 프로그램을 마련할 것입니다. 예를 들어 본인들만의 자체 프로그램을 개발할 수 있도록 컨설팅 지원, 도시농업관리사 등 국가공인자격 취득을 도와 농업 교육 지도의 역할을 할 수 있도록 지원하여 청년들이 참여할 수 있도록 하겠습니다. 이를 통해 농업이 단순한 생산 활동을 넘어서 청년들에게 새로운 도시형 직업으로 자리잡을 수 있게 하겠습니다.

용인르네상스라는 시정 비전 아래 스마트농업, 도시농업, 치유농업 등과 같이 혁신적인 농업 모델을 통해 청년들이 활약할 수 있는 장을 마련하고 농업이 미래세대에게도 매력적인 산업으로 자리잡을 수 있도록 하겠습니다.

2024 전국기초단체장 매니페스토 우수사례
일자리 및 고용개선 | **전남 신안군**

"남이 가지 않는 길"
신안군 정원수 사회적 협동조합

· · ·

　드넓고 푸른 바다. 그리고 그 위에 핀 각양각색의 꽃들. 신안군이 미래 100년 뒤에 완성할 그림이다. 바다 위에 핀 꽃 정원은 어떤 모습일까. 남이 가지 않는 길 위에서, 신안군은 지역의 고유성 강화, 청년 일자리 창출, 주민 공동체 의식 고양, 세 마리 토끼를 모두 잡을 심산이다. 신안군만의 새로운 도전과 열정을 들여다보자.

1004섬 신안

　전라남도 신안군은 서남해상의 다도해 1,026개의 섬으로 이루어져 있다. 공간면적을 모두 합하면 서울시의 22배, 충청북도의 2배이다. 인구소멸 고위험 지역이며 초고령화 사회이다. 눈에 띄는 점은 전라남도에서 유일하게 인구가 늘고 있다는 것이다. 그 이유는 '햇빛연금', '바람연금'에 있다. 신안하면 천일염이 떠오르는 만큼, 신안은 햇빛과 바람이 풍족한 위치에 있다. 여러 기업이 태양광, 풍력 사업을 하고자 했다. 신안군은 재생에너지 발전으로부터 발생한 개발이익을 지역주민과 공유하며 서로 상생해야 한다고 생각했다. 최초로 '신재생에너지 개발이익 공유제'라는 정책을 내세우게 된 계기이다.
　신안군의 산업구조는 광업과 농어업 비율이 높은 편이다. 취약한 산업 구조, 노동력 감소에 따라 지역자원을 이용한 진취적인 로컬 기반 일자리를 조성하는 것이 필요했다. 그러기 위해서는 섬과 섬 간 유기적 확산을 통한 일자리 등 산업 경제성을 확보해야겠다고 판단했다. '세계적인 해양생태 관광중심지 1004섬 조성'을 목표 삼아 전국 유일하게 섬을 정원화한 사업을 개발했다. 1섬 1정원 22개,

1섬 1숲길 14개를 만들고자 한 것이다. 정원을 조성하기 위해 전국 유일하게 조직을 구성했다. 조례는 36건을 제정했다. 퍼플섬(반월·박지도), 수선화의 섬(선도), 수국의 섬(도초), 맨드라미의 섬(병풍도) 등을 조성한 끝에 관광인구가 72%나 증가했다. 생활인구도 지속적으로 늘고있다.

신안군 정원수 사회적 협동조합

사업을 추진하다보니 여러가지 한계가 존재했다. 투자액이 약 7천억이 소요되는 걸로 추정되었다. 예산 절감을 위해 운송과 식재를 공무원이 담당하고 밭떼기 거래 예산 절감을 위해 다방면으로 뛰었다. 그럼에도 불구하고 국도비 예산, 다양한 수종, 일자리나 경제 활성화 측면의 주민 수용성을 확보하기가 어려웠다. 따라서 군민의 수용성 확보를 통한 1섬 1정원화 사업을 지속적으로 추진하되, 군민의 자발적 참여를 유도하는 방향이 옳다고 판단했다. 군민들에게 권익 증진을 위한 사회서비스와 일자리를 제공하는 방향으로 이끌어가고자 했다. 군민들을 위한 전문 정원수 조합 결성의 필요성이 대두되었다. 그렇게 2023년 5월, 전국 최초로 정원수 사회적 협동조합을 결성하였고, 2024년 10월 기준, 13개 읍면 조합원 436명이 모였다.

협동조합의 목적은 세계적인 섬 정원 조성에 필요한 정원수를 생산하는 데에 있었다. 정원 조성 현장에 정원수를 공급함으로써 지역사업을 발전시키고, 군민에게 일자리를 제공해 지속 가능한 정원수 산업 발전에 기여하는 것이다. 조합원 중 50세 미만이 128명으로 조합원의 36%를 차지하고, 최연소자가 23세이며 최고령자 69세인 점이 돋보였다. 조합원들은 정원수를 생산하기 위한 하우스와 시설을 설치했다.

전문업체가 종자, 상토, 포트 등 우량 종자 같은 자재를 구입하면 조합원(주민)이 삽목, 관수, 비료 등의 묘목을 생산하는 과정이 이루어졌다. 사회적협동조합은 생산계획, 양묘교육, 계약이나 납품 등 조합을 운영하고 관리하는 역할을 했다. 조합원과 주민은 정원수 등 식재를 관리했다. 신안군의 용기 있는 도전은 아직 진행 중이다. 목표는 2024년 14개 읍면 22종 126만본의 묘목을 생산하는 것이다.

공동체 협동 모델, 청년이 떠나지 않는 섬으로

결과적으로 신안군 13개 읍면에서 23년에 31만본에 해당하는 예산을 절감할 수 있었다. 24년에는 약 수량 126만본에 달하는 441억 원의 예산을 절감할 수 있을 것으로 예상하고 있다. 협동조합으로 인해 주민소득은 23년에 15억 원, 24년에 74억 원으로 크게 늘었다. 가구당 2,700만원의 소득을 새로 창출해낸 것이다.

그 외에도 정원수 협동조합은 최대 묘목 업체와 100억원 규모의 계약을 따낸 바 있다. 묘목 생산 농가의 기술력을 확보하면서 종묘업체와 위탁 계약 재배로 발전한 것이다. 또한 대림묘목농원, 전남대학교 원예생명공학과, 네덜란드의 Plantipp B.V와 협약을 체결했다. 정원수협동조합원 교육, 컨설팅 및 현장실습 제공 협력, 정원 산업 육성 등을 위한 시도이다.

정원을 찾아오는 관광객이 69만명이 되었다. 신안군은 20대~60대의 모든 연령층이 함께하는 마을 공동체 회복 모델을 제시하고 있다. 결국 청년이 섬을 떠나지 않는, 살고 싶은 섬을 조성하는 것이 최종목표이다. 청년들의 정주여건을 마련하고 새로운 소득원 창출로 조합원의 소득이 증대되는 선순환이 실현될 것으로 보고 있다. 협동조합의 탄생이 귀농과 귀촌의 보금자리 역할을 수행할 수 있을 것이다.

1섬 1정원 22개소 (완료 10개소, 추진 8개소, 계획 4개소)

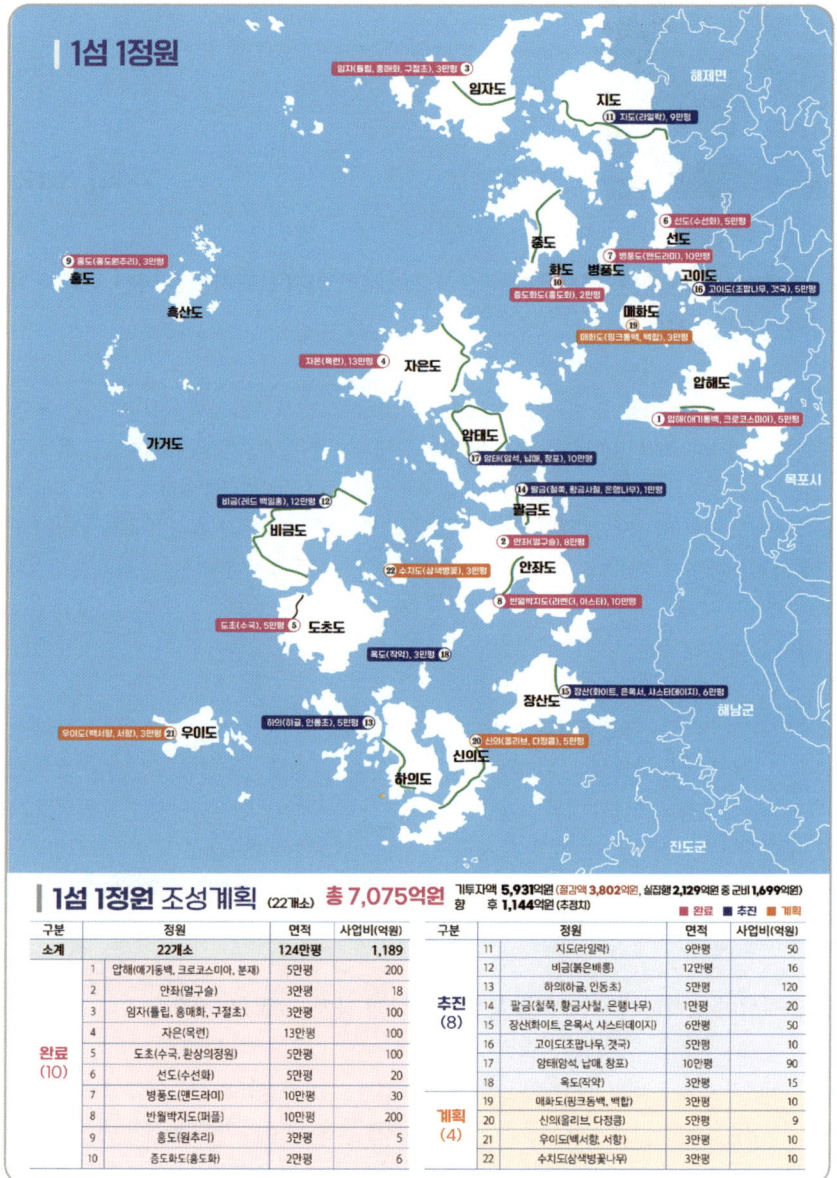

1섬 1정원 조성현황

인터뷰 Interview

신안군수
박우량

1004 신안군

1. 세계 최대 섬 정원을 만들겠다는 신안군의 미래 비전 전략사업은 어떤 효과가 기대되는 사업인지요.

지역정체성 강화가 가장 큰 효과라고 생각합니다. 1섬 1정원 사업은 섬의 특성과 이야기를 담은 신안군의 독창적인 테마정원이기도 합니다. 현재까지 총 22개소 중에 16개소가 조성 완료되었고, 4개는 조성중이며 2개는 추진예정입니다. 1섬 1컬러 사업은 7개 컬러로 큰 섬 14개, 작은 섬 8개로 색칠하는 사업입니다. 1섬 1컬러 및 테마수종과 연계한 사계절 꽃축제 섬정원 전략사업과 연계하여 추진하고 있습니다. 이와 같은 정원수협동조합에 참여하는 농가의 성취감과 자립심을 제고하고, 주민 참여 주민참여형 사업을 추진하여 정책효과 및 주인의식 제고를 기대하고 있습니다.

일자리 창출 및 귀농·귀촌인의 삶의 질 향상도 기대하고 있습니다. 단기간 고수익 일자리 제공으로 지역 정착을 유도하고, 참여 농가의 성취감 및 자립심 제고와 청년들의 정주여건 마련 및 일자리 창출에도 기여할 것으로 기대하고 있습니다. 녹지접근성이 높아져 건강 불평등 해소 등 녹색복지 증진에도 기대하는 바가 큽니다. 집 주변 근거리 운동공간 제공으로 고령인의 체력 증진에 기여하여 의료비 등 사회적비용이 절감될 것이고요, 자연과의 접촉을 통한 심리적 평안 제공으로 정신건강 증진도 기대하고 있습니다.

2. 군수님이 생각하시는 도시 숲 정원의 철학과 가치는 무엇인지요.

섬은 신안군의 자긍심입니다. 신안군의 도시 숲 정원은 그 자긍심에 섬의 정체성을 담는 작업이라 생각합니다. 이와 같은 이유로 도서의 지리적 환경을 "남이 가지 않은 길"이라는 발상의 전환을 통한 '1섬 1정원' 사업을 추진하고 있습니다. 섬의 이야기와 주민들의 사연을 스토리텔링하여, 섬의 정체성을 담은 특화 마케팅을 진행하고 있는 것이지요. 세계적인 섬 정원 조성으로 지속가능한 발전을 위한 100년 대계를 수립하고 있는 것입니다.

뿐만 아니라 소득이 되는 정원을 기대하고 있습니다. 주민참여형 양묘를 기반으로 한 지속가능한 거버넌스 구축으로 인구소멸에 적극적으로 대응할 것이고요, 관광객을 위한 사업이 아닌, 주민이 참여하여 가꾸어 가는 정원으로 지역 자긍심을 높이고자 합니다.

3. 신안군의 정원수사회적협동조합은 어떤 절차를 거쳤으며, 출범 이전에 마련한 '신안군 정원수 사회적협동조합 육성 및 증진 등에 관한 조례'의 주요 내용은 무엇인지 설명해 주신다면

신안군 정원수 사회적협동조합 육성 및 증진 등에 관한 조례는 2023년 4월 전문가 컨설팅과 사회적기업진흥원의 심사를 거쳐 사회적기업진흥원 심사, 6월 "정원수 사회적협동조합" 등록, 곧 이어 사회적협동조합 정기총회를 열고, 10월에는 10월 정원수 사회적협동조합지원 법제를 마련 등의 민주적 절차를 거쳐 만들어졌습니다. 신안군 경관조성 및 관리지원 조례는 관내 농지 등에 식재 및 관리되고 있는 경관식물을 활용하여 주민 소득 증대와 쾌적한 생활환경을 제공하고 주민의 삶의 질 향상과 관광자원화에 이바지하고자 제정되었고, 묘목값 50% 지원, 경관식물의 이식비·판매·유통 지원 등 내용을 담고 있습니다.

○ 2023.4. 심사과정 단축을 위해 전남도농촌종합지원센터 전문가 컨설팅 의뢰 및 사회적기업진흥원 심사

↓

○ 2023.6. "정원수 사회적협동조합" 설립
- 조합원(농가)이 생산한 정원수 지역 내 식재로 수목적응력 제고, 안정적 공급
- 조합원 가입현황 : 약 436명 (2024.10.기준)

↓

○ 2023.7. 정원수 사회적협동조합 정기총회
- 정원수 식재교육, 판매 수입금 전달식 (15억원), 사업계획 및 예산 승인
- 23.7월 실적 : 지도읍 썸머라일락 15만본 (생산농가 : 30농가)
  ※ 농가 수입 : 5천만원(1농가당) / 순수입 2.7천만원 (4개월간)

↓

○ 2023.10. 정원수 사회적협동조합지원 법제 마련
- 정원수 사회적협동조합 육성 및 증진 등에 관한 조례 제정

4. 결과적으로 조합원들의 소득액은 늘고, 군의 사업재정은 절감했으며, 정원식물

유통사와 대규모 계약을 체결하는 등 적지 않은 성과를 거두고 있는데, 이와 같은 성과를 거둘 수 있는 핵심 요인은 어떤 것인지요.

가장 큰 요인은 끊임없는 도전이라고 생각합니다. 2008년 '신안군 경관조성 및 관리지원 조례' 제정을 시작으로, 묘목육성농가와 협약을 체결하고 산림조합과 협업으로 묘목생산사업을 실시하며 농가 기술력 확보에 노력하였고, 열악한 여건을 극복하고자 지역특성을 살린 강점으로 전환하였습니다.

거버넌스 확대도 핵심요인이라고 생각합니다. 주민 참여 정책추진으로 정책효과 및 주인의식을 제고했고요, 주민들이 직접 키운 묘목으로 정원조성 식재를 하는 과정에서 정원에 대한 자긍심과 애착심이 높아질 수 밖에 없었습니다.

5. 햇빛연금 등 신안군의 주요 정책이 주목받고 있는 주요 이유 중 하나는 공공수익을 지역주민과 공유하는 방식으로 지역 활성화를 모색한다는 것인데요, 지금까지의 성과와 과제를 말씀해 주신다면

신안군의 발전사업은 사업 초기부터 수익이 높다고 알려진 사업이었습니다. 따라서 사업이 과거 관행대로 진행되었다면 수익 대부분은 민간사업자가 독점했겠지요. 이를 방지하기 위해 신안군은 섬별로 협동조합을 구성하여 발전사업자(SPC)와 협동조합 간 계약을 통해 발전사업자는 채권(4%)을 발행하였고, 협동조합은 매입하며 금융권에서 조합 명의로 투자비를 조달했습니다.

군 내 태양광은 1.8GW입니다. 가동 중인 것이 0.7GW이고요, 공사중인 것은 0.2GW, 공사예정인 것은 0.9GW입니다. 이에 따른 누적수입액은 2024년 10월 기준으로 196.7억원입니다. 이를 주민 29%(11,005명)에게 지급한 바 있습니다. 2021년도 18억, 2022년도 37억, 2023년 4분기까지 60억이었으니 누적수입액에 꾸준이 늘어나고 있는 것이지요.

안좌도, 자라도는 2021년 4월에 지급을 개시해서 3,376명에게 15회 지급했고요, 지도와 사옥도는 2021년 11월에 지급을 개시하여 4,414명(에게 13회, 임자도는 2023년도 4월에 지급을 개시 3,215명에게 7회 지급을 완료하였습니다. 사옥도는 연간 최대 1,692만원을 수령한 바 있습니다.

햇빛연금 지급 기준표

구분	용량(MW)	주민수(명)	1인당 보상금(천원)	비고
계	561	11,005		군민의 28% 햇빛연금 지급
자라도	24	340	680~170	1가구 최대 252만원지급
안좌도	288	3,036	680~170	1가구 최대 391만원지급
지 도	100	3,787	240~114	1가구 최대 192만원지급
사옥도	50	627	600~220	1가구 최대 423만원지급
임자도	99	3,215	400~100	1가구 최대 190만원지급

햇빛아동수당도 지급하고 있습니다. 햇빛연금 미시행 읍·면 18세 미만 아동을 대상으로 햇빛아동수당을 지급하고 있는데요, 2023년도 상반기에는 2,817명에게 5.6억원, 하반기에는 2,908명에게 5.8억원을 지급했습니다. 2024년도 상반기에는 2,888명에게 11.5억원, 하반기에는 2,948명에게 11.8억원이 지급된 바 있습니다. 또한 "햇빛아동 적금"도 추진하고 있습니다. 공공수익을 지역주민과 공유하는 방식으로 지역 활성화를 모색한다는 사업 취지에 실효성을 더하기 위해 지급액과 지급 주민수를 지속적으로 늘려가고자 합니다.

신재생에너지 이익공유 현황

구분		지급액	해당 읍·면	비고
총계		1,082		
2025년	소계	197		
	이익공유	125	안좌, **지도**, 임자, 비금, **신의(13억원)**, **자은(36억)***	
	발주변(특별)	72	압해(1.8억원), 자은(70억)	
2026년	소계	186		
	이익공유	136	안좌, 지도, 임자, 비금, **자은***, **신의**, **중도(11억)**	
	발주변(특별)	50	비금(50억)	
2027년	소계	699		
	이익공유	289	**신안군(123억)***, **압해(30억)***, **자은*** 안좌, 지도, 임자, 비금, **신의**, **중도(11억)**	
	발주변(특별)	410	**신안군(360억)***, **압해(50억)***	

*자은 → SK 전남해상풍력 99MW, 신안군 → 한화 우이 400MW, 압해 → 압해해상풍력 80MW

2025년도에는 신안군 주민의 45%에 해당하는 17,347명에게 연간 100만원 지급을 목표로 하고 있습니다. 2025년 자은면 대상 바람연금 시행예정 8.2GW 조성시 1인당 연 최고 6백만원을 목표로 하고 있습니다. 이와 같이 신안군은 햇빛연금, 바람연금을 통한 인구소멸위기에 적극 대응하기 위한 혁신정책을 지속 추진하고자 합니다.

2024 전국기초단체장 매니페스토 우수사례
일자리 및 고용개선 | 서울 관악구

스타트업(Start-up) 별(Star)들이 모여들다, 한국형 실리콘밸리로 떠오르는 '관악S밸리'

관악 대한민국 청년수도

우리나라를 대표하는 국립대학, 서울대학교가 위치한 관악구에게는 마치 숙명 같은 오랜 고민이 있어왔다. 보통 전세계적으로 최고의 대학이 위치한 지역은 '대학도시'라고 불릴 정도로 대학 집중의 인프라가 조성되는 경우가 흔한데, 관악구는 그 연결이 미비했기 때문이다. 특히 2017년 사법고시가 폐지된 후 베드타운 성격이 더욱 강해졌다. 또 자치구 면적의 약 47%가 녹지이고, 상업지역은 1.3%에 불과하여 지역 내 양질의 일자리 창출에 어려움을 겪었다. 하지만 관악구는 우수 인재, 연구 인프라의 집적지이자 청년인구 전국 1위라는 강점을 가지고 있으며, 이를 바탕으로 도시의 정체성을 새롭게 구축하고자 관악S밸리 조성사업을 시작했다. 성공과 실패에 상관없이 도전하는 청년을 물심양면으로 지원해주고자 했다. 라이징시티, 그 주체로 성장하기 위한 미래를 어떻게 설계할 수 있을까. 이제 알을 깨고 세상으로 나오는 발자취를 따라가본다.

관악S밸리란?

관악S밸리 사업은 관악구 전체를 대학, 기업, 지역이 상생하는 세계적인 창업 중심지로 조성함으로써 양질의 일자리를 창출하고 지역경제를 활성화하기 위한 사업이다. 서울대의 우수한 인재와 기술력 그리고 청년이라는 자산을 바탕으로 낙성벤처밸리와 신림창업밸리를 양대 축으로 삼아 사업을 추진하고 있다. 이 사업을 위해 관악구는 전담 팀을 조직하고, 벤처기업육성위원회를 구성했다. 이후 서울시, 서울대, KB금융, 우리금융과 같은 민관산학 네트워크를 구축하여 공동으로 지원 사업을 추진하고 있다.

주요 성과

관악구는 벤처기업의 입주 공간을 제공하는 등 폭넓은 인프라를 확충하고 있다. 현재 관악S밸리 내에는 17개의 창업 지원시설과 138개의 공간이 마련되어 있으며, 저렴한 임대료로 벤처기업의 입주를 지원하고 있다. 또한, 스타트업 스케일업과 데모데이를 통해 초기 스타트업의 자금난을 해결하고 네트워킹 기회를 제공하고 있다. 창업 7년 이내의 벤처기업을 대상으로 기업당 최대 5천만 원의 사업화 자금을 지원했으며, 6년간 91개 기업에 총 18억 원을 지원해 우수한 기업 유치에 큰 기여를 했다.

또한, 기술개발에 어려움을 겪는 창업기업을 위해 서울대학교 SNU 공학컨설팅센터와 한국전자기술연구원의 기술 컨설팅을 연계하여 제품 개발 일정을 단축하고, 이를 통해 CES 2024 혁신상을 수상하는 성과도 이루었다. 자치구 최초로 300억 원 규모의 기업지원펀드를 조성해 기업들이 기술개발과 사업화를 이룰 수 있도록 돕고 있다. 이와 더불어, 오픈 이노베이션 프로그램을 통해 대기업 및 투자기관과의 네트워킹 기회를 제공하여, 기술 제휴 및 투자 유치를 촉진하는 역할을 하고 있다.

인지도를 높이기 위한 노력

관악S밸리의 인지도를 높이기 위해 다양한 채널을 통해 홍보를 진행하고 있다. 대표 홈페이지와 블로그, 인스타그램 등 SNS를 통해 관악S밸리의 소식을 알리고 있으며, 신규 공무원과 정책 자문단, 위원회의 방문을 통해 사업 현황을 소개하고 있다. 또한, SNU 초중고 로봇 AI 프로그램을 통해 200여 명의 학생들이 참여하여 창업 인재 발굴과 육성을 위해 노력하고 있다. 관악S밸리 창업페스티벌은 5회에 걸쳐 개최되었으며, 대학-기업-지역이 상생하는 창업 문화를 확산시키기 위해 4,000여 명이 참여하였다. 이를 통해 관악S밸리의 인지도를 높이고,

SNS 팔로워가 급증하며 마케팅 효과를 톡톡히 누렸다.

함께 이끌고 뻗어나가는 관악S밸리

캠퍼스타운 사업으로 대학의 인적, 지적, 물적 자산을 활용하여 청년에게 창업 기회 및 일자리를 제공함으로써 대표적 성공모델을 구현하고자 했다. 입주공간을 제공하고, 멘토링과 컨설팅을 기획함과 동시에 투자 유치 지원 등의 사업을 실시했다. 세계로 뻗어나가기 위해 세계 최대 IT박람회 CES 2024에서 '관악S밸리관'을 운영했고 뜨거운 호응을 얻었다. 서울통합관 메인무대에서 '관악S밸리 2.0' 비전을 발표했고 높은 금액의 수출계약과 투자유치를 받았다, 해외 비즈니스 매칭 및 해외기업 MOU를 통해 미국시장 판로를 개척하는 성공적인 비즈니스 결과를 이룩했다.

CES 2024 참가 및 혁신상 수상

결론적으로 '한국형 실리콘밸리'를 구현하기 위한 관악S밸리의 클러스터 성장이 폭발적으로 구현되고 있다. 2019년 대비 2023년에는 연매출 총액 44배, 연

투자유치액 30배, 특허등록 52배가 증가했다. 관악구 내 벤처인증기업 증가율은 28%로 뛰어난 수치를 보였다. 벤처인증기업 200개를 포함한 벤처기업 600여개를 유치했으며 3,000여명의 일자리를 창출했다. 관악S밸리의 지역경제 기여도'에 대해 조사한 결과 평균 61.7%의 주민이 긍정적으로 평가하고 있다는 점도 우수하다. 관악구에 모인 스타트업의 별들이, 두려움을 이겨내고 끝없이 도전하기 위해서는 지역과 연결된 자원과 기회가 가까이 있어야 되겠다.

관악은 G밸리와 양재AI허브와 테헤란밸리를 연결하는 신산업 경제벨트의 중심지로 나아갈 계획이다. 디지털 미래경제를 선도할 딥테크, 신산업 스타트업 집중 육성 및 글로벌 진출 확대를 위한 창업거점으로 거듭날 것을 목표로 했다. 주거 측면에서의 청년주택, 문화체육 측면에서 별빛내린천, 문화플랫폼 S1472, 낙성대공원 등의 인프라를 확대하고 있다. 양질의 일자리 공급을 통해 정주 인구가 늘어나고, 일자리 주거 문화가 어우러지는 신산업 기반 자족도시로의 발전이 머지 않았다. 결국 직·주·락(Work, Live, Play)이 어우러질 미래첨단도시 관악구를 예상할 수 있다. 핀란드 알토대학교, 서울 노원구, 대전 유성구, 서울 양천구, 경기 고양시 등의 타 지역에서 해당 사업에 대한 유선 및 방문 문의도 쇄도 하고 있다. '혁신경제도시' 관악구의 알 깨기는 아직 진행 중이다.

인터뷰 Interview

관악구청장
박준희

1. 관악구는 서울대학교가 있는 대표적인 대학도시 지역이지만 과거에는 지역과 연관된 대학활동이 두드러지지 못했던 것이 사실인데요, 서울대를 설득하는 일이 만만치 않았을텐데, 설득이 가능했던 주요 요인은 무엇이었나요.

맞습니다. 관악구에 서울대학교가 있지만, 과거에는 대학과 지역 간의 연계가 부족한 면이 있었습니다. 하지만 2018년부터 본격적으로 서울대학교와의 협력을 시작하게 됐는데요, 설득이 가능했던 이유는 몇 가지가 있습니다.

먼저, 서로의 목표가 맞아떨어졌다는 점이 큰 이유였습니다. 서울대는 우수한 인재와 기술력을 보유하고 있었지만, 이를 지역과 어떻게 연결할지 고민이 있었습니다. 반면, 관악구는 창업과 혁신을 통해 지역 경제를 활성화하려는 목표를 갖고 있었죠. 그래서 "서울대와 관악구가 함께 발전할 수 있다"는 비전을 공유하게 됐습니다.

그리고 소통이 정말 중요했습니다. 서울대와 관악구가 정기적으로 회의도 하고, 워크숍도 열면서 서로의 필요와 목표를 명확히 공유하고 협력 방안을 계속 논의했죠. 특히 2019년, 중소벤처기업부의 '스타트업 파크 조성 사업'을 함께 추진하면서, 협력을 더욱 공고히 하는 계기가 됐습니다.

마지막으로, 캠퍼스타운 사업을 통해 서울대의 인재와 기술을 지역 창업 생태계에 활용할 수 있는 기회를 만들었습니다. 이를 통해 청년들이 관악구에서 창업하고, 성장할 수 있는 환경을 조성하게 됐죠. 이런 점들이 서울대와의 협력을 성공적으로 이끌어낸 중요한 요인입니다.

2. 청년과 서울대라는 지역의 우수한 역량을 기반으로 추진되고 있는 관악S밸리 사업은 베드타운 이미지가 강했던 관악구의 이미지를 바꾸고 있다는데, 구청장님이 생각하시는 가장 큰 성과는 무엇인지요.

네, 맞습니다. 관악구는 오랫동안 주거 중심의 베드타운 이미지가 강했는데요, 관악S밸리 사업을 통해 이런 이미지가 많이 변화하고 있습니다. 제가 생각하는 가장 큰 성과는 창업과 혁신의 중심지로 자리매김했다는 점입니다.

먼저, 청년들이 창업에 도전할 수 있는 환경을 만들었다는 것이 가장 큰 성과 중 하나입니다. 관악구는 전국에서 청년 인구 비율이 가장 높은 지역입니다. 이 청년들이 단순히 관악구에 머무는 것이 아니라, 관악S밸리를 통해 창업에 도전하고, 또 성공할 수 있는 기회를 제공하는 것이 핵심이었죠. 현재 600개 이상의 벤처기업이 입주해 있고, 이들이 창출한 일자리만 해도 3,000여 개에 이릅니다. 이는 지역 경제에 큰 활력을 불어넣고 있습니다.

또한, 벤처기업과 창업 생태계가 크게 성장했다는 점도 중요한 성과입니다. 팁스(TIPS) 선정 기업이 25개에 달하고, 2019년 대비 연매출과 투자유치액도 각각 44배, 30배씩 증가했습니다. 이렇게 관악S밸리가 기술과 창업의 허브로 자리 잡으면서, 이제 관악구는 단순히 주거지로만 인식되지 않고, 창업과 혁신의 도시로 변모하고 있습니다

이 성과들은 지역 경제를 활성화하는 데 큰 기여를 하고 있으며, 앞으로도 관악구는 청년과 벤처기업이 성장할 수 있는 기회의 도시로 계속 발전해 나갈 것입니다.

3. 산업구조 재편에 따른 기술벤처창업에 기대가 높아지고 있습니다. 이와 같은 이유로 벤처창업의 유형도 매우 중요할 것 같은데요, 벤처창업 지원 시설에 입주하여 활동하는 기업들은 어떤 유형이 많은지요.

네, 맞습니다. 산업구조가 변화하면서 기술벤처창업의 중요성이 점점 커지고 있습니다. 관악S밸리 내 벤처창업 지원 시설에 입주한 기업들의 유형을 보면, ICT(정보통신기술)과 AI 기반 소프트웨어 개발이 가장 큰 비중을 차지하고 있습니다. 요즘 4차 산업혁명이 화두가 되고 있는 만큼, 인공지능, 빅데이터, 클라우드와 같은 신기술을 기반으로 한 기업들이 많이 입주해 있습니다.

그 외에도 바이오 및 헬스케어 관련 산업을 추진하는 기업들도 상당히 많습니다. 생명공학이나 의료 기술과 같은 분야는 기술 기반이 탄탄해야 하는 만큼, 창업 초기부터 많은 지원이 필요하죠. 관악S밸리의 창업 지원 시설들은 이러한 기술 중심의 기업들이 성장할 수 있는 공간과 프로그램을 제공하고 있습니다.

이처럼 다양한 분야의 기술 기반 벤처기업들이 관악S밸리에 모여 창업 생태계를 이루고 있으며, 이들이 서로 협력하고 성장하면서 관악구가 벤처창업의 중심지로 자리 잡고 있습니다. 앞

으로도 더 많은 신산업 분야의 기업들이 들어올 것으로 기대됩니다.

4. 다양한 혜택을 통한 청년들의 벤처창업 촉진도 중요하지만 벤처창업은 창업에 실패한 청년들을 대상으로 하는 재기회도 매우 중요할 것 같습니다. 이와 같은 재기회 정책이 마련되어 있는지요.

네, 맞습니다. 청년들이 벤처창업에 도전하는 것도 중요하지만, 창업에 실패한 청년들에게 재기의 기회를 주는 것도 매우 중요하다고 생각합니다. 관악S밸리에서는 이러한 실패 후 재도전할 수 있는 환경을 조성하기 위해 여러 재기회 지원 정책을 마련하고 있습니다.

우선, 스타트업 스케일업 프로그램을 통해 청년들이 초기 창업 과정에서 겪는 자금난을 해결하는 데 집중하고 있습니다. 창업 7년 이내의 기업들을 대상으로 최대 5천만 원의 사업화 자금을 지원하며, 이 과정에서 실패 경험이 있는 청년들도 다시 한 번 도전할 수 있도록 돕고 있습니다.
또한, 정기 데모데이를 통해 투자자와 네트워킹할 수 있는 기회를 제공합니다. 실패한 청년 창업자들이 새로운 아이디어나 개선된 비즈니스 모델로 다시 한번 시장에 도전할 수 있도록, 데모데이에서 투자 기회를 얻거나 시장의 피드백을 받을 수 있는 장을 마련하고 있습니다.
관악S밸리는 이러한 프로그램들을 통해 실패에 대한 두려움을 줄이고, 창업에 재도전할 수 있는 환경을 적극적으로 제공하고 있습니다.

5. 관악구가 진행하고 있는 청년벤처기업들과 대기업과의 협업을 통한 창업 생태계 구축 사업이 주목을 받고 있는데요. 대표적인 사업을 소개해 주신다면.

네, 관악구는 청년벤처기업들이 대기업과 협력하면서 창업 생태계를 활성화하는 데 중점을 두고 있습니다. 그 중에서도 관악S밸리 오픈 이노베이션 사업이 대표적인 사례입니다.

이 프로그램은 대기업과 벤처기업들이 서로의 기술과 자원을 공유하고, 새로운 비즈니스 기회를 창출할 수 있도록 돕는 플랫폼입니다. 오픈 이노베이션을 통해 청년벤처기업들이 대기업과 협력하여 제품 개발, 시장 진출, 기술 제휴 등 실질적인 성과를 낼 수 있게 됩니다. 총 16개의 스타트업과 12개의 대기업 및 투자기관이 참여해 17건의 협력 매칭 성과를 이루었고, 이를 통해 투자 유치와 기술 제휴가 활성화되었습니다.
관악구는 앞으로도 이러한 대기업-벤처기업 협력 모델을 강화하여 창업 생태계를 더욱 활성화할 계획입니다.

2024 전국기초단체장 매니페스토 우수사례

일자리 및 고용개선 | **대전 유성구**

어궁동 제2의 전성기, 창업 혁신생태계에서 답을 찾다

유성구
YUSEONG DISTRICT

· · ·

오래달리기는 전력질주와는 다르게 호흡에 더욱 집중해야 한다. 숨을 참지 않고, 팔 다리를 흔드는 리듬에 맞추어서. 코와 입을 사용해 공기를 받아들였다가 뱉는다. 어느새 뒤를 돌아보면 달려온 길이 가득하다. 도시가 재생되는 과정도 오래달리기와 같다. 속도를 내는 것보다는, 그 고유한 리듬과 일정한 숨을 지키는 것이 도움이 된다. 달려온 길처럼, 그동안 마을에 쌓인 이야기들이 곧 동력이 되는 셈이다. 유성구의 장기전이 진행되고 있는 곳은 충남대학교와 카이스트 사이 작은 골목이다. 마을과 사람을 연결하고 혁신생태계를 조성하고자 달리는 유성구를 함께 따라가보자.

어궁동, 들어보셨나요?

1993년 열린 엑스포를 시작으로 대전광역시는 '과학도시'의 명성을 이어가고 있다. 정부 출연 연구기관이 다수 위치하고, 우리나라 과학 인재 양성의 선두에 서있는 카이스트가 위치한 곳이다. 대전 유성구의 어은동과 궁동 일원을 일컫는 '어궁동'에는 대한민국 과학기술의 중심지인 대덕연구단지를 배후로 학생, 연구원, 외국인 등 우수인적자원이 집적해있다. 또한, 유성구청, 대전창조경제혁신센터 등의 공공시설과 충남대학교, 카이스트 등의 대학촌이 형성되어 있어 특색있는 로컬상점과 프랜차이즈 다수가 모여있다. 말그대로 '과학기술과 혁신주체의 집적지'인 것이다.

그러나 경기가 주춤하면서 민-관-학-연 재원 주체의 분절화가 일어났다. 통일성 있는 개발에 어려움이 생겼고 투자와 주변 인프라의 시너지 효과가 부족했다. 대덕특구 등을 중심으로 한 혁신 가치사슬 연결도 미흡했다. 정부출연연구소 및 국공립기관 중심의 R&D 중점체계로 산업기능이 결여되어 있는 것도 문제였다. R&D 이후의 지역 내 생산, 마케팅, 시험과 검사 등으로 연계할 인프라가 미비했다.

아울러 인근의 봉명, 노은 지역으로 주생활권이 변경되고, 펜데믹을 겪으면서 대학교 상권이 축소되었다. 인구이탈이 가속되면서 궁동 로데오거리와 어은동 안녕마을의 문화가 분절되었다. 문화요소와 커뮤니티가 갈수록 부족해지며 기업과 투자자가 이탈하는 현상도 맞았다. 다수의 스타트업이 성장기반을 마련한 후 서울과 수도권으로 이동하다보니 발전 동력이 상실되었다. 공간(하드웨어)의 백그라운드 문화(소프트웨어)가 부재했던 탓이다. 같은 공간 안에 있었지만 서로를 알아보지 못하고 하나둘 떠나간 것이다.

유성구는 어궁동의 제2의 전성기를 위한 고민을 시작했다. 사실 재도약의 기회로 삼았다. 고기를 잡아주지 말고, 잡을 수 있는 환경을 만들자는 의견이 모였다. 재도약의 열쇠는 창업기반의 지속가능한 혁신 '생태계'를 등장시키는 것이었다. 창업을 매개로 사람이 모이고, 또 자발적인 지역 모임으로 문화가 탄생하는 과정에서 일자리 등의 부가가치를 기대할 수 있기 때문이다. 이러한 결과는 다시 더 많은 사람을 모이게 하는 선순환을 만들어 낼 것이다.

숙주와 기생생물의 관계를 닮은 '공진화'를 목표로 했다. 공급자, 혁신자, 연구기관, 혁신정책자 등의 활발한 연계활동이 가능하도록 체계를 정립했다. 워케이션, 긱 노동자 증가, 레트로 열풍 등과 연계한 지역 가치를 상승시켜 트렌드를 반영했다. 협업, 이타심 등의 지역 커뮤니티 문화 이식을 통한 지역 공동의 이해관계 공감대를 형성하고자 했다. 폐쇄형 혁신에서 개방형 혁신모델로 이동하기, 여기서 유성구는 연결자로서 작용하고자 했다.

혁신의 씨앗을 뿌린 유성구

혁신 공동거버넌스를 구축하기 위한 노력으로 어궁혁신포럼을 운영했다. 카이스트 교수와 학생, 유성구의 구청장과 국회의원, 사회협동조합 대표 등의 수많은 이해관계자와 관련분야 전문가가 모였다. 어궁동 생태계를 만들기 위한 전략을 마련하고 운영협의체를 구성, 공동워크숍을 통해 혁신 사업을 전반 모니터링했다. 포럼 이후 공동 자원조사를 진행하고 민관협의회와 TF 전담팀도 신설했다. 각자의 위치에서 주요 의제를 발굴했고, 플랫폼을 구축하거나 매거진을 발행하는 등의 아카이빙 및 성과를 홍보했다.

나아가 어궁동 공간에 대한 포괄적 지역자원을 조사하고 축적했다. 지역 상인들끼리 한 해의 어궁동 계획을 수립하고 공유하고 회고할 수 있는 모임을 구성했다. 스타트업, 로컬크리에이터, 특색있는 상점가, 유휴공간 활용방안에 대해 함께 고민했다.

Local Shop owners Meet up "어궁짝꿍" 모임

혁신성에 기반한 기술창업 투자기반을 조성하기 위한 노력도 계속되었다. 유성구는 스타트업파크 등 기존 창업거점시설과 연계하여 유성천, 봉명동 카페거리 등에 직주락(Work, Live, Play)이 충족되는 복합 창업 허브공간 '안녕센터'를 마련했다. 창업도시 브랜드 디자인을 위한 로컬브랜딩 및 공공시설물도 개발했다. 아울러 국내 최대 규모의 스타트업 코리아 투자위크 (SIW)를 기존 호텔이나 컨벤션 센터가 아닌 어궁동 골목에서 개최하기로 결정했다. 카페이든 공원이든, 밤에도 낮에도 교감이 이루어졌다. 주민들의 협력 속에 거리에서 안녕축제와 보우타운 파킹데이 등의 행사가 열렸다. 그 결과로 3일간 누적 참가자는 약 3천명에 다다랐고, 상담 후 후속 연계된 건은 270건에 달했다. 데모데이, 컨퍼런스, 교육 등 프로그램 참가자는 900명을 훌쩍 넘었다. 로컬과 벤처가 완벽하게 어울려 어궁동 거리를 빛냈다.

지속가능성에 기반한 로컬문화 활성화를 위해서도 애를 썼다. 앞서 말한 창업공간과 연계해 어궁테크니컬 펍, 유성박람회를 개최했다. 지역가치 발굴 로컬 프로젝트, 혁신 기획가 교육, 멘토링, 사업구체화 비용 지원 등의 활동으로 유성구의 로컬활동가를 발굴했다. 유성구 공무원을 대상으로 '스타트업 커뮤니티 웨이' 특강도 기획 및 진행했다. 문화혁신을 통해 어궁동의 청년문화를 활성화하고 공연과 관광 콘텐츠를 개발하고자 한 것이다.

스타트업 x 로컬 펍 네트워킹

혁신의 싹을 틔우는 어궁동

지역 혁신주체의 창조적 변화들이 이곳저곳에서 발현되기 시작했다. 하나둘씩 지역민의 자발적 모임이 늘기 시작한 것이다. '소름동네 포럼'은 당근마켓과 함께 동네에 대한 개인의 이야기와 경험을 공유하고, 지역 자원 간 어떻게 하면 소통이 확대될 수 있는지 논의했다. '어궁짝궁 시즌2'는 어은동과 궁동, 그리고 구도심 상인들이 만나 서로의 경험과 노하우를 공유하고 4가지 키워드를 주제로 만남을 실시했다. '아이디어 해커톤'은 소름동네 포럼을 바탕으로 동네 가게가 가진 문제를 해결하기 위해 개최했다. 문제해결을 위한 전략을 참가자들과 함께 도출하는 활동을 진행했다. 어궁동 청년단 '어리궁절'도 형성되었다. 충남대와 카이스트 학생들의 공동 프로젝트 모임으로, 소름동네 포럼, 아이디어 해커톤과 같은 행사를 계기로 너드스쿨, 너드들의 수다 이벤트를 기획하고 개최했다.

지역 변화를 주도한 로컬 크리에이터도 등장했다. 로컬 크리에이터 '윙윙'은 어궁동의 대표적인 지역관리회사로 지역 주민들을 연결하고 지역 지속성과 창조성을 위한 다양한 사업을 추진했다. 생산자와 동네상점, 소비자가 함께 어우러지는 교류의 상권을 형성하기 위해 안녕거리를 조성하고 동네단위의 유통채널을 구축했다. 지역민들의 공유공간 확대를 위해 '동네 자산화' 프로젝트도 추진했다. 1,000여명이 넘는 구민들이 참여하고 1억이 넘는 투자금을 확보했다. 현재 7개 건물에 20여 공간을 확보한 상태이다.

그밖에도 지자체, 기관, 학교, 연구소가 유기적으로 연결되어 혁신생태계의 태동을 주목하고 지켜나가고 있다. 수십차례의 커피챗, 중앙정부정책사업을 위한 공모, 공동의 목표와 비전을 형성하는 과정을 통해 유성구의 청사진을 현실로 만들어가는 중이다. 흔한 대학가 상권에서 청년이 종일 머물며 창업할 수 있는 동네로 변화한 어궁동의 도착지가 어디일지 참 궁금해진다.

인터뷰 Interview

유성구청장
정용래

1. 청장님은 어궁동을 혁신적인 창업 생태계로 조성하겠다고 발표하셨는데요, 어궁동 혁신 생태계 전략은 무엇인지요.

어궁동의 핵심전략은 '연결'이라 할 수 있습니다. 알다시피 어은동과 궁동에는 충남대학교와 카이스트가 위치하고 있고 팁스타운과 함께 7개의 브릿지 시설이 운영되고 있습니다. 올해 말에는 스타트업파크 앵커 건물도 조성될 예정입니다. 또한 어궁동 배후에는 대한민국 과학기술의 핵심 집적지인 대덕연구개발특구도 있습니다. 그러나 이러한 기관들은 서로 폐쇄적인 혁신을 펼치고 있었습니다. 즉 서로 연결되지 않은 것이죠. 필요조건을 갖추었다고 해서 저절로 생태계가 조성되지는 않습니다. 서로가 연결되어 시너지를 발휘하기 위해서는 연결이라는 충분조건까지 마련되어야 합니다.

그래서 유성구는 '연결자'의 역할을 자처하고 서로를 연결하기 시작했습니다. 연결이라는 변화를 통해 서로를 알게됐고, 혁신주체 간의 다양한 이벤트가 개최됐으며 자발적인 모임도 형성되기 시작했습니다. 혁신창업생태계 조성을 위한 고무적인 변화라 생각합니다. 앞으로도 연결 전략을 통해 지역의 혁신 주체들이 관의 도움 없이도 스스로 생태계를 조성해 나갈 수 있는 자생력을 확장하는데 중점을 둘 예정입니다.

2. 유성을 한국판 실리콘밸리로 성장시키겠다는 포부를 밝히셨는데, 과학도시 대전의 중심인 유성구는 창업 생태계 구축에 어떤 강점을 가지고 있나요.

먼저 인프라 측면에서 살펴보면 어궁동 지역에는 다양한 창업지원기관과 대학, 연구기관이 있습니다. 창업가들은 이러한 기관과 소통하며 많은 지원을 받고 있습니다. 사실 초기(예비) 창업가들이 가장 어려워 하는 점이 재정적인 부분과 정보 그리고 자신의 기술을 알릴 수 있는 기회입니다. 어궁동에는 창업과 관련된 다양한 이벤트가 개최되기 때문에 그러한 부분에서 만족할 만한 지원을 받을 수 있습니다.

그리고 어궁동에는 또 다른 강점이 하나 더 있습니다. 바로 문화입니다. 어궁동에는 창업가를 포함한 모든 혁신주체를 엮을 수 있는 문화가 형성되고 있습니다. 자연스럽게 커뮤니티가 형성되고 이러한 모임에 다양한 주체들이 참여하고 있죠. 어궁동의 창업가는 외롭지 않습니다. 그것이 저희가 가진 진짜 강점이라고 할 수 있습니다.

3. 지난해 어궁동에서 개최된 스타트업 코리아 투자 위크의 특징은.

스타트업(창업) 행사는 보통 컨벤션 센터나 호텔, 창업지원기관에서 개최됩니다. 하지만 '2023 스타트업코리아 투자 위크'는 어궁동 골목의 커피숍과 식당에서 개최됐습니다. 쉽지 않은 선택이었을 것입니다. 하나의 장소가 아닌 궁동 골목에 있는 여러 카페, 식당에서 밋업을 개최하는 것은 많은 변수가 생기기 때문이죠. 하지만 그 효과는 컸습니다. 궁동의 소상공인들도 주민들도 이 곳이 창업가들이 많이 모이는 곳이라는 인식을 갖게됐습니다. 창업 문화가 싹텄다고 할 수 있죠. 실로 많은 변화가 생겼습니다. 스타트업코리아 투자 위크가 개최된 이후에도 스타트업 커뮤니티 모임에 소상공인들의 적극적인 협조가 이어졌습니다. 올해도 스타트업코리아 투자 위크는 어궁동 골목에서 개최됐습니다. 지금 어궁동은 창업가의 열정으로 가득합니다.

4. 청년이 살고 싶은 유성을 만들겠다고 하셨는데, 청년이 살고 싶은 지역은 어떤 곳이라고 생각하시는지요.

청년이 살고 싶은 지역은 여러 가지 요소를 갖춘 곳일 것입니다. 이를 위해 유성구는 청년들의 수요와 맞춤형 정책을 위하여 올해 제2차 청년정책기본계획 수립을 위한 연구용역을 실시했습니다. 용역을 통해 일자리, 주거, 교육, 복지, 문화 등 여러 부문에서 청년들이 다양한 정책을 원하고 있음을 알 수 있었습니다.

또한, 청년들을 대상으로 실시한 실태조사에 따르면 응답자의 83.6%가 유성구의 거주를 희망하는 것으로 이미 유성구는 청년들이 살고싶은 도시로 자리매김하고 있음을 알 수 있었습니다. 청년들이 유성구에 거주를 희망하는 이유는 각 정책분야별로 모든 요소들이 중요하겠지만, 그중에서도 청년들이 주도하는 문화와 그 문화를 만들 수 있도록 하는 사회적 연결망, 즉 환경을 조성하고 있는 유성구의 노력도 한몫한다고 생각합니다.

어궁동의 혁신창업생태계가 바로 청년들이 지역에 관심을 갖고 모일 수 있게 하는 환경을 조성하는 과정이지 않을까 생각합니다. 어궁동을 기반으로 청년들이 계속 모일 수 있도록 소소한 재미를 줄 수 있는 이벤트를 꾸준히 만들어야 할 것입니다. 이러한 이벤트를 통해 청년들이 서로의 생각을 교환하고 협업하는 과정에서 시너지가 발현되고 문화 혁신의 사례가 만들어지는 것이죠.

여기서 어궁동 혁신생태계가 주목하고 있는 것은 정책관점의 전환으로 '환경의 조성'입니다. 관의 투입(하드웨어) 정책도 중요하지만 지역이 스스로 발전할 수 있는 환경(소프트웨어)을 조성하는 것이 정책의 효과를 더욱 높일 수 있는 방법일 것입니다. 유성구는 청년들이 의견을 적극적으로 반영할 수 있도록 환경을 조성하고 커뮤니티를 활성화함으로써 지금보다 더욱 청년들이 살고 싶어하는 지역이 될 것입니다.

5. 민선8기가 전환점을 맞이했다. 유성구가 미래선도도시로 발돋움하기 위해 제시한 정책은 무엇인가요.

올해 유성구는 구정 운영의 핵심 키워드를 창업·마을·돌봄·문화의 4대 혁신으로 다시금 정했습니다. 목표를 위해 현 성과에 안주하지 않고 혁신의 자세와 실천으로 유성의 장점과 차별성을 극대화하기 위한 전략이죠. 4대 혁신을 통한 우리의 목표는 명확합니다. 어은동과 궁동을 중심으로 혁신적인 창업생태계를 조성하고 함께 참여하고 소통하는 마을공동체를 구축하는 것입니다.

또한 다함께 행복한 일상을 누릴 수 있는 품격 높은 문화도시를 만들고 아이에서 노인까지 따뜻하고 촘촘한 돌봄 체계를 구축하는 것입니다. 4대 혁신을 위해서 유성구는 미래를 선도하는 도시로 성장할 것이고 그러한 과정에서 주민들의 참여와 동행은 가장 큰 가치가 될 것입니다.

4대 혁신이라고 했지만 사실 혁신은 거창한 것이 아닙니다. 작은 것이 바뀌면 전체가 바뀌는 것이 혁신의 본질이죠. 아주 작은 차이가 결국에는 큰 변화를 가져올 것입니다. 주민과의 적극적인 소통과 공직자의 긍정적인 마인드로 유성구가 제시한 4대 혁신을 이룰 수 있도록 노력하겠습니다.

2024
전국기초단체장
매니페스토 우수사례

사회적 불평등 완화

경기 시흥시 | 경남 김해시 | 충북 영동군 | 광주 서구

2024 전국기초단체장 매니페스토 우수사례
사회적 불평등 완화 | **경기 시흥시**

시민의 목소리로 시작된
아동 인권 존중

경기 시흥시

• • •

    태어남은 그 자체로 환대받아야 하는 일이다. 그러나 환대받지 못하는 태어남이 아직 존재한다. 바로 출생신고를 하지 않은 아동이다. 가족관계등록부가 없다는 것은 대한민국 국민이라는 사실을 입증할 공적 증거가 없다는 것이다. 따라서 사실상의 무국적자이며 법적으로 보호받지 못하는, 이 세상에 '존재하지 않는' 사람이다. 지난해 6월, 국회 관련법 통과로 의료기관이 출생 정보를 지방자치단체에 의무적으로 알리도록 하는 '출생통보제'가 도입되었지만, 이는 내국인만 적용 대상으로 삼아 외국인 아동은 그대로 유령 아동이 된다. 지금까지 파악한 결과로는 출생이 미신고된 외국인 아동만 지금까지 약 4,000명이며 내국인 아동 중에서도 행방불명된 아동이 36%에 달한다. 국가가 아동의 출생과 현황을 정확히 파악하지 못한다면 복지적인 측면에서의 관리도, 관련 정책 수립도 난항의 굴레에 빠지기 쉽다. 또한 장기적으로 더 큰 사회적 비용을 야기시킬 것이다.

"네가 태어나는 순간, 빛은 이미 켜졌어"
    최근 5년 간 시흥시 내 외국인주민 수와 비율을 조사한 결과, 시흥시의 외국인 인구 비율은 10%로 전국 3% 대비 매우 높은 것으로 확인되었다. 그 중 이주배경 아동은 2021년 약 9,500명으로 예년에 비해 그 수가 가파르게 증가하고 있다. 시흥시에 정착하는 젊은 외국인이 증가하고, 외국인 밀집 지역이 확산되면서 어린 자녀들을 동반한 가족 단위의 정주화가 많아지고 있기 때문이다. 문제는 부모가 체류 자격이 박탈된 상황이다. 부모가 체류 자격이 없는 경우, 그리고 다문화 가정에서 혼외 출생했을 경우, 국내에서 출생한 미등록 이주 배경의 아동에 대한 보호제도는 마련될 수 없으며 정확한 수조차 파악하기 어렵다.

시흥시는 시민연대를 중심으로 '아동 인권 존중'에 주목하여 그 첫걸음을 내딛었다. 모든 아동의 공적 출생 확인을 위한 법적 근거를 마련하기 위해 시흥시 내에서라도 적극적인 개입이 필요하다고 판단한 것이다. 시민연대는 '시흥시 출생확인증 작성 및 발급에 관한 조례' 제정을 위한 1만명 시흥시민 서명운동을 추진했다. 시에서도 조례 제정 추진을 위한 간담회를 여는 등 적극적인 지지를 보냈고, 시흥시민의 노력 끝에 총 약 23,000명 (유효 16,405명)의 서명이 모였다. 그 이후 청구인 명부와 조례규칙심의회 안건을 시의회에 제출했다. 주민발의 조례 의견 청취 간담회 개최, 조례 제정 촉구 기자회견 2회 추진 등 시의회를 설득하기 위한 공동 대응의 노력을 펼쳤다. 하지만 안타깝게도 각하 결정이 내려졌다. 「가족관계의 등록 등에 관한 법률」에 따르면, "가족관계 등록 등의 사무를 국가사무화하여 대법원이 관장" 하도록 되어 있어 국가사무에 관한 사항을 조례로 제정 하는 것은 「지방자치법」 제24조에 반할 소지가 있다는 것이 그 근거였다. 시흥시와 시민연대는 조례의 취지와 의미 및 필요성을 재인식하고 수정 조례안을 도출하기 위한 논의를 진행했다. 간담회 5회, 옴부즈퍼슨 및 법률 전문가의 자문 8차를 거쳐 상위법 쟁점사항과 문제점을 보완한 것이다. 최종적으로, 출생확인서는 미등록 아동이 관할 지방자치단체의 행정구역 안에서 출생했으므로 최소한의 인도적 지원을 받을 수 있다는 사실을 확인 해주는 취지이므로 저촉하지 않는다고 판단, 시의회에서 발의가 통과되었다. 최소한의 권리를 위한 권리가 탄생하는 순간이었다. 이후 시흥시는 전국 최초 관련 조례를 공표했으며, 출생미등록 아동 사례 발굴사업의 첫 시작을 열었다.

'시흥시 출생확인증 작성 및 발급에 관한 조례' 제정을 위한 1만명 시흥시민 서명운동

아동의 행복할 권리를 보장하기 위해

본격적으로 시흥아동확인증 발급 및 지원 사업을 시작했다. '시흥아동확인증'은 출생의 공적확인을 위한 초석이라고 볼 수 있다. 국적과 상관없이 태어난 순간부터 단 한 명의 아이도 제도 밖에 남겨두지 않겠다는 공공의 의사표시이기도 하다. 출생신고로 진행하는 등록과 별개로 시흥시장이 시흥시에 살고 있는 아동의 출생에 관한 정보를 기록하여 증서를 발급한다. 따라서 당장 출생신고가 어려운 경우에도 아동확인증을 발급 받아 아동의 신분을 증명할 수 있다. 증서에는 누가, 언제, 누구의 가족으로 태어났는지 알 수 있는 정보가 기입되어 있으며, 부모가 출생확인을 신청하지 않는 경우에는 제3자 및 직권자가 신청하여 발급한다. 시흥시는 관내에서 시흥시민과 동등한 혜택을 보장하는 것을 목표로 보편적 사용이 가능하게끔 하였고, 관계부서 실무 협의를 통해 지원이 가능한 사업들을 지속적으로 확대하겠다고 약속했다.

시흥아동확인증 (출생미등록확인증)

　'시흥아동확인증' 발급 뿐 아니라, 세대별 맞춤형 복지 서비스를 연계하고 지원하는 절차도 마련했다. 우선 초기상담으로, 세대를 방문해 현지 조사를 진행하여 복지 욕구를 파악한다. 출생 등록을 하지 못한 사유를 확인하고 아동학대 의심 정황이 없는지 면밀히 관찰하기 위해서이다. 이어 아동의 양육 환경을 파악하여 맞춤형 사례관리를 진행한다. 아동학대 정황이 포착되면 즉시 아동 보호팀이 개입하고, 가족센터나 아동보호전문기관에 바로 연계한다. 그 외에 부서 간 협업으로 양육수당, 부모급여, 아동수당, 출산지원금 등 각종 보건복지서비스를 일괄적으로 신청하도록 도와주고 시흥시 자체 사업으로 산후조리비도 지원이 가능하도록 했다. 출생신고가 완료되지 않았다면 대상자와의 집중 상담으로 가족의 상황에 맞는 출생신고 방법을 모색하여 이주여성지원센터 등 민간 자원에 사례를 연계할 수 있도록 했다.

　기나긴 노력의 결실로, 2024년 5월 말 기준 출생 미등록 아동 총 22명을 발굴했다. 이들에게 질병관리시스템 임시번호를 부여해 18종의 필수예방접종을 지원했고, 복지재단과 연계해서 아동영양제와 생필품을 지원했다. 부부의 법률혼과 아이의 출생등록이 필요했던 다문화가정의 아동에겐 변호사 자문을 의뢰하고 가족센터의 실무지원을 받도록 했다. 아이와 함께 이용할 수 있는 시설이 필요했던 불법체류 외국인 세대의 아동에겐 도서관 및 육아지원센터 이용이 가능하도록 했다. 한 명의 아이가 가정에서 태어나고 자라는 일이 집안의 문제로 여겨지는 것에서 벗어나 온 사회의 문제가 되어야 한다는 것을 시흥시가 일깨워주는 듯했다.

'모든 인간은 태어날 때부터 자유롭고, 존엄하며, 평등하다.' 1948년 세계인권선언으로 선포된 인권의 원칙이자 모든 인류가 다 함께 달성해야 할 하나의 공통 기준이다. 우리는 약 80년 전의 다짐을 계속해서 실천하고 있는가? 우리는 법 앞에서 한 사람의 인간으로 인정받고, 차별 없이 법의 보호를 받을 수 있는가? '젊은 도시' 시흥시를 통해 그 방향성을 엿보고 다시금 다짐할 수 있었다. 경기도 내 처음으로 아동보호팀을 신설해 아동 학대 예방과 아동 보호에 주력하고, 돌봄 인프라 정책으로 아동 친화공간과 특수학교 설립도 적극적으로 확대하는 등의 거침 없는 행보를 보이고 있는 시흥시. 이러한 시흥시의 발자국들이 모여 대한민국 대표의 아동친화도시, 우수한 선례로 자리잡을 것이다.

시흥시장
임병택

1. 출생 미등록 아동에게 '출생 확인증'을 발급해 주는 것을 골자로 하는 '시흥시 출생 미등록 아동 발굴 및 지원 조례'가 주민참여조례 제정 운동에서부터 출발했다는데 더 큰 의미를 갖는데요, 출생등록은 국가사무라는 점에서 어려움을 없으셨는지요 ?

상위법 위반이라는 법적 논란이 일면서 시의회 부결 등 한차례 난항을 겪었습니다. 이는 출생·혼인·사망 등 가족관계의 발생 및 변동 사항에 관한 등록과 그 증명에 관한 사항을 규정하는 「가족관계의 등록 등에 관한 법률」에 따르면, "가족관계 등록 등의 사무를 국가 사무화하여 대법원이 관장"하기 위해 제정되었다는 점을 고려할 때, 가족관계등록법에서 출생 등과 관련하여 조례로 정하도록 위임한 사항이 아니라면 조례로 정하기 어렵다는 것이었습니다. 즉 지방자치단체에서 자체적으로 해당 지방자치단체의 관할 구역에서 발견되었거나 거주하고 있으면서 출생신고가 되지 않은 아동에 대한 출생 정보를 기록·관리하고 이를 증명하는 출생확인증을 발급하는 것은 전국적으로 통일적인 처리가 요구되는 국가 사무에 관하여 조례를 제정하는 것으로서 「지방자치법」 제28조에 반할 소지가 있다는 것이었습니다.

하지만 다행히 시와 시민, 시의회가 함께 조례 취지와 의미를 공감하고, 옴부즈퍼슨, 전문가와 협력하여 상위법 쟁점 사항을 보완하여 수정 조례안이 도출·제정 되었습니다.

2. 과거 출생미등록 아동을 발견하는 체계가 미비했던 이유는 무엇이라고 생각하시는지요 ?

공적 체계를 구축하는 법적 근거의 부재가 가장 큰 원인이었다고 생각합니다. 법적 근거의 부재는 아동을 권리의 주체가 아닌 돌봄과 보호의 대상으로 보는 인식과 더불어 아이를 보호하고 돌봐야 하는 주체가 사회가 아닌 부모라고 생각하는 사회적 분위기에서 비롯되지 않았나 생각합니다.

예를 들면 유독 우리나라에서만 볼 수 있는 생활고를 비관한 '가족동반자살'은 부모들이 어린 자녀를 자신의 소유물로 보는 현상의 단편적인 사례라고 할 수 있습니다. 우리 사회도 '가족동반자살'이라는 아동의 천부인권을 묵과한 미화된 표현을 거리낌 없이 통용되었던 것 또한 간과할 수 없는 사회 현상입니다. 다행히 요즘은 '자녀 살해 후 자살'이라는 표현으로 대체되었습니다.

그리고 훈육이라는 명분으로 정당화되었던 학교와 가정에서 아동 체벌이 결코 용인될 수 없다는 인식이 빠르게 확산하게 된 것도 민법 제915조 징계권 폐지의 결과라는 측면에서 볼 때, 국가의 법령 체계가 아동 인권 보장의 최상의 방책은 아니지만, 최저의 기반으로 중요한 역할을 한다고 생각합니다.

3. 시장님은 '아동 친화 도시'로서 어린이들에 대한 공적 책임을 강화를 강조하시며 어린이 행복이 도시 발전 이끈다고 말씀하셨는데, 이에 대한 말씀을 조금 더 해주실 수 있으실까요?

시흥시는 2019년 유니세프 아동친화도시로 최초 지정된 이후 지난해 12월, 아동친화도시 상위단계 인증을 획득하며 지방정부 주도의 다양한 아동친화정책을 추진하고 있으며, 현재 아동친화도시 추진 지방정부협의회 회장 도시로서 101개 지방정부와 함께 아동친화도시 협력 기반도 다지고 있습니다.

일환으로 아이들이 의견을 듣고자 2023년 전국에 있는 아동 대표들이 모이는 <아동정책 제안대회>를 개최한 적이 있습니다. 아이들이 토의하고 다양한 아이디어을 제안하는 모습들을 현장에서 직접 지켜보면서 우리가 아이들의 목소리에 귀를 기울여줄 때 아이들도 존중받고 행복해한다는 것을 느낄 수 있었습니다.

시흥시 대표 사례로, 지난해 <시흥시 아동정책제안대회>를 통해 초등학교 5학년 학생들이 제안한 내용을 실제 정책으로 구현한 바 있습니다. 바로 시흥시 마스코트인 "해로·토로"를 대형 풍선으로 제작해 은계호수공원에 띄우자는 제안이었습니다. 이 제안을 실제 올해 사업으로 추진된 결과, 지난해보다 훨씬 더 많은 시민이 은계호수공원을 방문하여 친구, 연인, 가족들이 함께 여가를 나누는 우리 시 대표적인 문화 명소가 될 수 있었습니다.

4. 시흥시의 아동에 대한 공적 책임 강화 정책은 어떤 것들이 있는지요?

시흥시는 경기도 최초로 아동보호팀을 신설하며 아동학대 예방과 아동 보호에 앞장섰습니다. 학대 피해 아동에게 안정적인 양육 환경을 제공하고자 올해 가정형 아동복지시설 2개소를 신규 개소하였고, 빅데이터를 활용한 위기 아동 발굴 체계를 내실화하고, 아동학대 예방 교육도 강화하였습니다.

국내에서는 여전히 생소한 '아동 주거권' 역시 시흥시가 주도적으로 공론화하고 있습니다. 주거 환경이 아동에게 미치는 영향은 매우 크지만, 아동 주거복지에 주목하는 이들은 거의 없습니다. 시흥시는 아이들이 집다운 집에서 생활할 수 있도록 전국 최초 '시흥형 아동주거비 지원, 집수리·가구·이사비 자원, 다자녀가구 공공주택 공급' 등 아동 주거권 향상을 위한 다양한 정책을 마련하고 있습니다.

'아동의 놀 권리' 확대를 목표로 지난 2018년 공공형 실내 놀이 공간 '숨 쉬는 놀이터'가 3호까지 개장하였고, 더 나아가 아동의 놀이와 여가를 위해 권역별 아동복합문화 거점을 조성을 목표로 중부권 따오기아동문화관과 북부권 시흥아이꿈터를 개관·운영 중이며 남부권 어린이과학관은 내년 상반기 개관을 목표로 추진하고 있습니다.

급증하는 돌봄 수요에 대응하는 초등돌봄 인프라확충을 위해 아이누리돌봄센터를 비롯해 학교돌봄터, 지역아동센터 등 61개소의 초등돌봄기관을 운영하고 있으며, 긴급돌봄이 필요한 아동에게 일시돌봄 서비스를 제공하고 있습니다. 또한 시흥시는 관내 장애 학생의 교육권 보장을 위해 2021년부터 특수학교 설립을 준비하고 있습니다.

외국인 주민 자녀의 안정적인 정착과 성장을 위한 지원도 빈틈없이 추진하고 있습니다. 문화적·언어적 차이 등으로 학교 적응에 어려움을 겪는 이주배경 청소년을 위해 지난해 '외국인 주민 자녀 스쿨 플랫폼'을 구축했고, '다-가치 유스센터'를 중심으로 공교육 진입을 위한 원스톱 서비스를 지원하고 있습니다.

5. 시흥시의 취약계층 아동 교육권 보장 노력도 주목받고 있는데, 시흥시가 진행하고 있는 아동 교육을 소개해 주세요

시흥시는 2022년부터 장애 학생의 학습권 보장을 위해 "장애학생 방학교실 사업"을 운영하고 있습니다. 장애학생 방학교실 사업은 특수교육 대상 학생의 방학 중 교육 및 돌봄 지원을 통한 안전망 구축을 위해 마련되어, 현재 총 80명(20개 교실 운영)의 장애 학생이 참여하고 있습니다. 시흥시에서 최초로 시작한 사업으로 2024년부터 경기도 사업으로 확장, 도내 11개

시군이 함께 참여하고 있습니다.

더불어 시흥시는 장애 특성 및 돌봄 여건 등으로 학교생활이 어려운 장애 학생들을 위해 2022년부터 "교내 활동 지원 서비스사업"을 선도적으로 실시하고 있습니다. 위 사업은 장애 학생들의 교육권 보장을 위해 학교 활동 시간 동안 1대1 돌봄 서비스를 제공하는 것으로 그간 중증 발달·지체 장애 등의 특성으로 인해 제대로 된 교육 기회를 부여받기 어려웠던 장애 학생과 보호자들로부터 큰 호응과 높은 만족도를 얻고 있습니다.

이뿐만 아니라 2019년부터 난독·난산·ADHD 등의 학습장애를 지닌 초등학생들에게, 맞춤형 교육을 제공하는 '새라배움' 사업 추진 등 공교육이 미치지 못하는 교육 사각지대 학생들이 소외되지 않도록 특수 교육사업 역시 꾸준히 추진하고 있습니다.

2024 전국기초단체장 매니페스토 우수사례
사회적 불평등 완화 | **경남 김해시**

多함께 가야(김해)G(GLOBAL)
"이제 우리도 김해시민입니다."

DON'T WORRY,
GIM HAE'PPY
행복도시 김해

경남 김해시

· · ·

　가야를 건국한 김수로왕의 부인은 우리나라 최초의 '결혼이주여성'이었다는 이야기가 있다. 삼국유사의 기록에 따르면 인도의 아유타국 공주 출신인 허황옥이 김수로왕과 결혼하기 위해 배를 타고 건너왔다고 나와있기 때문이다. 허황후가 온 뒤로 가야에 인도 불교가 퍼지기 시작했다는 설화가 전해져 내려온다. 허황후의 존재가 우리나라 문화와 인도 문화를 이어주는 상징적인 역할을 한 셈이다. 당시 가야가 성장했던 위치인 낙동강 하류 지역에 지금 경남 김해시가 있다. 그래서인지, 김해시는 경상남도 내에서 제1의 글로벌 도시로 성장하고 있다. 2023년 기준으로 김해시 외국인주민은 경남 1위, 전국 12위에 해당하며 전년 대비 약 4천명 가까이 증가했다. 또한 관내 영세 중소기업체 중에서 외국인근로자를 고용하고 있는 기업은 1,944개로, 전체 중에서 24.4%에 해당하는 높은 추세를 보이고 있어 놀라움을 주고 있다. 유학생 인구도 5년만에 60% 이상 증가하였고, 코로나19 기간에도 꾸준히 늘어 지역경제 활성화, 대학의 글로벌 경쟁력 강화에 기여하고있다. 이렇듯 산업인력구조의 변화에 따라 외국인 근로자의 고용이 확대되고, 유학생의 체류가 지속되면서 김해시는 보편성, 다양성, 연대성을 중시하는 정책을 모색하게 되었다.

차별없는 외국인주민 서비스 지원

　우선 외국인근로자, 유학생, 국적동포를 대상으로 하는 외국인복지팀과 외국인정책팀을 신설했다. 개방적이고 사회통합적인 정책을 추진하기 위해 외국인주민에 대한 맞춤형 서비스를 지원하고자 한 것이다. 도내 최초로 실시한 '외국인

긴급지원'은 복지사각지대 외국인주민에게 생계비와 의료비, 주거비를 지원하는 사업으로 기본적인 인권을 보장하고 최소한의 생활을 안정적으로 유지할 수 있도록 마련한 정책이다. 외국인 주민의 실직, 체납, 수술 등 위기 상황을 지원하여 관내 외국인주민의 안정적 생활을 돕고 있다. 외국인이용시설 11개 기관이 참여하여 한국어교육, 외국인학부모 한국교육체계 교육, 외국인 스포츠 교실, 외국인주민자녀 진로탐방 교육, 외국인 컴퓨터 교실 등을 운영하고 외국인 자동차 정비기술 교육 사업도 실시하여 교육생 30명을 배출했다. 귀국 후 10명이상 정비업체에 실제 취업하여 한국 중고차 수출의 교두보를 마련하는 효과를 기대할 수 있었다.

지역특성을 반영하여 특화된 다문화서비스도 운영했다. 진영읍에 위치한 김해시 가족센터 '진영사업소'는 러시아 및 중앙아시아지역의 외국인이 밀집해 거주하고 있다는 특성을 살려서 통·번역서비스 전담인력을 배치했다. 한국어와 출신국 언어 소통이 원활한 결혼이민자를 채용, 주민과 학교, 기관 대상으로 무료 통·번역서비스를 제공한 것이다. 찾아가는 다문화가족지원센터 사업도 운영했다. 결혼이민자, 중도입국자녀를 포함한 모든 외국인주민이 참여 가능하며 약 13개 교실로 나누어 주제별, 수준별로 한국어 교육반을 개설했다. 수강생 중 3명이 귀화 면접에 합격하여 보람을 여실히 느낄 수 있었다.

다문화가족자녀를 위해 취학준비 학습지원도 제공했다. 정서안정 및 진로지원과 진로개발 활동도 성공적으로 추진했다. 예쁜 손글씨 배우기 "꿈ing(꾸밍)프로젝트" 진행 사례가 대표적이다. 10명의 어린이가 10회에 거쳐 참여했고 진영읍의 소규모 음식점과 연계하여 작품 전시 및 가게 메뉴판을 교체한 활동이다. 김해시 가족센터는 "학생들은 한글과 친해지고 성취감과 기분의 보람을 느끼는 한편, 다문화와 외국인 청소년에 대한 인식을 긍정에너지로 확산시키기 위한 프로젝트"라고 설명했다. 지역사회에 재능기부한 활동으로 자긍심을 고취하는 계기가 되었다. 중도입국 외국인자녀를 위해서는 한국어와 교과 학습 등을 위한 1:1 방문교육서비스를 제공했다. 외국인 방문교육지도사를 3명 채용하여 개인별 수준에 맞는 지도를 한 것이다. 외국인주민자녀 24명 대상, 1,122회 교육을 실시했고 높은 만족도를 보였다.

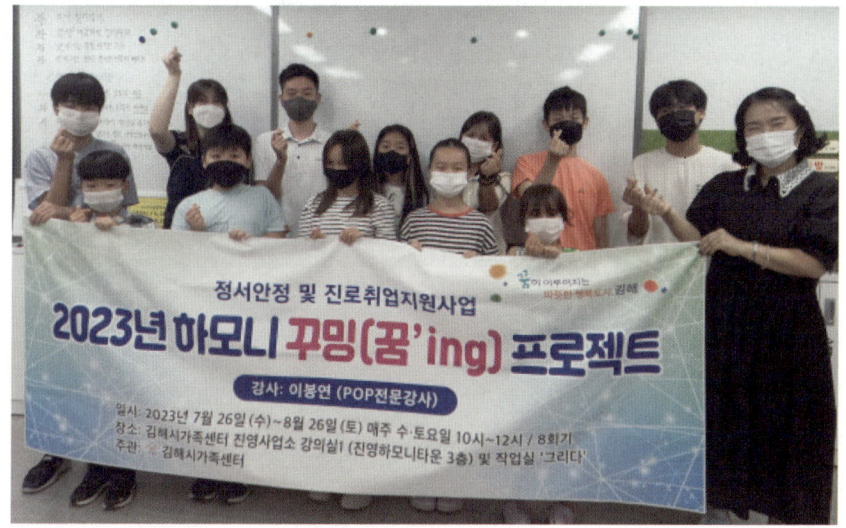

예쁜 손글씨 배우기 "꿈ing(꾸밍)프로젝트"

다름을 인정하고 포용하는 사회분위기 조성

보편적인 서비스 지원에 이어서 다양성을 고려한 행사도 다수 개최했다. 2023년 9월, 외국인 미니 월드컵 행사를 열었다. 언론 보도가 크게 날 정도의 성과와 큰 호응을 얻은 글로벌한 행사였다. 네팔, 미얀마, 방글라데시, 베트남, 우즈벡, 중국, 캄보디아, 태국의 8개국 8개팀, 300명이 참여했다. 축구 조별 리그 후 토너먼트 경기를 진행했고 김해시청 동호회, 관내 경찰서, 김해시의회와 친선경기를 하며 축구로 하나되는 김해를 만들었다. 내국인과 외국인이 한 곳에 모여 화합의 꽃을 피웠다. 도내 최초라는 것에서 의미가 있고, 김해시에 거주하고 있

외국인 미니 월드컵 행사

    김해에 정착하게 된 스토리를 발표하며 외국인정책에 대해 이야기를 나누는 토론회도 개최했다. 외국인주민과 관내 외국인이용시설, 대학교수 등 120명이 참가했으며 김해에 거주하고 있는 외국인 3명을 선발하여 경남청년 예술인과 협업, 김해 정착스토리 웹툰을 제작, 직접 발표하는 기회를 가졌다. 외국인 다(多)어울림 축제도 2014년부터 쭉 해오고 있는 축제이다. 외국인근로자와 주민을 위한것으로 10개국 500명이 참가하였고 어울림 축제를 통해 모범 외국인근로자를 표창하고 자국 전통공연을 선보였다. 명랑 운동회와 k-pop가요제, 국가별 홍보관도 운영했다. 이 축제를 준비하는 과정에서 국가별 결속감이 더욱 강해진 것 같다. 모범적인 근로에 대한 보상을 줌으로써 더 안전하게 존중받는 직업문화의식도 고취할 수 있었다.

    국가별로 개최되는 공동체 행사도 꾸준히 순항 중이다. 인도네시아 설맞이 기도회는 1200명이 참여했고, 매년 개최되는 이슬람 합동 예배인 라마단 및 이

둘-아드하 종교행사에는 점점 더 많은 이슬람인들이 참여하고 있다. 미얀마 전통음식축제 및 태국 쏭크란, 캄보디아 쫄츠남 등 자국의 전통 행사는 500명이 참여, 네팔커뮤니티 문화 및 전통행사에서는 1000명이 참여했다. 더불어 주한태국대사관과 네팔대사관은 직접 김해에 찾아와 자국민들을 위한 대사 업무를 실시하였고 대사관측은 장소대관 및 홍보 등 업무 협조에 깊은 감사를 표하기도 하였다. 각 국가별 고유한 문화를 지키고 유지하며 다름을 다름 그 자체로 확산하는 움직임이 인상깊다.

사회참여 확대를 통한 유기적 협력

김해시는 관내 외국인 가정폭력을 포함한 젠더폭력 사건들에 주목하기 시작했다. 한국어 구사가 가능한 가해자가 피해자를 진술하는 불합리한 상황이 발생했기 때문이다. 곧바로 외국인 젠더폭력 피해자를 위한 신속한 언어 소통과 조사를 위한 전문적 통번역 지원단을 꾸렸다. 약 1년 3개월에 거쳐 10개 언어권의 통역사 21명을 모집했고, 외국인 가정폭력 피해 전문통역사 기본소양 교육도 실시했다. 젠더폭력 피해 전문 통역사 확대를 위한 유관기관 간담회와 외국인 젠더폭력 피해 전문통역사 심화교육도 실시했다. 이를 통해 코로나와 같은 국가적 재난 상황을 비롯한 외국인주민 민원처리에 즉각적으로 대응할 수 있다는 김해시의 능력을 확인할 수 있었다.

외국인 공동체 업무 협약을 체결하며 유기적 네트워크도 구축했다. 각종 감염병을 예방하고 재난상황에 공동대응이 가능하도록 인적교류망을 구축한 것이다. 김해시에 가장 많이 거주하는 국가순으로 진행하여 우즈베키스탄 외 16개국과 협약을 체결했다. 각종 감염병과 재난 사항 대응 홍보, 외국인주민 위기상황 발굴 및 연계, 인권보장을 위한 연대, 김해시 관련 소식 알리미 역할 수행 등의 내용이 담겨있는 협약이었다. 그 밖에도 외국인 주민과 다문화가족 지원협의회를 통해 외국인대표가 정책에 참여할 수 있도록 노력했다. 2021년부터 지원협의회를 구성했으며, 위원 19명 중 외국인주민 대표 1명, 다문화대표 1명을 포함하여 구성했다. 전국다문화도시협의회 소속 지자체로 타 지자체와 협력하여 다양한 정보를 교류하고 정책 건의도 하고 있다. 다문화와 관련된 다양한 문제를 공동해결하며 조화로운 지역사회를 조성하는 김해시의 부단한 노력이 앞으로도 지속되었으면 좋겠다.

  Interview

김해시장
홍태용

1. 김해시는 외국인주민과 다문화가족의 지속적인 증가에 따른 인구구조 변화와 복지 수요에 어떻게 대처하고 있는지요.

김해의 외국인 인구는 전체 인구의 약 5%인 2만9천여명으로 도내에서 외국인 주민이 가장 많고, 외국인 근로자를 고용하고 있는 기업체도 전체 기업의 24.4%를 차지합니다.

경남 최초로 외국인복지팀을 2021년 1월에 신설하여 외국인주민의 복지 및 수요에 능동적으로 대응하고자 하였고, 2024년 7월에는 부시장 직속으로 외국인정책팀을 신설하여 유학생 및 외국인 근로자 유치 등 인구 유입을 위해 노력하고 있습니다.

무엇보다, 내국인과 외국인 간의 마음의 경계를 허물어 지역사회의 일원으로 인정하고 배려와 포용하는 문화를 만드는데 주안점을 두고 시정을 운영하고 있습니다.

이러한 노력의 일환으로 경남도에 최초로 외국인긴급지원복지를 시작했고, 언어적 소통이 어려운 외국인들을 위한 전문적인 통번역 지원도 가장 먼저 시작했습니다.

외국인이용시설 및 공동체들과의 협약을 통해 정보제공과 지원체계를 구축하였고 '22년 10월 외국인 주민 이용시설인 '가야글로벌센터'를 개소하여 내·외국인이 함께 소통할 수 있는 공간을 마련하였습니다.

또, '김해시가족센터'를 통해 다양한 가족에 대한 통합적이고 체계적인 맞춤 서비스를 제공하고 있고 교육, 상담, 직업훈련 및 다문화가족 자녀 언어발달 지원 등 특화된 사업을 실시하고 있으며, 외국인 시민이 많이 거주하는 진영지역의 특성을 반영해 '진영사업소'를 별도로 운영하면서 다문화가족 및 외국인주민을 위한 사각지대 없는 복지 지원을 위해 최선을 다하고 있습니다.

2. 올해 미취학·초등 저학년을 대상으로 추진하던 다문화 자녀 기초학습 지원을 초등 고학년까지 확대했는데 다문화 자녀 기초학습지원이 중요한 이유는 무엇인지요.

결혼이민자들의 대다수가 한국의 교육제도에 대한 정보와 사회적 네트워크가 부족하여 자녀 학습 지도에 어려움을 겪고 있는 것으로 알고 있습니다.

이는 다문화-비다문화 학생 간 학력 격차와 학교생활 부적응에 영향을 미칠 것이며, 나아가 다문화에 대한 부정적인 인식으로 이어져 지역사회 통합과 발전에 장애물이 될 수밖에 없습니다.

현재, 학교 현장에서는 출생아 수의 감소로 전체 학생 수가 줄어드는 반면 다문화 학생 수는 빠르게 증가하고 있는 상황입니다.

다문화가족 자녀에 대한 기초학습지원은 학업성취도와 학교적응력을 향상시킬 뿐만 아니라 자신감 회복 등 정서 안정에도 도움을 줄 것이라 생각합니다.

앞으로도 우리시는 증가하는 다문화가족의 자녀에 대한 체계적이고 안정적인 지원을 통해 동등한 출발선을 보장하고 당당한 지역사회 구성원으로 자리 잡아나갈 수 있도록 지원하는 것이 중요합니다.

3. 외국인근로자 대상 찾아가는 한국어교육은 어떻게 진행되는지요.

외국인 근로자를 대상으로 한국어교육기관이 생업이 달려 있는 근무지와 거리가 먼 원도심에 집중되어 있고, 영세 중소기업체에 근무하는 외국인들이 많아 주말 및 야간 근무가 잦은 상황입니다.

언어적 장벽으로 어려움이 있어도 배울 길이 없는 외국인근로자분들이 많으셨습니다.
이와 같은 애로사항을 해소하기 위해서 직접 근무지로 찾아가서 한국어 교육을 실시하게 되었는데 근로자 및 사업주 모두가 호응이 좋고 만족도 높은 사업입니다.

산업체 현장 회의실을 교육장으로 활용하여 평일 저녁 시간대에 한국어 수업을 진행하고, 기초 한국어와 일상생활 사용 단어 그리고 근로환경에 필요한 실용 언어를 중점으로 주 2회 2시간씩 교육하고 있어서, 외국인 근로자분들께서 큰 불편없이 지속적으로 언어를 배울 수 있는 환경을 제공하게 되었습니다.

24년에 첫 시작을 했는데 만족도가 매우 좋아서, 내년에는 사업장을 1곳 추가해서 확대 시행할 예정입니다.

4. 김해시 외국인주민 및 다문화가족 지원 협의회 구성과 하는 일 등을 설명해 주신다면

김해에서 외국인 주민은 더 이상 낯선 이방인이 아니며, 지역사회의 필수적인 일원입니다.

김해시 외국인주민 및 다문화가족 지원협의회에서는 외국인주민 및 다문화가족의 안정적 생활 영위와 자립 생활에 필요한 행정적 지원방안을 마련하는 것을 목적으로 구성이 되었습니다.

김해시 부시장을 위원장으로 교육지원청, 경찰서, 출입국사무소 관계자와 외국인주민, 다문화가족 대표자 총 19명의 위원들께서 외국인주민 및 다문화가족 계획 수립, 시행 평가에 관한 사항을 비롯한 제도개선, 상호 협력 등 다방면에 대해서 자문 심의하는 기능을 담당하며 시 전반에 걸친 정책에 참여하고 있습니다.

외국인 주민 스스로가 직접 아이디어를 내고 만들어 나갈 수 있는 체계가 잘 구축되어 있어서 여러 새로운 정책들이 김해에서 편견 없이 시도되고 타 지자체의 모범이 되는 선도적 외국인 정책이 잘 구현되고 있는 것이 아닌가 싶습니다.

2024 전국기초단체장 매니페스토 우수사례

사회적 불평등 완화 | **충북 영동군**

"김영동(永同)할머니"의 하루

(부제 : 10 으로 100 까지)
(10개 영동형 생활밀착 시책으로, 100개까지 건강하게)

. . .

노인의 경우 사회활동에 참여한 사람은 사회활동에 참여하지 않는 사람에 비해 우울증의 위험이 0.6배로 낮다. 노인 1인가구 증가와 함께 노인의 사회적 고립이 문제로 화두되고 있고, 외로움은 더이상 개인의 질병이 아닌 사회적 질병으로 여겨지고 있다.

충북 영동군은 전체 인구 43,848명 중 65세 이상 인구가 15,896명으로 약 37%의 높은 수치를 보이고 있다. 군에 살고 있는 주민의 1/3 이상이 생애주기상 노년층이라는 이야기이다. 유례 없이 빠른 고령화를 보이고 있는 만큼 노년층을 위한 라이프 스타일, 즉, 노년 의식주의 탄탄한 기반을 마련하는 것이 필요하다. 동시에 사회적 고립을 막고 공동체 내에서 사회 활동을 지속적으로 하면서 신체적 건강과 정신적 건강이 서로 선순환하는 방안을 모색해야 할 시점이다. 영동군은 이러한 사명감을 갖고 영동형 노인 생활밀착형 시책을 발굴했다. 공적인 제도에서 잦은 접촉이 발생할 수 있도록 다방면에서 노인을 대상으로 한 복지 정책을 펼친 것이다. 영동군에 사는 김영동 할머니의 하루를 따라가 보면서 그 노력을 살펴보자.

아리아와 함께 하는 고령자 복지주택

고령자 복지주택에 사는 김영동할머니는 아리아의 아침 알람으로 눈을 뜬다. 기상 후 아리아에게 오늘의 날씨를 묻는다. 아리아는 오늘의 날씨를 알려주며 할머니에게 스트레칭을 권유한다. "아리아, 기억팡팡 시작해." 라고 말하면 아리아는 각색한 전래동화를 들려주고, 할머니가 좋아하는 트로트 가요를 재생한다.

영동군이 가장 먼저 주목한 것은 주거복지 문제였다. 고령자 친화용 시설 설계를 통해 건강관리, 생활지원 및 문화활동 등에 깊이 다가가는 것을 목적으로 고령자용 영구임대주택 공모사업을 추진했다. LH와의 협업으로 208호를 수용할 수 있는 공동주택을 건립한 것인데, 강당, 경로식당, 프로그램실, 휴게실 등의 사회복지시설을 구축하고 있어 응급 상황에 장비를 보급하고 안전서비스까지 제공할 수 있도록 했다. 정서적 고독과 소외감을 달래기 위해서 ICT 케어매니저도 연결했다. 군 단위 최초로 인공지능(AI)스피커 '아리아'를 배부한 것인데, 인공지능 스피커에 두뇌톡톡, SOS기능, 알림과 치매프로그램 등이 탑재되어있어 노인돌봄기능을 기대할 수 있다. 혼자 살아 외로움을 느끼는 독거 노인에게도, 디지털 소외에 놓인 고령층에게도 아리아는 부담 없이 말을 듣고 걸어주는 친구가 되어주었다.

인공지능(AI)스피커 '아리아'

공공교통 활성화와 지역 사회 일자리

집을 나선 김영동 할머니는 경로당을 가기 위해 버스정류장으로 향한다. 여름에는 선풍기와 쿨링포크, 겨울에는 온열의자가 설치되어 있어 버스를 기다리는 게 크게 힘들지 않다. 버스정류장에는 승하차 안내도우미도 있어서 부축을 받거나 가는 길을 안내받을 수 있다. 관내 농어촌 버스비는 무료이고, 70세 이상 어르신을 대상으로 '70나들이카드'를 배부한 영동군 덕분에 손쉽게 카드를 찍고 이동할 수 있다. 이동권에 차별을 겪기 쉬운 교통약자의 위치에 놓여지는 노인의 마음을 배려한 편의서비스가 돋보인다. 김영동 할머니는 가끔 초등학교 앞에서 용돈벌이로 교통안전지도를 하며 아이들과 인사를 나눈다. 영동군의 공공형 노인일자리 지원사업으로, 65세 이상의 어르신들이 직접 학교 교통안전지도에 참여하여 자기만족과 성취감을 느낄 수 있도록 한 것이다. 누군가에겐 그저 지나가는 짧은 아침 횡단보도이지만, 김영동 할머니는 큰 보람을 느낀다. 사회에 참여하는 기회가 하나 늘면서 지역 사회와 밀접하게 교류할 수 있는 하나의 창구 같은 역할을 해주었다.

경로당 환경 개선과 병원 동행 서비스

할머니 점심식사는 마을 경로당에서 해결한다. 함께 모인 주민들과 밥도 먹고 수다도 떠는 시간이다. 마을 경로당은 대다수 노인들이 대부분 시간을 보내는 생활 근거지로 활용된다. 적막한집에서 벗어나 주민들끼리 대화를 나누고, 식사를 해결하며 휴식을 취할 수 있는 필수적인 공유 공간으로 자리한 셈이다. 영동군은 식사 준비에 어려움을 겪는 어르신들을 위해 경로당 가사도우미를 운영했다. 240개소에 가사도우미를 배치하여 식사와 청소 등 살림을 챙길 수 있도록 한 것이다.

경로당 주치의 제도 덕분에 멀지 않은 곳에서 건강검진도 받을 수 있었다. 아무래도 거동이 불편한 경우 의료기관 방문 및 접근성이 낮아질 수 밖에 없기 때문에 경로당으로 찾아가는 서비스를 마련한 것이다. 보건소 공보의 11명이 전담 주치의가 되어 경로당 약 80개소를 방문했고, 당뇨 치매 등의 기본검사와 건강상담까지 진행했다. 질병이 의심되거나 치료를 권유받을 경우에는 병원까지 함께 동행하는 서비스를 이용할 수 있다. 특히 종합병원은 이동동선이나 진료, 수납 등이 복잡하기 때문에 보호자 동반이 큰 도움이 되곤 한다. 예약을 하면 동행매니저가 매칭되고, 가정에 방문하여 함께 진료 및 귀가까지 책임진다. 대표 노인성 질환인 백내장과 무릎 퇴행성 관절염에 대해서는 인공관절 수술을 위한 수술비도 지원한다. 1년 이상 영동군에 주민등록을 두고, 건강보험료 기준 중위소득 150% 이하인 주민이 대상이다.

경로당에서 점심식사 하는 모습 / 경로당 주치의 순회진료 서비스

영상 자서전 만들고 목욕탕에서 피로도 풀고

늦은 오후, 김영동 할머니는 노인복지관에서 영상 자서전을 제작하는 데 몰두한다. 노인복지관에서 진행하는 시니어 유튜버 양성 프로그램과 찾아가는 영상촬영단 활동에 참여하고 있기 때문이다. 총 387명의 어르신들이 참여하고 있고, 16명의 인생기록사가 양성될 예정이다. 개인의 삶의 이야기를 전달하며 세대간 소통과 공감을 증진하고자 하는 영동군의 취지를 담고 있다. 영동군 어르신들의 삶의 기록, 그리고 지혜를 엿보고 들을 수 있는 문화 유산이 될 것 같아 많은 기대를 하게 된다.

하루의 피로는 고령자 복지 주택 내의 목욕탕에서 모두 녹일 수 있다. 고령자 전용 목욕탕의 사용료는 5천원으로 시중보다 대폭 낮은 금액으로 운영한다. 여러 안전사고가 뒷따를 수 있는 시설이기에 예방을 위한 시설을 꼼꼼히 보강하여 노인 전용으로 마련했다. 고대 로마시대부터 목욕탕은 서로 교류하고 대화하는 '동네 사랑방' 역할을 했다고 하던가. 목욕탕은 폭염과 한파를 피하는 피난처가 되기도, 따뜻한 이야기가 넘쳐 흐르는 사교의 장이 되기도 한다. 단순히 세신을 위한 것이 아닌, 말동무를 만들고 안부를 묻는 공간으로서 영동군 고령의 시민들의 안식처로 자리했으면 좋겠다.

충북 영동군의 이러한 밀착 케어 덕분인지, 영동군은 전국 10위 장수마을로 그 입지를 다지고 있다. 2023년에는 노인복지 대상을 수상하는 쾌거를 얻기도 했다. 세심한 지역돌봄정책을 펼치며 노인이 행복한 마을을 가꾸고 있는 영동군의 더 건강한 미래를 응원한다.

영동군수
정영철

1. 노인의 사회적 고립을 예방하는 것은 노인의 건강과 복지에 매우 중요한 역할을 한다는 점에서 영동군의 노인 사회적 고립문제 해결 시책이 주목을 받고 있습니다. 특히 노인들의 하루 일과표를 따라 삶의 질 향상과 삶의 의미를 찾도록 돕고 있다는 점이 매우 인상적인데요, 이와 같은 시책을 준비하신 배경 등 특별한 계기가 있으셨는지요.

청년, 노인 등 다양한 세대의 사회적 고립이 사회적문제로 대두되고 있지만 영동군의 경우 특히 노인비율이 37%에 이르고 있어 노인층의 사회적 고립 문제를 다시 한번 들여다보고 노인들의 하루 일과로 구성한 시책들을 통해 영동군이 더 보완해야 할 부분들을 고민해 보자는 생각으로 본 사례를 준비하였는데 이번 경진대회를 계기로 시책들을 살펴보면서 특히, 노인일자리의 질을 높이기 위한 노인 맞춤형 일자리 개발이 필요하다는 숙제를 가지게 되었습니다. 향후 영동군은 노인들이 가진 경험과 지식을 활용할 수 있는 다양한 분야의 일자리를 창출해 가기 위해 더 노력하겠습니다.

2. 외로움과 사회적 고립은 노인의 삶의 질을 심각하게 저하시키는 요소라는 점에서 영동군의 맞춤형 노인시책이 더욱 두각을 나타내고 있는 것 같습니다. 군수님이 생각하시는 노인의 사회적 고립 문제 해결을 위한 최우선 과제는 무엇인지요.

사회적 고립은 관계적 고립, 신체적 고립, 경제적 고립을 포함합니다. 그러므로 노인의 주거, 복지, 돌봄, 의료서비스가 유기적으로 연계된 통합지원 서비스인 지역사회 통합돌봄 시스템 구축이 중요하고, 아울러 노인들의 소득, 사회활동, 사회적 관계의 욕구를 동시에 충족시킬 수 있는 노인 일자리제도의 확대도 중요하므로 영동군은 이를 위한 시책을 항상 고민하고 있습니다.

3. 전담주치의 경로당 순회방문 사업은 질병을 사전에 예방하고 조기에 발견해 관리하는 것이 핵심인 예방적 건강관리 사업이라는 점에서 노인 의료비 부담을 줄일 수 있다는 점에서 평가단의 호평을 받았는데요, 예방적 건강관리 사업에 대한 향후 사업 방향 등에 대한 이야기를 듣고 싶습니다.

노인이 더 건강하고 활기찬 노후를 보내기 위해서는 만성 질환을 앓고 있는 노인들에 대한 지속적인 관리, 체계적인 신체활동을 위한 시책, 영양균형을 지속해 주기 위한 노력, 사회적 연결망 확장을 통한 사회적 고립이나 우울증에 대한 케어 등을 포함한 다양한 분야의 예방적 건강 관리사업이 필요하므로 이를 효과적으로 추진할 수 있는 더 많은 시책을 발굴중에 있습니다.

4. 영동군은 지난해 3월 '사회적 고립 및 고독사 예방에 관한 조례안'을 제정한 바 있는데요, 어떤 내용들을 담고 있나요.

사회적 고립과 소외가 심화되고 있는 시점에서 사전예방을 통해 사회적 고립으로부터 벗어나도록 하는데 필요한 지원을 위한 근거를 마련하기 위해 조례를 제정하였으며 심리상담 및 심리치료, 정기적인 안부 확인 및 긴급의료 지원 ,민간복지 자원 발굴 및서비스 연계, 사회적 관계형성을 위한 사업 등 사회적 고립가구의 삶의 질 향상을 위한 영동군이 시행해야 할 사업의 지원근거를 담고 있어 이를 통해 다양한 사업을 추진하고 있습니다.

5. 군수님이 말씀하시는 '혼자이지만 함께하는 삶'이란 어떤 것인지요.

영동군 인구 중 노인비율 증가세가 가속화되고 있고 또 대부분이 1인가구입니다.
노인들의 사회적 고립은 신체적·정신적 건강과도 상호 연관되어 있기 때문에 지역사회 활동에 참여하거나 지역사회 다른 사람들과 교류하고 소통하는 것, 즉 지역사회와의 연결성을 강화하는 것이 가장 중요합니다.
이처럼 삶의 형태는 1인 가구이지만 공적인 제도에서 사회적접촉을 늘릴 수 있는 방안을 지속적으로 고민하여 지역사회에서 감정적 지지와 유대감 형성으로 지역사회와 함께하는 노인들의 건강한 노후를 위해 최선을 다하겠습니다.

2024 전국기초단체장 매니페스토 우수사례

사회적 불평등 완화 | **광주 서구**

– 미래를 잃어버린 청년에게 '내일'을 선물하다 –
전국 최초! 가족돌봄수당 지급, 주민참여형 동행복지 실현

광주광역시 서구

· · ·

광주 서구

　지난 2021년 대구광역시에서 20대 청년이 뇌출혈로 투병하던 아버지를 사망하게 하는 충격적인 사건이 있었다. 간병 노동에 있어서 경제적, 심리적 압박을 견디다 못해 모든 것을 포기하면서 벌어진 일이다. 하루 아침에 눈 앞에 놓인 수술비, 병원비, 생활비, 그리고 22살의 나이에 아버지의 아버지가 되어야 하는 상황. 식비조차 마련하기 어려웠다. 월세도 밀리고 가스도 인터넷비도 끊긴 상황에서 모든 부담을 청년 혼자 짊어져야했다. 판결 후 여론은 들끓었고 사회 전체에 절망감이 드리웠다. 누가 청년에게 돌을 던질 수 있나. 광주 서구는 이 무력감에서부터 빈곤의 악순환을 줄이기 위한 방법을 찾아나서기 시작했다.

사회적 약자의 확장, 가족돌봄청년

　가족돌봄청년에 대한 사회적 관심은 최근에서야 높아졌다고 볼 수 있다. 서울시의회에서는 당장 관련 조례를 제정했고, 기초지자체와 전국자치단체 역시 가족돌봄청년을 지원하기 위한 기본계획을 수립했다. 광주 서구 또한 가족돌봄청년의 현황부터 해외사례까지 다방면으로 살펴보며 그 문제의식부터 알아보고자 했다.
　가족돌봄청년은 가족의 질병, 신체적/정신적 장애로 인해 장시간동안 돌봄과 생계를 책임지고 있는 25세 이하의 청소년을 부르는 말이다. 해외에서는 '영케어러'라고도 불린다. 국가별로 개념과 범위를 다르게 해석하고 있지만, 아동 청소년이 '주돌봄자'임에 집중하고 있다는 공통점이 있었다. 영케어러는 상대적으로 어린 연령에, 준비되지 않은 상태에서 갑자기 돌봄을 시작하게 되어 통합적인 정보가 부재하고 지원정책에 대한 접근이 어렵다. 집안일이나 식사보조, 의료 관련 수발부터 목욕이나 용변 보조 같은 신체적 보조까지의 지식이 부족한 경우가 대다수이기 때문이다. 빈곤 해결을 위해 소득 창출을 위한 활동에 치중하게 되면 학습 능력이 부진하기 쉽고 또래 문화에 참여하는 기회가 제한되어 고립감과 우울감이 심화된다. 시간적인 제한, 돌봄기술 부족, 경제적 부담, 진로 문제가 모두 중첩되면서 결국 미래에 또 다른 사회적 부담과 비용을 초래하게 되는 것이다.

전국 최초 청년수당 지급근거 마련

광주 서구는 이에 대한 해결책으로 조례 제정을 통한 전국 최초 청년수당 지급근거를 마련하였으며, 공공과 민간을 결합한 지원체계를 단단히 하는 방향의 복지 기반을 구축했다. 우선, 기존 보건복지부의 실태조사를 통해 생계지원(75.6%)이 가장 필요한 복지서비스라는 응답을 고려하여 청년수당 지급근거 마련을 위한 절차를 밟아 나갔다. 가족돌봄청소년의 현황을 파악하고 지원대상 기준 마련을 위해 한부모 가정, 조손가정 등 총 6천여 명을 상대로 전수조사를 실시했고, 정책자문단위원회를 구성하고 동 순회 맞춤형 사업설명회도 추진했다. 가족돌봄청년 발굴지원사업 업무협약과 사회복지종사자 교육을 거치며 학교 및 유관기관 등과 연계한 발굴 네트워크 역시 확대하고자 했다. 조례 제정을 위한 다수 전문가 회의와 청년 간담회 끝에 2023년 7월, 광주광역시 서구 가족돌봄청년지원조례를 공포했다. 그리고는 2024년 1월, 가족돌봄청년을 지원하기 위한 청년수당 지원사업을 시작했다. 대상 기준은 '기존 중위소득 100% 이하 근로무능력 가족을 혼자 돌보며 생계와 돌봄을 책임지고 있는 청소년 또는 청년'으로 지정했다. 총 40명의 대상자를 발굴했고 매월 25만원씩 1년간 지원한다. 복지 사각지대에 있는 청년들의 삶의 질을 향상시키고, 단 한 사람도 소외되지 않는 사회돌봄망 시스템을 구축하기 위한 대대적인 첫 발걸음을 내딛은 것이다.

가족돌봄생태계 구축을 위한 노력

　　공공에서 행정적 기반 구축, 인식개선을 위한 노력과 민간에서는 돌봄네트워크 구축, 서비스제공 등의 노력을 더했다. 가장 주목할만한 것은 주민참여형 사회공헌사업 '오잇길 걷기 대회'를 통해 일상 속 나눔문화를 확산하고자 한 것이다. '오잇길'은 광주천을 따라 5.2km를 걸으며 '참가비 오(5)천원의 나눔으로 우리 이(2)웃의 희망을 잇는다'는 의미를 담고 있다. 5천원을 내면 누구나 대회에 참가할 수 있고, 참가비는 서구 가족돌봄청년을 위한 후원금으로 사용되도록 했다. 시민협치진흥원, 청소년지원센터, 진로직업체험지원센터, 자원봉사센터, 사회복지관 등 여러 협력기관이 모여 행사장 부스를 가꾸었다. 다양한 퀴즈를 풀면서 지원을 필요로 하는 청년들의 권리와 보장을 이해하는 시간을 가졌고, 희망을 주는 응원의 메세지도 남길 수 있었다. 참가한 어린이들을 위해서 가죽키링과 연필 케이스 만들기, 초콜릿 만들기, 웹툰 그리기 활동 등 다양한 체험부스도 운영하였다. 또한, 고등학생들이 진행하는 보이는 라디오, 밴드 공연, 케이팝 댄스 공연도 즐길 수 있었다. 제1회는 1,008명이 참여, 600여만원이 모금되었고 제2회는 1,603명이 참여, 920여만원이 모금되어 모인 후원금도 성공적으로 전달했다. 지원 정책의 필요성을 알리고 지역 사회가 다함께 공감대를 형성할 수 있는 뜻깊은 시간이었다. 주위에 가족돌봄청년이 도움을 필요로 할 때 망설이지 않고 기꺼이 환대할 수 있는 계기가 되었길 바란다.

　　이 외에도 영케어러 지원에 관심 있는 주민으로 구성된 지원사업 홍보 서포터즈단을 구성했다. 대학생, 고등학생의 또래 집단으로 구성했기에 서로의 연대의식이 더욱 기대되는 활동이다. 또 맞춤형 서비스 지원을 위한 통합서비스망을 구축했다. 촘촘한 돌봄체계를 만들기 위한 심층 욕구조사를 실시했고, 광주다움 통합돌봄과 장기요양보험 등의 돌봄서비스를 연계하여 지원했다. 청년수당 대상자를 위해 뇌병변 대소변 흡수용품 지원 사업, 법률홈닥터 연결, 사례관리를 통

5.2km의 기적, '오잇길 걷기대회' 개최

한 아파트관리비 체납 해소, 서구일자리지원센터 구직 등록 등의 세세한 어려움도 적극적으로 도왔다. 내일희망프로그램을 통해 청년들의 자립과 성장에 필요한 다양한 배움과 쉼 기회를 누릴 수 있도록 자립교육비, 쉼여행비 50만원 상당의 지원도 제공했다. 대상자 발굴, 민관협업을 통한 서비스 연계 및 제공, 지원체계 구축, 정기적인 연락을 통한 사례관리까지, 서구형 가족돌봄청(소)년 지원모델을 성공적으로 전개해낸 모습이다.

알콜중독에 놓인 어머니를 돌보는 청년, 시각장애인 할아버지와 지체장애인 작은 아버지를 돌보는 청소년, 위암을 앓는 아버지와 정신과 치료를 받는 어머니를 돌보는 청년.

광주 서구는 쉽게 도움을 청할 수 없는 그들의 마음에 공감하고 그 어려움을 외면하지 않았다. 돌봄에 매몰되어 자신의 꿈을 포기하지 않도록, 미래 준비 시기에 빈곤의 악순환 빠져 무력감을 느끼지 않도록. 청년들에게 '내일'을 선물하는 노력이 그치지 않고 확산되기를 바라본다.

인터뷰 Interview

서구청장
김이강

광주광역시 서구

1. 광주 서구의 가족돌봄청년 지원사업이 주목을 받는 것은 가족돌봄청년들의 꿈과 미래를 찾아주겠다는, 그 접근 방식이 다른 지자체와 달랐다는데 있습니다. 이에 대한 설명을 부탁드립니다.

지금 시행되고 있는 가족돌봄청년 지원사업은 청년들이 가족을 돌보는 상황에서 받는 어려움을 덜어주는 데 중점을 두지만, 광주 서구는 돌봄문제의 경감 지원을 넘어서 가족돌봄청년들의 꿈과 미래를 찾는 데도 지원계획을 수립하고 있다는 점입니다. 또한 사업 설계당시부터 정부와 민간(가족돌봄청년 당사자, 민간기관, 지원단체 등)이 함께 정책을 기획하고 실행하는 방식을 취했다는 것입니다.

이러한 접근 방식의 핵심은 가족 돌봄이 청년들의 삶의 일부분이지만, 그들의 전체 인생이 돌봄에 매몰되고, 현재를 포기하지 않도록 돕는 데 있습니다. 서구는 돌봄 책임으로 인해 청년들이 잃어버린 개인적인 꿈이나 커리어 목표를 다시 설정할 수 있도록 돕고, 그들이 자신의 잠재력을 최대한 발휘할 수 있도록 복지정책과 취업지원정책을 함께 지원합니다.

구체적으로, 서구는 단순한 금전적 지원, 돌봄부담의 경감을 넘어서 가족돌봄청년의 심리 상담, 진로 상담, 교육 프로그램, 취업 준비교육 등을 통해 청년들이 자신만의 미래를 준비할 수 있도록 체계적인 지원을 제공합니다. 이는 가족 돌봄이라는 책임이 청년들의 발목을 잡는 것이 아니라, 그들의 능력과 꿈을 실현할 수 있는 출발점이 되게 하는 혁신적인 접근이라 할 수 있습니다. 또한, 다양한 이해관계자의 목소리가 반영되므로 더 폭넓은 참여가 이루어지고, 정책이 보다 현실적이고 효과적이라고 느껴지게 하고 있습니다.

2. 지난해 가족돌봄 청소년·청년지원조례를 제정하셨는데요, 다른 지자체와 차이점이 있다면 무엇인지요.

광주 서구의 가족돌봄 청소년·청년 지원 조례는 다른 지자체와 비교했을 때 몇 가지 차별화된 특징이 있습니다. 다른 지자체의 경우 청년들만을 대상으로 지원하는 조례가 많지만, 광주 서구는 청소년과 청년을 동시에 지원하는 조례를 제정했습니다. 이는 청소년 시기부터 가족 돌봄을 맡는 청소년들이 많다는 현실을 반영하여, 이들이 더 어릴 때부터 필요한 지원을 받을 수 있도록 체계를 마련한 것입니다. 단순히 경제적 지원이나 돌봄을 덜어주는 차원에서 그치지 않고, 가족돌봄 청소년 및 청년들의 심리적, 정서적 지원을 중점적으로 강조하고 있습니다. 또한 전수조사를 통해 발굴된 가족돌봄청년 당사자 인터뷰를 통해 돌봄부담 경감을 위한 사회적 돌봄지원 외에 현금 지원의 필요성을 판단하고 보건복지부 사회서비스신설 협의과정을 통해 수당지원을 위한 근거가 마련된 것이 가장 큰 차이점입니다.

광주 서구는 가족돌봄 청소년과 청년들의 진로와 커리어 개발에도 지원하고 있습니다. 이는 다른 지자체에서 주로 경제적 지원에만 초점을 맞추는 것과 차별화되는 부분입니다.

지역사회와의 협력을 중요한 축으로 삼고 있습니다. 공공 기관뿐만 아니라 민간 단체, 비영리 기관, 지역 주민들이 함께 참여하는 민관 협력 체계를 통해 청소년과 청년들이 돌봄을 제공하는 데 필요한 자원과 지원을 받도록 하고 있습니다. 가족 돌봄 상황을 철저히 조사하고 이를 바탕으로 맞춤형 지원을 제공하는 것을 목표로 하고 있습니다.

3. 서구는 관내 청년을 대상으로 현장 전수조사를 실시해 최종 지원대상자를 선정했는데요, 이 과정에서 어려운 점은 없으셨는지요.

가족돌봄 청년의 경우, 자신의 가족 상황을 타인에게 드러내는 것에 대한 심리적 부담이 크기 때문에, 조사 과정에서 개인의 프라이버시를 지키는 것이 중요한 과제였습니다. 특히 가족의 질병이나 장애, 경제적 어려움과 같은 민감한 정보를 제공해야 하는 만큼, 청년들이 이러한 조사에 대해 거부감을 가질 수 있고, 이로 인해 조사가 원활히 진행되지 않기도 하였습니다.

청년들이 가족 돌봄을 제공하고 있는 상황이 매우 다양하고 복잡하였습니다. 돌봄의 정도, 기간, 가족 구성원의 상태 등 여러 요소가 다르기 때문에, 이를 정확히 조사하고 각 상황을 정확하게 평가하는 것에 상담직원은 어려움을 가졌습니다. 청년들이 겪고 있는 돌봄의 부담을 과소평가하거나, 반대로 과대평가할 가능성도 있어, 실태 조사를 통해 필요한 지원을 적절히 제공하는 과정에서 정확성을 유지하는 것이 큰 도전이었습니다.

일부 청년들은 자신이 지원 대상이 될 수 있다는 사실을 잘 인지하지 못하거나, 바쁜 일상 속에서 조사에 참여할 기회를 놓치는 경우도 많았습니다. 특히 가족 돌봄의 책임을 지고 있는 청년들은 돌봄에 많은 시간을 할애하기 때문에 조사 참여를 우선순위로 두지 않아 조사에 어려움이 있었습니다.

전수조사 이후 최종 지원 대상자 선정 과정에서 기준을 마련하는 것이 쉽지 않았습니다. 전문가들과 함께 판정도구를 개발하고, 합의하는 과정이 필요하였습니다. 청년들의 상황이 매우 다양하기 때문에, 돌봄의 필요성과 긴급성, 청년 개인의 사회적·경제적 여건 등을 고려하여 공정하게 대상을 선정하는 과정에서 다양한 이해관계를 조정하는 것이 복잡하였으며, 특히 제한된 자원으로 최대한 많은 청년들에게 혜택을 제공해야 하는 상황에서, 지원 대상을 선별하는 기준을 설정하는 것이 어려운 과정이었습니다.

4. 지원대상 선정 기준 마련 과정에서 가장 역점을 두었던 것은 무엇인지요.

선정 기준에서 가장 중요한 부분은 청년이 실제로 맡고 있는 돌봄의 책임과 그로 인한 부담을 평가하는 것이었습니다. 청년의 경제적 상황도 중요한 선정 기준이 되었습니다. 돌봄으로 인해 경제활동에 제한을 받는 경우, 청년 개인의 소득 수준이나 가정의 경제적 상태가 더 큰 어려움으로 작용할 수 있기 때문입니다. 가족 돌봄이 청년의 학업이나 직업 활동에 미치는 영향도 선정 기준에서 중요한 요소였습니다. 돌봄 책임으로 인해 학업을 중단하거나 직업 훈련, 취업 준비에 어려움을 겪는 경우가 많기 때문에, 이들이 자신의 미래를 계획하고 실현할 수 있도록 학업·직업에 대한 지원 필요성이 중요한 기준으로 고려되었습니다.

5. 청장님은 착한도시 서구의 선한가치 실현이라는 슬로건을 제시하셨는데, 착한도시란 무엇이며 선한가치는 어떤 것을 의미하는지요.

광주 서구의 착한도시라는 개념은, 지역사회에서 나눔과 연대의 가치를 중심으로 긍정적인 변화를 이끄는 공동체를 지향하는 도시를 의미합니다. 착한도시는 지역 주민들이 서로 돕고 협력하며, 더불어 사는 사회를 만들어가는 것을 목표로 하며, 지속 가능한 사회적, 경제적, 그리고 복지적 기반을 구축하는 데 중점을 둡니다. 서구는 이를 통해 주민들의 자발적인 나눔과 참여를 장려하고, 사회적 책임을 실천하는 문화를 확산하려는 노력을 기울이고 있습니다.

광주 서구의 착한도시는 나눔, 연대, 사회적 책임을 기반으로 한 공동체를 형성하여 지역사회의 지속 가능한 발전을 추구하는 도시입니다. 이를 통해 모든 주민들이 함께 성장하고, 보다 나은 사회를 만들어가는 것을 목표로 하며, 이러한 목표를 실현하는 데 선한 가치가 중요한 역할을 합니다. 나눔과 배려, 연대와 사회적 책임을 바탕으로, 서구는 착한도시로서의 비전을 실현하고자 합니다.

2024
전국기초단체장
매니페스토 우수사례

경제적 불평등 완화

강원 원주시 | 충남 당진시 | 경남 창녕군 | 서울 노원구 | 부산 서구

2024 전국기초단체장 매니페스토 우수사례
경제적 불평등 완화 | **강원 원주시**

원주시 소상공인 지원 프로젝트, 모르는 소상공인 없게하기!

강원 원주시

원주시는 총 사업체 중에서 10인 미만 소규모 사업체의 비중이 94%이다. 소상공인업계가 지역경제의 중추적인 역할을 담당하고 있으며 그중에서도 60세 이상의 노령소상공인은 46%인 것으로 나타난다. 고령화가 가속화되면서 정보취약으로 인한 소외현상이 문제점으로 대두되었다. 상권 정보가 부족하고 지역 상권의 경영전략이 부재함에 따라 창업과 폐업이 빈번하게 발생했다. 소상공인을 대상으로 한 밀착 지원이 필요하다고 판단한 원주시는 중장기적 활성화 전략을 고안하여 자체 역량을 강화하고자 했다. 원주시의 열정적인 소상공인 살리기 프로젝트를 같이 들여다보자.

소상공인을 위한 소통창구, 소상공인 종합정보센터 설립

해결점의 시작은 소상공인의 정보 불평등 개선을 위한 원스탑 정보제공이 가능하도록 하는 데에 있었다. 원주시는 소상공인 종합정보센터를 구축하여 누구나 쉽게 지원 정책에 접근할 수 있는 전용 소통창구를 만들었다. 위치는 접근성과 현장성을 고려해 구도심 전통시장 인접지에 마련했다. 소상공인 종합정보센터에 방문하면 원주시, 소상공인시장진흥공단, 창조경제혁신센터, 지방중기청, 신용보증재단, 도 경제진흥원 등의 연계 기관들과 신속하게 연결할 수 있도록 했다. 사무공간과 라이브 스튜디오실, 상담실 등의 공간도 지원했다. 센터가 중심이 되어 경영안정, 역량강화, 정보제공 등을 목표로 신규 사업을 추진하면서 예산규모가 431% 가량 증가했다. 지역화폐 '원주사랑상품권'을 발행하여 지역 매출을 증진하고 자금의 역외 유출을 방지하기도 했다. 발행실적 85%, 가맹점 10%,

회원수는 30% 증가한 것이다. 경영안정자금을 확대 지원하기도 했다. 급격한 고금리 현상으로 인해 경영난과 지역침체에 효과적으로 대응하기 위함이다. 이차보전 융자규모를 대폭 확대한 것인데, 23년 한시적(4월~12월)으로 전국 최초, 최대 6% 이차보전을 지원했다. 센터 개소 후 융자 지원실적은 66% 증가했고, 보증 발행 규모는 200%가 확대되었다. 역동적인 성장을 보여주는 증거이다. 기술과 경영에 관해 애로사항을 해소할 수 있도록 맞춤형 컨설팅도 지원했다. 22개사, 60회 컨설팅을 진행하면서 디지털 전환, 마케팅, 세무회계관리에 있어 도움을 줄 수 있었다. 자생적인 커뮤니티가 강화되어 움직이도록 하는 소상공인 커뮤니티 활성화 지원을 통해 박람회 공동 홍보와 고속도로 휴게소 입점하는 등의 성과를 달성하기도 했다.

신 · 구도심 양극화 해소를 위한 노력들

상권중심이 신도심으로 이동하며 인구가 감소하고 구도심 공동화가 가속화되었다. 원주시는 국내 최초 만두축제를 개최하여 침체된 구도심을 활성화하고 '음식도시 원주'라는 로컬 브랜딩을 이끌었다. 원주 만두는 6·25 전쟁 직후인 1950년대 미군으로부터 원조받은 밀가루가 유통되면서 탄생했는데, 피란민과 상인들이 역 앞에서 만두를 빚어 5일장에 내다 판 게 시초가 되어 지금까지 전해져 내려오고 있다. 축제 공간은 원주 문화의 거리를 중심으로 자유시장, 도래미시장, 중앙시장 등 일대에 원주 만두의 역사를 기록한 주제관 1곳, 판매장 3곳, 총 35개의 음식 부스, 무대 4곳, 체험장 1곳으로 조성했다. 원주 대표 미식 관광축제로 육성하면서 지역음식문화축제 부문 대상, 2024 소비자 선정 최고의 브랜드 대상을 수상하는 영예를 얻었다. 외부용역 결과 경제적 파급효과는 약 100억원으로 추정되며, 방문객 중 외지방문객 52%, MZ세대 방문객 62%의 비율을 보였으며, 대다수가 재방문 의사를 보였다.

원주 만두 축제

    도내 최초로 소공인 복합지원센터도 유치했다. 소상인 위주의 지원정책에 소외되었던 소공인 대상의 정책을 확대 추진하기 위함이다. 소공인 공용 장비실, 교육실, 회의실 등을 조성할 계획이며 24년 5월에는 원주시, 강원소공인연합회, 서울소공인협회가 모여 MOU를 체결했다. 전문인력을 육성하고 기술 교류체계를 마련해 공동체를 결성하며 사업을 내실화할 전략이다. 소공인이 성장해 일자리가 증대되고 세수가 증대되는 선순환 구조가 만들어지길 기대하고 있다.

똑똑한 소상공인 양성을 위해

    마지막으로 똑똑한 소상공인 양성을 통해 생태계 안정성을 확보하고자 했다. 소상공인의 온라인 시장 진입을 돕기 위해 소상공인 종합정보센터 내에 라이브커머스 스튜디오를 구축하고 무상대관이 가능하도록 했다. 온라인 마케팅 교육을 함께 진행하면서 디지털 역량을 키울 수 있는 기회를 제공했다. 실제로 원주시 내 커피전문점을 운영하는 사장님은 가게 매출 중 온라인에서의 매출이 90% 정도 차지할 정도로 라이브커머스를 통해 큰 도움을 얻었다. 오프라인의 한계점을 뛰어넘고 많은 사람들에게 제품을 알리고 판매하게 된 것이다. 나아가 원주시는 전국 지자체 최초로 시민을 대상으로 한 경제교육관을 구축했다. 생애 주기별 대상별 맞춤형 생활 경제 교육을 제공하고, 노무 세무 회계 및 창업교육을 제공하고, 올바른 경제 가치관 확립을 위해 경제교육 프로그램도 운영하고 있다. 수요조사와 여론, 협약 등을 통해 경제교육의 대상을 지속적으로 넓혀갈 예정이다.

전국의 소상공인은 우리나라 경제성장 동력의 주체로서 지역경제 근간을 잇고 일자리를 창출해내고 있다. 업종 특성상 지역과 밀착 및 상생하여 커가야 하는 만큼, 원주시가 소상공인의 성공파트너가 되어 위기를 희망으로 바꾸는 힘을 싣기를 바란다.

인터뷰 Interview

원주시장
원강수

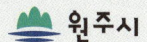

1. 원도심의 인구감소와 고령화로 인한 지역내 불균형과 공동체 붕괴가 우려되고 있는데요, 원주시에서 소상공인은 어떤 의미인지요.

원주시 사업체 중 10인 미만 소규모 사업체 비중이 94%로, 지역경제의 일익을 담당하고 있는 원주시 소상공인은 지역경제의 지속 가능한 성장 기반을 마련해 주는 역할을 하고 있습니다. 원주시 소상공인은 경영안정 촉진과 고용안정을 통해 원주시민 개개인의 균형 있는 경제 발전을 견인하고 있으며, 원주시의 가장 핵심적인 뿌리 경제를 담당하고 있습니다.

2. 원주시의 소상공인 종합정보센터는 다른 지자체의 소상공인 종합정보센터와 어떤 점이 다른가요.

대부분의 소상공인지원센터들은 기관 위탁 형태로 운영되고 있습니다만, 원주시 소상공인종합정보센터는 위탁 운영이 아닌 원주시 소상공인지원팀이 직접 운영하는 센터로, 소상공인들과의 원활한 소통과 접근성을 위해 구도심과 인접한 곳에 위치해 있습니다. 센터의 일부 공간 리모델링을 통해 라이브커머스 스튜디오를 구축하고 장비와 공간도 무상으로 직접 대관하면서 최근 화두인 소상공인 디지털 전환을 적극지원하고 있습니다.

또한 소상공인 애로사항이나 지원사업 궁금증 해소를 위한 상담창구도 운영하고 있어, 홈페이지 사전 예약을 통해 담당공무원이 직접 상담을 진행하고 있으며, 지자체에서 가지고 있는 예산에 대한 한계를 극복하기 위해 타기관에서 추진 중인 사업을 모니터링하여 맞춤형으로 제공될 수 있도록 센터 홈페이지를 구축하고 지원사업 정보를 상시 제공하고 있습니다.

3. 원주시는 지난해 소공인 복합지원센터 공모에 최종 선정되어 복합지원센터 건립이 추진 중인데요, 소공인 복합지원센터 구축사업의 가장 큰 의미는 무엇이라고

생각하시는지요.

도내 최초, 소공인 지원을 위한 혁신성장 인프라 구축사업으로 소재·부품·장비 제조업 영세소공인의 역량 강화 및 산업환경 개선을 유도하여 자생 산업생태계를 조성하고 산·학·연·관 연계 협력 및 사업화로 환경변화 대응, 기술개발 등 뿌리산업 기반 기술 강화는 물론 보유 기술 및 핵심기술 계승과 발전에 기여할 수 있으리라 봅니다. 이를 통해 소공인 간 교류 활성화와 함께 서로 상생 협력하는 방식을 경험하고 참여하고 전파하는 계기가 될 것으로 기대하고 있습니다.

4. 원주만두축제와 연계한 소상공인 장터 추진 계획을 설명해 주신다면?

해당 사업은 강원특별자치도의 강원 소상공인 상생 직거래장터 지원사업 공모를 통해 참여한 사업으로, 10월25일부터 27일까지 3일간 개최되는 원주만두축제 기간에 소상공인 상생 직거래장터 "만두벙커마켓"을 운영할 예정입니다.

만두축제 본 행사장은 만두 음식업체 위주로 행사장이 구성될 예정이어서 외부 관광객들을 대상으로 원주시 소상공인들의 다양한 상품을 판매할 수 있는 장을 열어드리고자 계획했습니다. 원주시 소상공인종합정보센터가 위치해 있는 옛날 지하상가 인근에서 장터를 조성하고 지역 특산품 홍보와 판매를 지원하는 행사로 지하공간과 만두·소상공인을 보호하는 의미로 "벙커"라 작명했습니다.

전체 50부스 규모로 참가업체는 30개사 내외로 운영예정이고, 체험, 특산품, 공예품, 먹거리 등의 다양한 업체가 참여할 예정으로, 버스킹 공연, 댄스팀 공연 등 방문객들에게 다양한 볼거리도 제공할 계획입니다.

5. 원주시는 지난 6월 도시형 소공인 집적지구와 공동체 활성화를 논의하는 간담회를 진행한 바 있는데요. 시장님이 생각하시는 활성화 방안은 무엇인지요.

민선 8기 공약사항으로 경제인이 행복한 원주를 목표로 원주시 경제 활성화를 위한 맞춤 정책을 다양하게 추진하고 있는데, 그 첫 번째가 소상공인 정책입니다. 그에 따라 공모사업에 도전, 소공인 복합지원센터 구축사업으로 인프라를 구축하고 있습니다. 또한, 개별 소공인별 사업 운영 방식에서 벗어나 소공인 간 네트워크를 구축하여 제품의 다변화 및 고품질화를 위한 공동체 활동이 필요하고 의료기기, 자동차부품, 반도체 산업 등 전·후방 산업과 산업·농공단지 입주 기업과의 유기적 협력체계 구축을 통해 경쟁력 강화 및 판로개척을 위한 노력도 필요합니다.

경제도시 원주를 목표로 기업 유치와 산업단지 조성사업 등을 적극적으로 추진하고 있는데, 소공인도 마찬가지로 일할 수 있는 자리(일자리), 일할 수 있는 사람(인재), 일할 수 있는 여건(정주 여건)이 잘 마련되어야 합니다. 이를 위해 교육발전특구 선도지역 지정과 함께 지역사회(사업체 등)에서 필요로 하는 수요를 교육기관 및 교육 정책에 반영하여 맞춤형 교육을 진행하고 인력 양성 및 채용까지 연계는 물론 체육, 문화, 복지 등 다양한 분야에서도 전략적 정책 추진을 계획하고 있습니다.

더불어, 소공인 복합지원센터가 구축되면 고가, 전문 장비 등을 활용한 자체 역량 강화 교육, 기술교육 교구재 및 홍보 상품 제작, 제품개발을 위한 기술교육, 소공인 대상 시제품 제작 지원, 기능경기대회 유치 등의 사업을 추진하여 소공인 공동체 활성화를 도모하려 합니다.

2024 전국기초단체장 매니페스토 우수사례
경제적 불평등 완화 | **충남 당진시**

– 교육부 공모 3관왕 달성 –
학령인구 감소,
지역소멸 위기 극복을 위한,
당진시의 교육혁신

당찬 당진

· · ·

　당진은 '당나라로 가는 나루터'라는 의미를 담아 그 명칭을 갖게 되었다. 역사적으로 항구를 중심으로 발전해왔으며 편리한 뱃길을 자랑으로 철강산업이 크게 발전했다. 고대 한반도에서 당진은 새로운 세계로 나아가는 전략지같은 역할을 했을 것이다. 현재에도 충청남도 서해안 최북단에서 서해안과 수도권, 대전 그리고 천안까지 광역 교통망을 대폭 확충하며 제3의 철강산업 도시, 옛 항구도시의 명성을 이어나가고 있다.

　당진시는 수도권에 비해 열악한 교육인프라로 인구유출이 심화되고 있는 문제에 직면했다. 농촌지역에 다문화가구가 증가하면서 정주 외국인의 교육사각지대가 발생했고, 학령인구 감소로 인한 지방학교와 대학의 생존 문제가 대두되고 있는 상황이다. 지역 소멸 위기에 직면한 당진시는 지역산업기반 특화교육으로 기술인재양성을 위한 신산업 대응을 시작했다. 제조업이 관내 산업비중의 48%를 차지하는만큼 철강과 금속 등의 제조업을 중심으로 새로운 맞춤형 인재양성을 이끌어내고자 한 것이다. 당진시는 교육인프라를 구성하여 안정적으로 인력이 공급된다면 청년이 지역에 정주하게 될 것이라고 예측했다. 그동안 고졸 인력에 대한 체계적인 지원 부족과 무관심을 문제삼아 그 해결책을 모색했다.

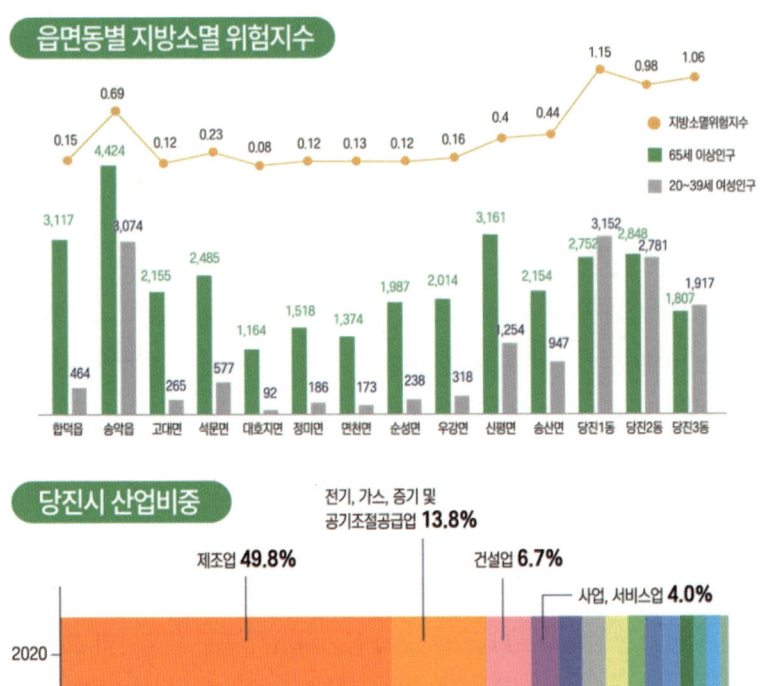

읍면동별 지방소멸 위험지수(위)/당진시 산업비중(아래)

교육국제화특구를 구축하다

당진시는 교육혁신을 통해 지역을 살리는 글로벌 인재를 양성하고자 교육국제화특구 사업을 추진했다. 사업추진을 위한 찬반 설문, 공청회, 실무회의 등을 거친 후 교육특구TF팀을 신설했다. 세부적인 사업들은 교육과정 혁신형과 해외인재 유치형으로 나누어서 관리했다. 교육과정 혁신형은 학교급별 외국어 교육 특화프로그램을 운영하는 방향으로, 해외인재 유치형은 유학생 유치와 지원을 위한 취업을 지원하고 정주여건을 개선하는 방향으로 이루어졌다.

농어촌 소규모의 초등학교에 글로벌 교육을 도입하며 폐교 위기를 극복한 바 있다. 전교생 25명의 신촌초등학교에서는 고려인 4세 및 다문화 학생의 글로벌 통합 교육과 한국 문화 체험을 진행했다. 전대초등학교에서는 방과후 학원을 다닐 수 없는 학생들을 위해 영어 수업을 포함한 다양한 방과후 프로그램을 운영했다. 그 결과 매년 10% 이상 학생수가 증가했다. 한정초등학교는 글로벌 영어교육, sw 코딩, 드론교육, 스포츠활동 등을 통해 전교생 53명임에도 불구하고 좋은 평가를 받고 있다. 더하여 교육과정 혁신을 통해 지방소멸 위기를 극복하려는 노력이 이어졌다. 특목고를 대상으로 기술 교육을 활성화한 것이다. 합덕제철고등학교는 철강/금속/제조와 제선/철강/압연/용접 등의 지역특화산업 강좌를 운영했다. 총인원 66명 중 53명이 취업하는 성과를 얻었으며 독일현장학습을 통해 6명이 취업하고 기능경기대회에서도 18명이 수상하는 기적을 이루었다. 당진정보고등학교는 교과연계활동, 취업자격증, 공무원 특별반 등의 취업활동에 지원을 아끼지 않았다. 충청남도 유일의 외국어교육센터도 설립했다. 글로컬 당진외국어 교육센터는 지역 학교와 연계한 다양한 주제의 언어의사소통 능력을 향상시키는 것을 목표로 원어민 교사를 활용한 교육서비스를 발굴하고 있다. 초등 외국어 일일미션 캠프에서는 약 2천명 넘게 참여했고, 중등영어 독서 캠프를 포함한 5개 프로그램 모두 학생들의 인기를 끌고 있다.

또한 진로진학 전문가 및 교육전문 기관을 통해 경쟁력 있는 미래인재를 육성하고자 했다. 학생 맞춤형 진로진학 컨설팅을 통해 컨설팅, 방문특강, 진로체험 등 11개 프로그램을 운영했다. 직업계고등학교(이하 직업계고)와 기업, 대학을 연계해 기술인력 양성 시스템을 구축하고 지자체와 지역대학이 협력해 교육-취업-정주의 선순환 체계를 확립했다. '당꿈이들의 졸업여행'이라는 일본 문화콘텐츠 산업을 견학하는 기회를 만들어 해외 역사문화 탐방도 다녀왔다. 올바른 역사관을 정립하고 민족적 자긍심을 고취하며 국제적 사고를 함양할 수 있는 기회였다. 다문화가족과 외국인 근로자를 위해 네트워킹 공간을 조성하고 한글수업과 통번역 상담도 실시했다. 합덕야행, 연꽃축제 등 외국인과 지역 주민과의 화합과 소통을 위한 문화행사도 참여할 수 있도록 했다. 이주민들과 토착민과의 화합의 장으로서 자리매김하는 계기가 되었다.

직업교육혁신지구를 위해 애쓰다

당진시는 직업교육혁신지구를 구축하여 고졸 지역인재를 육성하고, 일자리 및 취업으로 지역정착을 유도하기 위한 노력을 계속했다. 지역기업, 직업계고, 지역대학, 유관기관 모두와 연결망을 형성한 "혁신지구지원센터"를 설립했다. 우선 기업 맞춤형 기술인재를 성장시키는 과정을 체계화했다. 철강분야로의 성장을 꿈꿀 경우 철강 기본교육, 심화교육, 기업현장교육, 취업과 지역정착 순서로 지원을 받을 수 있다. 취업동아리와 빅데이터관리, 인공지능소양 등의 교육과 대학교 강의, 관내 철강기업에서의 교육을 통해 전문가가 될 수 있다. 에너지 분야도 같은 순서로 진행된다. 미래에너지 전문가로서의 재능을 펼칠 수 있도록 전반적인 실무교육을 책임지고 있다. 이런 과정이 만들어진 데에는 관내 우수기업체의 참여와 고등학교의 적극적인 협조가 큰 역할을 했다. 직업교육혁신지구 취업마인드 함양 특강, 취업연계교육 대상자 선발 면접, 기업설명회 등을 개최하며 서로 간의 신뢰를 쌓아 와서 가능한 동행이었다. 고등학교와 기업의 직접적인 연결망 외에도 중학생을 대상으로 직업진로특강을 개최했다. 중학교 5개교 16학급의 340명이 참여했다. '충남직업교육 한마당'을 통해 직업교육 이해를 돕는 부스를 운영하기도 했다. 6천여명이 방문하며 충남 교육청 주관의 2023년 최대 행사가 되었다. 지자체와 교육청의 협력, 선취업 후학습이라는 효율적인 성장, 지속가능한 혁신의 가치가 어우러진 순간이다.

고등직업교육거점지구로 나아가다

　아울러 전문대학과 협력하여 중장기 목표에 부합하는 시의 특화분야를 선정하고, 교육체계를 개편하여 지역일자리의 경쟁력을 강화하고자 했다. 당진시는 고등직업교육거점지구(HiVE) 사업을 꾸리기 위한 실무협의회를 구성했고 서산시, 신성대학교와 함께 업무협약 MOU를 체결했다. 'DSSU HiVE 센터'를 설치하고 운영위원회를 개최했다. DSSU HiVE 센터는 "대한민국 탄소중립 미래를 선도하는 지속성장, 다함께 뿌리내리는 균형발전"이라는 목표를 갖고 ESG 직무교육을 선도하기 위한 거점지로서 활동한다. 네-맛 브랜딩(일맛, 놀맛, 살맛, 다맛)을 통해 일하고 싶은 도시, 할 게 많은 도시, 살고 싶은 도시, 다 잘사는 도시를 구현하기 위한 여정 중에 있다. 당진시 특화 신재생에너지과, 서산시 특화 화학공학과를 신설 및 개편하여 45개 교과목을 편성했다. 평생직업교육을 고도화시키기 위해 '수소경제 전환인재 양성 아카데미'를 열어 전기에너지 전문가 과정, 수소경제 기반기술 과정을 열었다. 지역사회공헌을 위한 자율과제도 기획하여 널리 알렸다. 찾아가는 진로체험과 일자리박람회, 다문화대축제, 평생학습 한마당 등의 교육과 행사 축제를 운영했고, 도시디자인 지역자산조사연구, 지역교육콘텐츠개발로 활발한 연구 활동을 주관했다. 지역협력 거버넌스를 구축해 지속적인 실무와 협업 회의가 가능하도록 했다.

　적극적인 공모사업과 함께 지역 특성을 살려 인재를 양성하고 있는 당진시. 미래 산업에 관심이 크고, 특수분야의 전문가가 되어 능력을 빛내고 싶은 학생들에게 당진시가 마치 등대처럼 느껴질 것이다. 망망대해에서 함께 진로를 찾아주는 한 줄기 빛이 제법 든든하다. "함께여는 미래! 생동하는 당진" 마치 이 슬로건처럼, 당진시가 미래를 향해서 순조로이 항해하기를 바란다.

인터뷰 Interview

당진시장
오성환

1. 지역의 백년대계(百年大計)로써의 교육정책은 그 무엇보다 철학이 중요한데요, 당진시의 교육정책 철학은 무엇인지요.

당진시는 지역의 경쟁력 향상과 정주여건 개선에 대한 해법으로 교육과정 혁신을 통한 '교육의 질 향상'이라는 교육정책 철학을 갖고 있습니다.
이에 당진시는 '직업교육 혁신지구 선정(국비 15억 확보)', '고등직업교육거점지구 공모 선정(국비 36억 확보)', '교육국제화특구 지정(5년간 행·재정 지원 확보)'으로 교육부 공모사업 선정 3관왕을 달성하면서 명품 교육도시로 거듭나게 되었습니다.

당진시가 교육 선도도시이자 인구 30만 자족도시로 도약하도록 기반을 차근차근 다지고 있으며, 교육혁신과 인재 양성을 통해 교육의 질을 지속적으로 향상시키고 정주 여건을 개선해 나갈 계획입니다.

2. 당진시는 교육부에서 지정하는 '교육국제화특구'이기도 합니다. 어떤 부분에서 당진시가 운영하고 있는 '교육국제화특구'를 소개해 주신다면

당진시는 2023년부터 교육국제화특구를 운영하며 초·중·고 학교 교육과정 혁신을 위한 사업을 추진하고 적극적인 해외인재 유치를 통해 교육과 취업, 정주 시스템을 구축하고 있습니다.

당진 교육국제화특구는 "글로컬(global+local) 인재육성을 위한 초연결 국제 교육도시"라는 비전으로 ❶ 교육과정 혁신을 통한 ❷ 다문화가족과 함께 ❸ 해외인재 유치를 통한 ❹ 외국인 지역정주를 위한이라는 4대 추진전략 아래 10개 단위사업, 28개 세부사업으로 추진하고 있습니다.

당진시는 교육부의 전국 18개 교육국제화특구를 대상으로 실시한 2023년 교육국제화특구 평가에서 '우수 특구'로 선정되는 성과를 거두기도 하였습니다.

3. 지자체와 교육청이 함께하는 '직업교육혁신지구'로 지정된 당진시의 '꿈·직·장(꿈을 지원하는 직업계고 장기 성장) 프로젝트'는 어떤 사업인지요.

당진시가 교육청과 협력하여 지역의 직업계고 학생을 대상으로 지역 산업체의 맞춤형 직업교육을 실시하여 고졸 인재 성장과 지역정착을 지원하는 사업입니다. 현재 현대제철, 동국제강, 비츠로셀 등 철강, 에너지 분야 10개 기업이 직업교육 혁신지구 사업에 참여하고 있습니다. 올해 당진시는 직업계고 학생들에게 기업 탐방 프로그램을 통해 학생들에게 지역의 기업을 소개하고 홍보하는 사업을 추진하였고, 시와 지역의 기업 및 대학, 교육청이 모여 기업 간담회를 열어 기업이 원하는 인재 양성 교육을 지역 대학과 연계하여 추진하고 있습니다.
또 중·고등학생을 대상으로 학교로 찾아가는 드론 및 메타버스, 사물인터넷 등 인공지능 진로 탐색 체험도 함께 추진하여 학생들이 직업에 대해 폭넓게 사고할 수 있도록 하고 있습니다. 당진시는 앞으로도 학생들에게 진로 선택을 위한 양질의 정보와 교육을 제공하고 지역에서 정주할 수 있도록 다양한 사업을 발굴하여 추진할 계획입니다.

4. 지자체와 전문대의 협력을 통해 지역 특화 분야 인력을 양성하고 양질의 일자리와 정주 여건 제공하는 지역사회 혁신을 사업인 당진시의 '고등직업교육거점지구 사업' 소개와 성과를 부탁드립니다.

고등직업교육거점지구(HiVE) 사업은 지자체와 대학이 함께 인구감소와 지역소멸에 대응하기 위한 하나의 교육적 방안으로 지역의 특화분야 학과와 특화분야 직업교육을 제공하고 관내 기업체와 협력한 맞춤형 교육사업을 추진하는 사업이다. 직업교육 활성화를 통해 지역에서 배우고 지역에서 일하고, 지역에 정주할 수 있도록 자격 취득과정을 제공하여 취업기회를 연계하는 등 지역 정주 여건 개선의 일환으로 추진하고 있습니다.

당진시는 수소경제 전환으로 신재생에너지과를 대학에 신설하고, 기존 화학공학과의 교육과정을 개편하는 등의 학위과정을 운영하고 있으며, 특화분야 직업교육으로 수소경제 기반 기술 활용전문가 과정을 개설함으로써 자격취득은 물론 전문창업을 돕고 있으며, 시대흐름에 대응하기 위한 리터러시 과정 개설로 드론 기술, 유튜브, 전산 리터러시 등을 추진하고 있습니다. 또한 도농복합도시의 특징을 살린 산업체 연계 재직자 직무능력향상교육과 농업경영체 역량강화 교육을 통해 당진에 맞는 당진다운 직업능력향상을 위한 교육적 노력을 지속해 나가고 있습니다.

5. 시장님이 생각하시는 당진시의 교육혁신은 무엇이며 어떤 기대를 하고 계시는지요.

'불확실성'이 증가하고 있는 미래사회에서, 우리는 그 어떤 상황에서도 적응할 수 있는 인재를 키워나가야 합니다. '정해진 정답 찾기' 교육에서 벗어나 '내 생각'을 기를 수 있는 교육, 그리고 서로 다른 문화를 이해하고 존중할 수 있는 글로벌 마인드를 함양하도록 하는 교육으로서 지속적인 교실수업 개선 노력이 필요합니다.

그런 의미에서 당진시가 교육국제화특구로 지정되어 교육 패러다임을 바꿀 수 있는 기회를 갖게 되었다는 것에 대해 저는 대단히 뜻깊게 생각합니다.

2024 전국기초단체장 매니페스토 우수사례
경제적 불평등 완화 | **경남 창녕군**

창녕농민 웃게하고, 지역경제에 활력을 준 다시 돌아온 창녕갈릭버거

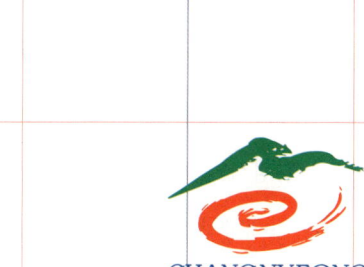

. . .

"맥도날드, 한국의 맛을 찾아 창녕으로 갑니다~!" 드넓은 밭에서 마늘을 힘차게 뽑는 농부가 등장하는 이 맥도날드 광고, 많이 익숙하다. 한국인의 맛 첫번째 프로젝트로 '창녕갈릭버거'가 탄생했을 때이다. 출시 후 3주 만에 110만 개를 판매해 재료가 소진되어 일시적으로 품절되는 등 큰 인기를 끌었다. 3년에 거쳐 계속해서 새로운 메뉴를 함께 개발하고 판매하며 맛도, 농가도 모두 활짝 웃게 한 창녕군. 창녕군은 어떻게 이토록 성공적인 상생 협력을 이끌어 온 것일까.

전국 최대 마늘 생산지, 창녕군

창녕군은 매년 6만여 톤의 마늘을 생산하는 최대 마늘 생산지로, 전국 마늘 재배 면적 1위를 자랑하고 있다. 지난 2016년부터 마늘×양파산업 특구로 지정될 정도로 함께한 역사가 깊으며 창녕 농민들에게는 주 소득원이자 없어서는 안 될 효자 역할을 톡톡히 하고 있다. 그러나 작년 수확철에 잦은 비로 마늘 품질이 저하되어, 산지 마늘 가격이 전년 대비 40% 이상 폭락하였다. 1kg 당 5,500원대 가격이 3,000원 대로 거의 2배 가까이 떨어져 생산비도 못 건지게 된 것이다. 이에 창녕군은 농가 소득과 직결되는 심각한 문제로 지정하고 마늘 가격의 불안정함을 해소하기 위한 방법을 모색했다. 안정적인 마늘 수급 대책을 세우고 든든한 판매처를 확보하여 창녕마늘의 소비를 확대하고 인지도도 높이기 위함이었다.

창녕군은 지난 2019년부터 농가소득 1억원 시대를 열어가기 위해 친환경 농산물의 생산 및 유통 인프라를 확대하고 구축하는 데에 집중해왔다. 당시 「원예산업발전 5개년 계획」 수립으로 통합마케팅 조직을 육성하고 있던 창녕군은,

2021년 지역특산물인 마늘을 활용한 맥도날드와의 상생프로젝트를 기획하게 된다. 창녕마늘의 적합성을 보기 위한 전국 마늘 테스트도 진행했는데, 매운맛이 덜하고 식감이 아삭한 창녕마늘이 맥도날드 햄버거 소스와 가장 잘 어울린다는 결과를 얻었다. 한국인이라면 믿고 먹는, 남녀노소 소비자의 입맛을 저격할 수 있는 상품이 될 것이라고 판단할 수 있었다. 그러나 창녕군에는 맥도날드 매장이 부재했다. 원활한 유통이나 가공 공장을 확보하는 데에 1차적인 어려움이 있었다. 또한 지자체와 대기업 간 소통방식이 상이하여 홍보 방법 및 시기를 조율하는 과정도 쉽지만은 않았다.

100% 창녕햇마늘, 창녕갈릭버거 첫 출시!

우선 창녕군은 재료가 될 마늘을 연중 내내 안정적으로 공급할 수 있는 방법에 대해 고민했다. 고민 끝에 산지유통센터인 지역 농협(창녕, 남지, 우포, 이방, 영산)에 마늘 공판장 5개소를 운영해 고품질의 마늘을 출하하기로 결정했다. 산지유통센터는 농산물을 소비자의 요구에 맞게 상품화하는 데 필요한 예랭, 선별, 포장, 가공, 저장 등의 일관시설을 갖추고 출하와 마케팅 기능까지 종합적으로 수행할 수 있기 때문이다. 이 결과로 창녕마늘 총 4만 6천여 톤을 출하할 수 있었다. 계약재배 물량을 훨씬 뛰어넘은 양이었다.

이후 햄버거에 들어갈 마늘소스 및 후레이크를 가공할 공장이 필요했다. 창녕군은 오뚜기에 마늘을 공급하고 있던 기존 공장과 연계해 일원화된 유통시스템을 구축했다. 농협 깐마늘공장은 3개소로 운영하여 하루 8톤의 마늘을 처리했고 대형유통마트와 대기업 식자재로 납품할 수 있도록 했다. 맥도날드와 창녕군, 그리고 농협이 서로 유통마진을 최소화하여 적정가격으로 공급할 수 있도록 모두가 힘을 기울였다. 그렇게 2021년 8월, 창녕갈릭버거가 첫 출시되었다.

맥도날드 한국인의 맛 프로젝트 - '창녕갈릭버거' 홈페이지 광고

한 달 간 158만 개가 판매되며 SNS에서 입소문이 났다. 전국에 조기품절 사태까지 벌어졌다. 창녕군은 '물 들어올 때 노 저어라' 라는 속담 그대로, 창녕갈릭버거를 활용한 광고를 망설이지 않고 진행했다. E마트와는 깐마늘 특판행사도 진행했는데, 결국 완판 기록을 세웠다. 반면 관내에서는 "창녕에서 창녕버거를 먹을 수 없다" 라며 맥도날드를 유치해달라는 민원이 쇄도했다. 이 해결책으로 창녕군은 일일 팝업스토어를 제안했다. 기관, 단체, 전 군민을 대상으로 창녕갈릭버거 시식 릴레이와 챌린지 이벤트를 펼쳤고 큰 사랑을 받았다.

창녕 농부의 큰 웃음, 농가 소득 1억 원 시대 활짝

첫 출시 이후, 소비자들의 지속적인 재출시 요청이 있었다. 이벤트성으로 끝나는 듯 했지만 2022년과 2023년, 지속적으로 해마다 재출시에 성공했다. 창녕군의 거침없는 행보로 인해 3년 간 창녕마늘 약 132톤을 사용했으며 총 4억 2천 2백만원의 농가 소득을 기대할 수 있었다. 긴밀하고 끈질긴 협업과 열정적인 소통으로 지역 경제가 크게 활성화되어 창녕군 농가에 환한 웃음을 안겨주었다.

    창녕갈릭버거 프로젝트가 성공적인 과업으로 인정받으며 우수한 창녕마늘의 인지도가 상승했다. 이는 자연스레 여러 식품업체와의 지역상생, 즉 ESG 경영에 대한 관심과 실천으로 이어졌다. 창녕군은 잇단 러브콜에 화답하듯 꾸준하게 다양한 형태의 제품을 출시했다. 전국적으로 볼 수 있는 편의점, CU와는 도시락 종류의 제품을 여러 개 출시했고 총 창녕양파 54톤을 공급했다. 오뚜기와는 '창녕갈릭소이소스'를 개발하여 창녕 마늘 3톤 이상을 공급했다. 치킨 브랜드와는 '마늘빵치킨, 갈릭치즈볼'을 출시하여 창녕마늘을 연간 100톤 공급했고, S식자재 유통전문기업에는 피마늘과 피양파를 약 2,400여톤 공급했다. 그 외에도 전국 홈플러스, 농협 등의 대형유통마트 마늘 소비 촉진행사를 통해 13억 원의 매출을 올렸다. 창녕마늘 소비의 확대로 군 전체 7,051개 농가 중 19%인 1,353개의 농가가 1억 원 이상의 높은 소득을 얻었다. 2022년에는 한국의 가장 사랑받는 브랜드 대상을 수상하는 쾌거를 이루었다. 고품질 재료, 안정적 공급, 산지 유통 인프라, 그리고 공격적 마케팅이 조화롭게 제 역할을 다했기에 얻을 수 있는 결과였다. 군 차원의 다양한 지원과 농가의 자체적인 노력이 더해져 고소득농업을 일구었고, 지역 전체에 웃음꽃이 피게 만들었다.

    앞으로도 창녕군은 대기업과 지자체의 모범적인 상생 협업사례를 발전시킬 계획이다. 이에 그치지 않고 청년농업인 육성 지원사업 등 농업기술 조기학습으로 유능한 인력을 육성하고자 한다. 농가 소득 증대와 인지도 상승이 귀농 인구의 유입으로 이어질 가능성이 돋보인다. 활력 넘치는 농촌, 창녕군만의 노하우로 더욱 멋지게 가꾸고 키워가길 바란다.

창녕군수
성낙인

1. 창녕 갈릭버거가 가치소비, 착한소비 추세에 맞물려 식품외식업계 전반으로 확산될 가능성이 높다는 평가를 받고 있는데요, 창녕군이 지역 특산물을 활용해 상품을 제조 판매하는 '로코노미(Local+Economy)'를 선도할 수 있었던 이유는 무엇인지요.

창녕갈릭버거가 로코노미 선도주자가 될 수 있었던 것은 창녕군의 꾸준한 노력이라 볼 수 있습니다. 창녕은 전국 최대 마늘 주산지로서 재배면적 1위, 2016년에는 마늘·양파 특구로 지정되었고, 창녕마늘은 2012년 농산물 지리적표시 제82호로 등록되어 우수성을 인정받았습니다. 하지만, 대량판매를 위한 통일된 마케팅 조직과 마케팅 방안 부족, 꾸준한 양을 일정기간동안 고품질로 납품할 수 있는 체계가 갖추어져 있지 않아 대형마트 및 식품업계와 손을 잡는 것이 어려웠습니다.

이에, 창녕군은 2018년 창녕군 원예산업발전계획을 수립하여 2022년까지 통합마케팅 조직을 육성하였으며, 현재 2기 원예산업발전계획을 수립하여 체계적인 농가 지원, 교육, 유통 및 품질 관리 등을 통해 꾸준하게 역량을 키워나가고 있습니다. 이러한 노력들이 결실을 맺으며 「창녕군에서는 농가에 대한 고품질 마늘 생산 지원」을, 「농협조직에서는 유통」을, 「창녕군농산물조합공동법인에서는 마케팅을 지원」하는 3박자를 갖출 수 있었기에, 2021년 세계적인 패스트푸드 체인점인 맥도날드에서 협조를 요청했을 때 적극적으로 연결될 수 있었습니다.

세계적인 기업으로서 한국 농산물을 활용하지 못한 인식을 깨부수기 위해 선택한 '한국인의 맛' 프로젝트로 출시된 창녕갈릭버거의 성공으로 인해 창녕군은 로코노미를 선도하는 주자로서 창녕마늘과 함께 전반적인 군의 브랜드 가치가 향상되었고, 맥도날드 한국지사는 지역 농산물을 사용하는 ESG 경영을 보여 많은 호응과 이윤 증대, 지역과 상생하는 좋은 기업 이미지를 구축할 수 있었습니다.

2. 익숙한 상품에 특별함을 더하고, 지역을 홍보하는 '로코노미 상품'이 도시와 농촌이 상생하는 새로운 방법이 될지 주목받고 있습니다. 창녕갈릭버거 성공의 경험으로 볼 때 도시와 농촌의 상생모델 구축의 가장 핵심적인 요소는 무엇이라고 생각하십니까.

지방자치단체와 기업의 소통과 협력이라고 생각합니다. 창녕갈릭버거 출시 이후 식품업계로부터 많은 러브콜이 있었는데, ㈜오뚜기와 협력한 '창녕갈릭 소이소스' 등 다양한 제품들이 창녕마늘 이름을 걸고 출시되어 브랜드 가치를 높이고 있습니다. 2021년부터 2023년까지 3년 연속으로 출시된 창녕갈릭버거도 지방자치단체와 기업의 유기적인 소통과 협력이 뒷받침되지 않았다면 출시되지 못했을거라 생각합니다.

3. 창녕 갈릭버거의 성공적인 성과로 인해 해외에서도 마늘하면 창녕이 생각날 수 있는 도시 브랜드 구축에 크게 기여했다는 평가가 있는데.

세계적인 패스트푸드 체인점인 맥도날드가 한국지사를 통해 창녕갈릭버거를 출시하여 맥도날드 내에서 꾸준하게 판매량 1위를 기록하였는데, 맥도날드 측에서도 적극 홍보하여 해외에서도 많은 관심을 가져준 덕분이라 생각합니다. 창녕군에서도 마늘을 활용한 제품 개발 및 공격적인 마케팅, 다양한 판매경로 개척 등으로 창녕마늘 인지도가 꾸준히 이어지도록 노력하겠습니다.

4. 창녕 갈릭버거는 글로벌 기업 로컬 브랜드 전략의 성공적인 모델로 꼽히고 있는데요, 추진 과정에서 가장 어려웠던 점은 무엇인지요.

기업과의 연계가 드문 지방자치단체의 입장에서는 소통이 제일 힘들었습니다. 한 예로, 창녕갈릭버거 출시에 맞춰 서로 간의 소통이 부족하여 맥도날드보다 창녕군에서 먼저 제품을 홍보하여 난감했던 상황이 있었습니다. 이외에도 맥도날드와 인연을 맺어 겪게된 수많은 시행착오와 다양한 경험들은 다른 기업과의 소통과 연계에 많은 도움이 되고 있습니다. 이러한 경험을 바탕으로 지역에서 생산되는 다양하고 우수한 특산물을 활용하여 로코노미를 선도하는 창녕군 이미지 제고를 위해 노력할 것입니다.

5. 또 다른 지역 대표 특산물인 창녕 양파를 활용한 간편식 출시과정도 흥미를 끌고 있는데, 어떤 이야기가 있었나요.

창녕군은 마늘 이전에 양파로 많은 주목을 받았습니다. 우리나라에서 최초로 양파를 재배한 '양파 시배지'로 이름나있으며, 구가 크고 단단해 저장성이 높고 풍부한 즙과 특유의 단맛을 자랑하는 창녕양파는 2007년 농산물 지리적표시 등록 제30호로 등록되어 우수성을 인정받았습니다.

이러한 창녕양파와 CU의 인연은 지난 2022년에 처음 시작되었는데, 당시 양파 가격이 폭락하여 어려움에 처한 양파 농가를 돕기 위해 CU를 운영하는 BGF리테일에서 적극적인 ESG경영의 일환으로 창녕군·창녕군연합사업단과 협업하여 창녕양파를 대량 매입하였습니다.

그리고 2022년 5월 창녕양파를 활용한 '창녕양파 시리즈 간편식 7종'이 출시되었는데, 큰 인기를 끌며 창녕양파 21톤 가량을 소비하여 기업과 지방자치단체, 농민이 상생하는 좋은 사례가 되었습니다. 그것이 인연이 되어, 2024년 5월에는 '창녕양파 시리즈 간편식 6종'이 다시 한번 출시되어 지역농가와 기업이 동반성장하고 우수 농산물 홍보 및 판로개척 등 지역에 새로운 활력을 불어넣게 되었습니다. 또한, 창녕군은 2023년 11월 ㈜더본코리아와 협약하여 농촌 활력 증진 사업을 진행 중에 있으며, 그 덕분으로 이번 창녕양파 시리즈는 백종원 대표의 레시피로 출시하게 되었습니다.

2024 전국기초단체장 매니페스토 우수사례

경제적 불평등 완화 | **서울 노원구**

구민 누구나 차별없이 건강을 누리는 「노원형 건강도시」

· · ·

코로나19라는 신종감염병 위기상황은 우리 사회의 여러 가지 문제점을 더욱 크게 부각시키고, 다시금 되돌아보게 만들었다. 그 중 하나가 "건강불평등"이다. 전 세계 모든 사람들이 동일한 위기에 처했지만, 어떤 사람들은 피해를 덜 입었고, 어떤 사람들은 더 많은 피해를 입었다. 피해의 크기를 가른 것은 거주형태, 고용형태, 사회적 관계, 경제수준 등과 같은 사회경제적인 요인들이었다. 세계보건기구는 이러한 건강의 사회적결정요인들을 건강불평등의 근본적인 원인으로 지적하면서, 사람들이 "태어나고, 자라고, 살고, 일하고, 나이드는 조건"을 개선해야 한다고 말한다. 지자체 단위에서는 어떻게 건강불평등을 개선할 수 있을까? 서울시 노원구는 "모든 정책에 건강(Health in All Policies, 이하 HiAP)" 개념을 적용하여 구민 누구나 차별없이 건강을 누리는 건강도시를 만들어가고 있다.

살기 좋은 도시에서 "건강하게" 살기 좋은 도시로!

약 50만 명이 살고 있는 노원구는 서울에서 네 번째로 큰 도시이다. 안전하고, 교통이 편리하며, 보육·교육 환경과 공원 등 생활환경이 잘 갖추어진 것으로 유명하다. 주민들의 거주 만족도가 높아 한 번 이사를 오면 오랫동안 거주하는 도시, 다른 곳으로 이사를 갔다가도 다시 돌아오는 도시가 노원이다. 살기 좋은 도시 노원구가 "건강하게" 살기 좋은 도시로 변신을 꾀하기 시작했다. 건강불평등을 수치로 확인하면서부터였다.

건강불평등을 수치화할 때 가장 많이 사용하는 지표가 건강수명이다. 한국건강증진개발원(2023)에 따르면 우리나라 소득 상위 20%와 하위 20%의 건강수명은 8.2세 차이가 난다. 이러한 차이는 지역별로도 나타났다. 노원구의 건강수명은 70.8세로, 서울시 최상위구와 비교할 때 2.8세 낮았다. 노원구가 건강의 사회적 결정요인에 관심을 갖고, "모든 정책에 건강(HiAP)"을 도입하게 된 이유이다. 노원구는 건강을 기본권의 하나로 인식하고, '노원구에 거주하는 사람 누구나 차별없이 건강권을 누릴 수 있도록 보장해야한다.'는 구민과의 약속을 지키고자 하였다. 이를 위해 구정 전 영역에서 건강형평성을 고려하는 시스템적인 접근과 주민역량을 강화하는 주민참여적 접근을 함께 적용하고 있다.

지자체 주도형 건강영향평가 개발 및 정례화

건강영향평가란 정책이나 사업이 주민들의 건강에 어떠한 영향을 미치는지 사전에 점검하고, 건강에 긍정적인 방향으로 정책의사결정을 할 수 있도록 돕는 제도이다. 노원구는 국내외 선행사례를 검토하여 지자체 실정에 맞게 건강영향평가를 개발하였다. 그동안 타 지자체에서 시도했던 건강영향평가는 외부 전문가 주도로 실행되어 정책 실무자의 참여도가 낮았다. 또 대개 일회성 사업으로 운영되어 적지 않은 예산이 투입됨에도 실효성을 담보하기 어려웠다. 노원구의 건강영향평가 개발은 이러한 기존사업 방식의 한계점을 극복하기 위한 시도였다. 협력체계도 강화했다. 내부 실행조직으로서 건강도시 추진단을 발족하고, 외부 지원조직으로 5개 분야 11명으로 구성된 전문가 자문단을 구성하였다. 사업을 안정적으로 운영하기 위해서다.

지자체 주도형 건강영향평가는 간이형과 기본형 2가지 방식으로 운영되고 있다. 간이형은 각 정책 사업 담당자가 체크리스트를 활용하여 건강영향과 건강형평성 고려 여부를 자체 점검하는 것으로, 구정 사업 전체에 적용하는 방식이다. 반면에 기본형은 총 4단계로 운영된다. 첫 번째 단계에서는 전문가 자문단과 건강도시팀이 함께 대상사업을 선정한다. 선정기준은 건강과의 관련성, 정책 제안 가능성으로 설정하였다. 이어서 간이형과 동일하게 자가진단을 시행한다. 세 번째 단계는 전문가 검토 및 환류이다. 부서별 전문분야 자문위원을 매칭하여 건강을 고려한 정책 대안을 개발하고, 부서에 제안한다. 이 과정에서 부서별 세미나도 진행한다. 건강인지정책의 필요성을 충분히 설명하고, 실행가능한 정책대안을 발굴하기 위해서이다. 마지막 단계는 제안한 정책의 반영 여부와 미반영 사유를 확인하는 모니터링 단계이다. 노원구는 21년~22년에 시범운영을 진행하였고, 23년부터 전국 지자체 최초로 건강영향평가를 정례화하여 시행 중이다.

도시건강 모니터링 체계 구축

건강영향평가가 "모든 정책에 건강(HiAP)"의 필요성을 알리고, 건강을 고려한 정책 추진을 지원하는 시스템이라면, 도시건강 모니터링 체계는 구체적인 지표를 통해 건강도시 노원의 성장 과정과 성과를 평가하는 시스템이다. 노원구는 과정평가와 결과평가로 나누어 모니터링 기본 틀을 구성하였다. 과정평가는 건강도시의 조건과 활동을 점검하기 위한 것으로 10개 영역 46개 지표로 구성돼 있다. 이를 위해 직원 설문조사와 함께 체크리스트를 활용한 자체평가를 실시한다. 사업과 정책의 성과를 점검하기 위한 결과평가는 16개 영역 93개 지표로 구성돼 있다. 선행연구를 충분히 고찰한 후 다양한 요인 간의 연관성을 분석했으며, 정책목표를 종합적으로 고려해 지표를 구성하였다. 결과평가는 최근 10년간 지표 추이를 모니터링하고, 정책효과를 분석하는 방식으로 운영된다. 개별 부서에서 추진하는 단위 사업들이 어떻게 바뀌고 있고, 그 결과로서 구의 물리적·사회적 환경과 구민들의 건강수준이 어떻게 변화하고 있는지를 모니터링하는 체계를 갖춘 것이다. 이는 타 지자체에서 찾아보기 어려운 선도적인 사례라고 할 수 있다.

행정동별 건강도시 의제 발굴 및 건강도시 교육·홍보

노원구는 주민참여적 접근을 통해 건강도시를 발전시켜나가려는 노력도 지속하고 있다. 22년부터 자치지원팀, 주민자치지원단, 마을활동가, 주민자치회 등 다양한 이해관계자와 조직이 모여 촘촘한 관계망을 형성하고, 파트너십을 형성했다. 또 주민들에게 건강의 사회적 결정요인의 중요성과 주민참여의 필요성을 알리기 위한 교육을 실시하고, 동별 현황을 알리는 동별 건강통계를 공유하기도 하였다. 23년에는 「주민자치에 건강 더하기」라는 이름으로 워크숍을 운영하여 3개 동 251명이 주민들이 참여했고, 워크숍에서 개발된 12개 의제 중 중 5개가 채택되어 실행되었다. 24년에는 「건강도시 의제 개발 컨설팅」으로 사업을 전환하였고, 주민참여형 동단위 건강격차 해소방안을 탐색하였다.

건강한 정책의 필요성을 알리고, 주민참여를 촉진하기 위한 노원구의 노력은 이뿐만이 아니다. 노원구는 지난 22년부터 건강도시 홍보대사 겸 정책 모니터단 역할을 하는 건강도시 서포터즈를 운영하고 있다. 올해에는 20~70대 구민 50명을 제2기 서포터즈로 선발하였고, 이들은 매월 건강결정요인과 관련 정책에 홍보활동과 정책제안 미션을 수행하고 있다. 건강도시팀에서는 카드뉴스의 형태로 매달 서포터즈들에게 미션을 전달한다. 가령, 5월에는 "걷기좋은 우리동네"를 주제로, 보행환경과 건강과의 관련성에 대해 설명한 후 구의 걷기 좋은 길과 걷기 프로그램을 소개하는 식이다. 미션을 전달받은 서포터즈들은 구에서 시행하는 사업에 참여한 후 SNS에 홍보하고, 개선해야할 사항을 건강도시팀에 전달한다. 건강도시팀은 구민들의 의견을 해당 부서로 전달하고 반영과 개선을 요청한다. 이 밖에도 노원구는 온오프라인 이벤트, 주민 공모전, 심포지엄 등 다양한 교육과 홍보활동을 지속적으로 추진하고 있다.

내일이 기대되는 건강도시 노원

노원구의 건강도시 사업은 단위 사업이 아닌 시스템 차원의 접근 전략을 세우고, 다 부문 협력에 기반한 문제 해결 방식을 적용했다는 점에서 큰 의미를 지닌다. 누구나 중요하다고 생각하지만, 감히 엄두를 내지 못하던 일에 과감하게 도전한 것이기 때문이다. 이러한 시도는 구정 운영에 작지만 큰 변화를 가져오고 있다. 건강영향평가 도입 후 첫 번째 모니터링이었던 24년 4월 정책 제안 반영률은 31.3%, 반영 예정률은 37.3%였다. 과정평가를 통해 도시의 역량을 강화하고, 결과평가를 통해 정책 성과를 수치화할 수 있게 되었다는 점도 눈에 띄는 점이다. 뿐만 아니라 건강한 정책의 필요성을 알리고, 다양한 방식으로 주민들이 정책에 참여할 수 있는 길을 열어두었다. 이처럼 건강에 대한 사회적 책임을 공유하고, 신뢰를 바탕으로 협력을 이끌어내는 구정 운영 방식은 다른 많은 지자체에 귀감이 되고 있다. 노원구는 안정적인 사업 체계를 기반으로 구 실정에 맞는 건강인지 정책을 지속적으로 개발하고 실행해나갈 예정이다. 6년 연속 대한민국건강도시상을 수상하며 우리나라 건강도시를 선도하고 있는 노원구의 내일이 기대된다.

건강영향평가 부서별 세미나

주민자치회 의제 개발 워크숍

인터뷰 Interview

노원구청장
오승록

1. 건강도시(Healthy City)가 무엇인가요?

세계보건기구(WHO)는 건강도시를 "모든 주민들이 자신의 잠재력을 최대한 발휘할 수 있도록 도시의 물리적·사회적 환경을 개선하고, 상호협력 하에 자원을 확장함으로써 지속적으로 발전해 나가는 도시"로 정의합니다. 정의에서 알 수 있듯이 건강도시는 어떤 특정 건강지표를 달성한 도시가 아닙니다. 건강도시는 지속적으로 발전하고 개선해 나가는 도시이며, 그 과정을 강조합니다. 또 보건의료서비스에 국한하는 것이 아니라 물리적, 사회적 환경과 같이 삶의 질에 영향을 미치는 건강결정요인을 포괄적으로 다루는 것이 특징입니다. 협력 또한 건강도시를 설명할 때 빼놓을 수 없는 키워드입니다. 도시의 물리적·사회적 환경을 개선하거나 자원을 확장하는 것은 특정 분야나 단일 조직이 노력으로 이룰 수 없기 때문입니다. 이런 이유로 세계보건기구에서는 건강도시가 되기 위해서는 '건강에 대한 의지'와 '이를 달성하기 위한 절차와 구조'가 필요하다고 강조합니다. 이는 건강을 도시의 중요 아젠다로 설정하고, 정책우선순위를 높게 가져가야 하며, 이렇게 할 수 있는 제도적인 장치를 마련하라는 것을 의미합니다. 우리 구는 건강도시의 의미와 요건에 맞춰 사업을 추진하고자 건강영향평가를 개발하고, 도시건강 모니터링 체계를 구축하였습니다. 그리고 이러한 정책방향을 알리고, 주민들이 참여할 수 있도록 다양한 형태로 정책참여방안을 만들어가고 있습니다.

2. 노원구는 서울시에서 가장 늦게 건강도시를 시작했는 데에도 짧은 기간에 많은 성과를 이룬 것으로 알고 있습니다. 아무래도 리더십이 크게 작용했을 텐데요, 청장님이 생각하시는 "건강도시를 이끌어가는 리더십"은 무엇이라고 생각하십니까?

건강도시 리더십은 건강도시를 이해하고, 구정사업의 변화를 이끌어나가는 것이라고 생각합니다. 저는 민선 7기와 8기를 거치며 도시 환경의 변화가 주민들의 생활패턴을 바꾸는 것을 경험했고, 이 과정에서 건강도시의 필요성에 대해 더욱 공감하게 되었습니다. 2017년에 우리 구 걷기 실천율은 47.7%로 서울시 최하위였습니다. 그런데 불암산, 영축산, 수락산, 초안산,

경춘선에 힐링타운을 조성하고, 4대 하천에 걷기 좋은 길을 만들자 사람들이 자연스럽게 걷기 시작했습니다. 봄에는 10만 주의 철쭉을 보기 위해 매년 20만 명이 넘는 주민들이 불암산 철쭉제를 찾아오고, 가을에는 하루 평균 4만 명(누적인원 약 100만 명)이 당현천을 걸으면서 계절을 만끽합니다. 또 100개가 넘는 생활공원과 어린이공원, 사람들이 많이 다니는 동네 환경을 개선하고, 풍성한 즐길 거리를 마련했더니 더 많은 사람들이 거리로 나왔습니다. 우리 구의 대표적인 축제인 댄싱노원에는 약 17만 명의 주민들이 함께 했고, 동네물놀이장과 눈썰매장에는 각각 6만여 명의 주민들이 다녀갔습니다. 그 결과 서울시 최하위였던 걷기 실천율은 2020년 68.2%로 크게 상승하였고, 이후 3년간 서울시 1등 자리를 놓치지 않았습니다. 우리 구민들이 집에서 TV를 보고 있는 것이 아니라 밖으로 나와 자연을 느끼고 이웃들과 교류하며 활동적으로 생활할 수 있는 것은 생활터 주변에 그런 환경이 갖추어져 있었기에 가능했습니다. "누구나 건강한 선택을 하기 쉬운 환경을 조성해 나가는 도시"가 되기 위해서는 건강에 대한 인식의 변화, 그리고 구정사업의 변화가 필요합니다. 공공정책을 계획하고 시행하는 공무원들이 이러한 인식을 갖고, 자기 사업을 건강에 긍정적인 방향으로 바꿔나갈 수 있도록 이끌어주는 것, 그것이 제가 해야할 일이자 건강도시 리더십이라고 생각합니다.

3. 이번 매니페스토 우수사례 경진대회에서 "구민 누구나 차별없이 누리는 건강도시"로 최우수상을 수상하셨는데요, 청장님께서 건강불평등에 특별히 주목하신 이유가 무엇인지요?

여전히 많은 사람들이 건강을 개인의 문제로 취급합니다만, 건강은 사회적 문제이고, 건강불평등은 더욱 그렇습니다. 건강은 기본권 중에 하나입니다. 우리 구민들은 누구나 타고난 건강을 누릴 권리를 갖고 있고, 지방자치단체장인 저에게는 이러한 구민들의 권리를 보장할 책무가 있습니다. 여기에 차별이 있어서는 안 된다고 생각합니다. 그런데 제가 건강불평등에 관심을 갖는 것은 이런 윤리적인 책임의식 때문만은 아닙니다. 건강불평등 해소가 우리 구의 발전을 위해 꼭 필요한 일이라고 생각해서입니다. 건강격차가 커지면 우리 구 전체의 건강수준도 낮아집니다. 건강은 일상생활의 자원이자 사회발전의 원동력입니다. 건강하지 못한 주민들이 많은 도시가 어떻게 발전할 수 있겠습니까. 더욱이 건강불평등의 원인으로 지적되고 있는 사회경제적 요인들은 개인의 노력으로 쉽게 극복할 수 있는 부분이 아닙니다. "건강한 삶의 기회"를 가질 수 있도록 정책적으로 지원해야 합니다. 표면적으로 드러나는 문제를 해결하면서 동시에 근본적인 원인을 해소하는 정책을 찾는 노력이 필요할 것입니다. 이러한 저의 구정철학이 담긴 사업이 노원형 건강도시 사업이라고 보시면 될 것 같습니다.

4. 말씀하신 건강불평등은 매우 중요한 문제이지만, 단기간에 성과를 확인하기 어

려운 정책목표라고 생각합니다. 건강불평등 해소를 위해 장기적으로 어떤 계획을 갖고 계신지요?

말씀하신 대로 건강불평등은 여러 가지 요인이 복합적으로 작용하는, 해결하기 어려운 문제입니다. 또 전통적인 사회경제적 취약계층뿐만 아니라 코로나19, 기후변화 등 다양한 위기상황 속에서 보호가 필요한 인구집단에 새롭게 등장하고 있습니다. 우리 구는 지금까지 갖추어 놓은 건강인지정책 시스템을 기반으로 도시의 역량을 키우는 데 집중할 계획입니다. 구체적으로는 건강영향평가라는 제도를 활용하여 건강하게 생활할 수 있는 기회를 갖지 못하는 구민들이 누구인지, 왜 그런지를 찾고, 정책 대안을 제안할 것입니다. 그리고 도시건강 모니터링 지표를 활용하여 이러한 격차를 모니터링할 것입니다. 영역별로 누락된 지표들도 보완해 나갈 계획입니다. 또 중장기 계획을 세워 조금 더 긴 호흡으로 사업을 추진해 나가고자 합니다. 건강불평등 해소와 같은 문제들은 답이 정해져 있는 문제가 아니라고 생각합니다. 지금까지 노력해온 것처럼 새로운 도전과 시도를 계속하면서 노원구의 방식으로 문제를 해결해 나갈 것입니다.

5. 노원구의 건강도시 구현을 위한 선도적 활동을 타 지자체와 공유하여 전국 지자체가 건강도시로 거듭날 수 있으면 하는 기대가 있는데, 이와 같은 계획이 있으신지요.

제5차 국민건강증진종합계획에 '건강영향평가 도입'이 중점과제로 포함되고, 국민건강증진법에 건강도시 조항이 신설되면서 그 어느 때보다 건강도시에 대한 관심이 높은 것 같습니다. 그동안 전국에서 여러 차례 벤치마킹을 다녀가셨는데요, 올 11월에는 전국 지자체를 대상으로 현장의 고민과 경험을 같이 나누는 정책공유회 자리를 마련하려고 합니다. 그동안 세미나, 토론회, 발표회 등 여러 가지 방법으로 정책 교류가 시도되었는데, 대부분 학술적인 논의가 중심이 되어 진행되었고, 현장 실무자들이 중심이 된 경우는 없었던 것 같습니다. 이번 정책공유회는 실무자들이 중심이 되어 여러 도시가 같이 고민을 나누고, 실제로 적용할 수 있는 우리 구의 노하우를 공유하는 자리가 되리라 생각합니다.

2024 전국기초단체장 매니페스토 우수사례

경제적 불평등 완화 | **부산 서구**

서구형 에너지복지 허브 조성 사업

부산광역시 서구

· · ·

글로벌 에너지 위기가 닥쳤다. 러시아와 우크라이나 전쟁으로 대유럽 가스 파이프라인이 차단되면서 국제적으로 에너지가격이 급등하고 불안정성이 심화된 것이 주요 원인이다. 세계 각국이 가스와 전력 가격에 대한 규제를 강화하고 에너지 복지 지원을 확대하고 있다. 우리나라도 예외는 아니다. 전국적으로 전기요금이 인상되면서 가계부담이 늘어나고 있다. 기후변화로 인한 폭염은 에너지 소비를 더욱 증가하게 만들었다. 달마다 날아오는 고지서를 볼 때면 피부로 두 배, 세 배 더 와닿는다.

전기는 우리 삶과 사회 전반에서 없어서는 안되며 생존과 밀접하게 쓰이고 있는 자원이다. 에너지 소외계층이 늘어나고 지역별로 양극화가 심해지고 있는 만큼, 이제는 공공재에서 필수재로 바라보아야 한다는 관점에 힘이 실리고 있는 상황이다. 이 대목에서 부산 서구는 사각 지대에 놓인 취약 계층을 위한 에너지복지 사업에 힘을 기울였다. 노후된 주택이 밀집된 원도심 특성상 도시가스 등의 에너지 인프라의 보급률이 낮아 정주 환경이 열악해지기 쉽기 때문이다. 에너지 빈곤은 소득빈곤보다 더 다양한 구조적 문제를 지닌다. 이 빈곤을 막고자「서구형 에너지복지 허브 조성 사업」으로 지역복지, 도시재생, 마을관리 등 다양한 영역에서 에너지복지 서비스를 통합 제공하고자 했다.

에너지복지 허브의 기반 조성

부산 서구는 노인인구가 28.8%, 기초생활수급자가 10.3%, 장애인 가구가 6.2%로 대부분이 부산시 평균보다 높은 수치를 보이고 있는 지역이다. 거동이 어려운 지역 주민은 대부분 비경제활동인구에 속하기에 에너지 이용에 경제적으로 어려움을 겪고 있다. 인간다운 생활을 유지하는데 필요한 기초 에너지 서비스가 시급해 보였다. 에너지배려세대의 현황을 파악하기 위해 우선적으로 실태조사를 실시했다. 관내 13개동 1,000세대를 대상으로 동 주민센터를 통해 설문지를 기반한 항목별 분석을 진행했다. 조사결과 난방유지원, 도시가스요금지원 등의 에너지긴급지원이 가장 필요한 것으로 나타났다. 용품지원 측면에서는 여름용 선풍기와 이불, 겨울용 전기장판이 필요했고 설비지원 측면에서는 보일러 수리 및 교체, 에어컨 설치, 단열시공 순으로 희망 수요가 컸다. 즉, 지자체 차원의 에너지복지 개선사업이 해결책이 될 수 있을 것으로 판단되었다. 「서구형 에너지복지 허브 조성」추진의 전문성과 안정성 확보를 위한 민간위탁 사업 방안도 도출되었다. 부산 서구는 민간위탁 공고 및 심의위원회를 개최해 사업수행기관을 모집했고 결과적으로 부산연탄은행과의 협력을 도모했다. 서구 복지정책과, 동 주민센터, 지역복지관 5개소, 부산연탄은행이 함께 민관협업 지원체계를 구축하게 된 것이다.

에너지 긴급지원부터 종합지원까지

2023년 9월부터 2024년 3월, 긴 겨울동안 약 500세대 곳곳에 에너지 지원의 손길이 닿았다. 에너지 긴급지원이 필요한 가정에는 연탄과 난방유, 가스를 구입해 지원했다. 에너지 용품이 필요한 가정에는 선풍기, 온열기, 전기장판과 같은 냉난방 용품을 구입해 설치까지 도왔다. 이불, 겨울내의, 패딩점퍼, 쿨매트와 난방텐트 등의 계절별 생활용품도 제공했다. 에너지 설비지원이 필요한 곳에는 보일러, 에어컨 등 친환경 냉난방기를 설치하고 수리했다. 단열재와 단열시트 시공과 창호교체, LED 전등도 교체했다. LPG 노후가스배관을 교체하며 가정 내 또 다른 위험도 방지했다.

에너지 지원 현장 모습

　부산 서구 아미동에서는 난방시설이 없는 무허가 노후주택을 발굴해 주거환경을 개선하는 종합적인 지원이 이루어졌다. 지역토박이 홀몸어르신이 혼자 거주하고 있어 전반적으로 관리가 되지 않아 웃풍, 외풍, 누수, 곰팡이가 복합적으로 문제가 되는 상황이었다. 노후주택 특성상 최대한 안전한 환경을 유지하면서 공사를 진행해야 한다는 점도 난관이었다. 전등 외에는 에너지사용여건도 부실했다. 그럼에도 불구하고 지붕누수를 수리하고, 방화문을 설치했다. 단열과 바닥부터 도배와 장판까지 총체적으로 시공하며 에너지 효율성을 높였다. 제대로 된 시설을 갖추지 못한 간이 주방에는 싱크대를 설치했고, 화장실에는 온수기를 설치했다. 무더위와 한파에도 건강한 삶을 누릴 수 있는 주거환경을 위해서였다. 제1호 에너지하우스가 탄생하는 순간이었다.

「서구형 에너지복지 허브 조성 사업」을 통해 에너지 복지를 실천하고, 에너지 효율화에 기여하는 성과를 볼 수 있었다. 지역주민이 경제적인 요인과 자원의 문제의 결합으로 '경제적 과부담'상태에 놓이지 않도록 도왔다. 또한 비효율적인 에너지 소비 구조를 해소하기 위해 저효율 주택과 설비를 개선하고 저비용/고효율 네트워크를 위한 에너지망을 구축했다. 앞으로도 부산 서구는 지역주민의 생존권이라는 가치에 집중하며 기초에너지 보장을 위해 노력할 것이다. 에너지 모니터링을 통해 측정되거나 인지된 에너지 빈곤과 더불어 감춰진 에너지 빈곤까지 해소하는 데 힘쓸 것이다. 전국적인 모범사례로써 에너지문제 해결의 길잡이가 되어준 부산 서구이다.

인터뷰 Interview

서구청장
공한수

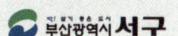

1. 부산 서구는 구민들의 에너지복지 증진을 위해 서구 에너지복지 조례를 제정하였는데요, 조례의 주요 내용은 무엇이었는지요.

서구는 에너지 이용 소외계층의 에너지복지 지원을 위해 지난 2023년 4월 5일 자에 에너지복지 조례를 제정하였습니다. 원도심의 특성상 고지대가 많고, 도시가스가 보급이 어려워 연탄을 사용하는 열악한 지역 주민이 아직까지 많이 있습니다. 그리고 초고령화, 비경제활동인구 증가로 복지 사각지대는 지속적으로 증가하고 있습니다. 그래서 우리 서구는 부족한 정부 사업을 보충하고 에너지이용 소외계층을 지원하기 위해 선제적으로 「부산광역시 서구 에너지복지 조례」를 제정하였습니다. 조례 제정을 통해 민간의 에너지 관련 서비스 중복을 방지하고, 에너지 이용 소외계층에 대한 지원을 통합 관리함으로써 효율적이고 실용적인 에너지 서비스를 제공할 수 있게 되었습니다.

「부산광역시 서구 에너지복지 조례」의 주요 내용은 제1조 목적, 제2조 정의, 제3조 구청장의 책무, 제4조 시행계획의 수립, 제5조 실태조사, 제6조 사업추진, 제7조 에너지복지위원회, 제8조 포상으로 구성되어 있습니다. 이 중 제6조 사업추진에 에너지 이용 소외계층에 대한 지원 세부 내용을 포함하고 있습니다.

2. 부산 서구가 진행하고 있는 '에너지 하우스'는 어떤 사업인지요. 구체적으로 말씀해 주신다면?

'에너지 하우스' 사업은 오래된 노후 주택의 냉난방 에너지 사용 환경을 개선하는 사업입니다. 서구 지역은 부산의 구도심으로 오래된 구옥이 많은 지역입니다. 오래된 구옥은 에너지 효율이 떨어질 뿐만 아니라 무허가 자가 주택인 경우가 많아 정부의 주거 지원 사업 적용이 어려운 가구가 많습니다. 그래서 서구는 에너지복지 조례 제정을 통해 주거 지원 사업의 사각지대를 해소하고 에너지 취약계층을 지원하기 위해 '에너지 하우스' 사업을 시행하게 되었습니다.

'에너지 하우스' 사업은 기초 에너지 지원 사업과 함께 서구형 에너지복지 허브 사업의 핵심적인 요소로, 주민 1인의 연간 필요 에너지를 보장하는 사업입니다.

주택의 구조에 맞게 벽면 단열사업과 나무 창호 교체, 이중창 교체, 지붕 및 천장 보강, 옥상 단열·차열 페인트 시공 등을 통해 에너지 효율을 극대화하기 위해 노력하고 있습니다.

집수리 뿐만 아니라 주거 설비 사업도 추진하고 있습니다. 에어컨 설치 및 교체, 보일러 온돌 배관 설치, 누전 점검 등 주거 에너지 환경개선을 위해 힘쓰고 있습니다.

2024년 4월 에너지 하우스 1호는 에너지 효율을 높이는 단열 작업과 창호 교체, 방화문 교체를 하였고, 에너지 소비 환경개선을 위해 인덕션, 온수기, 전기매트 등 온열 물품도 지원하였습니다. 또한 지붕과 다락방 구조변경을 통해 노후 환경을 개선하는 등 주거환경을 개선하기 위해 적극 노력하였습니다.

추가로 열악한 주거환경에 거주하는 지역 주민 가구를 발굴하여 에너지하우스 2호점을 11월 중에 추진하여 앞으로도 지역주민의 쾌적한 주거환경 조성을 위해 노력하겠습니다.

3. 부산 서구는 취약계층의 에너지복지를 지원하고 사각지대를 해소하기 위해 취약계층을 대상으로 고효율 LED등 조명 교체 작업을 진행하신 바 있는데, LED등 조명 교체 작업은 어떤 효과가 있나요.

LED 조명은 평균 약 50,000시간 발광하여 백열등과 형광등에 비해 아주 높은 에너지 효율을 보이고, 중금속이나 유해물질을 포함하지 않아 친환경적이며, 자연광에 가까운 색상과 균일한 조도를 제공합니다. 그리고 적은 비용으로 교체 및 유지 가능하기 때문에 저비용·고효율로 주거 환경을 개선할 수 있습니다

서구형 에너지복지 허브 조성 사업은 이러한 고효율 LED 조명 교체 사업을 추진하고 있으며 약 30여 명으로 구성된 비영리 민간단체인 빛나눔봉사단에서 매년 LED 조명교체 작업과 전기점검을 실시하고, 동시에 화재감지기, 가스타이머콕, 자동 소화기 설치 등 주거 안전을 위한 사업도 추진하고 있습니다.

4. 전문가들은 에너지 빈곤층의 노후주택 개량을 통해 에너지 낭비를 줄이고 쾌적한 환경을 조성할 수 있는 그린리모델링 사업추진을 권고하고 있습니다. 부산 서

구에 이와 같은 사업이 있다면 소개를 부탁합니다.

서구형 에너지 복지 사업과 별개로, 공약 사업으로 추진하고 있는 도시재생사업을 활용하여 30년 이상 노후 주택을 개조 및 보수하고 있습니다. 암남동과 서대신4동 등 취약지역의 생활여건을 개선하기 위해 한국해비타트와 연계하여 「민관협력형 노후주택 개선사업」을 시행하였고, 슬레이트 지붕 개량, 노후주택 내·외부 정비 등 열 손실을 방지하여 주민들의 에너지 생활 여건 개선을 위해 노력하였고, 그 결과로 지방시대위원회 주관 「2023년 균형발전 우수 사례」로 선정되기도 하였습니다.

5. 정부에서 추진 중인 그린홈 보급 사업과 연계한 마을 단위 지원 사업 적극 도입도 제안하고 있는데 부산 서구의 그린홈 보급 사업은 어떻게 전개되고 있는지요.

현재까지 그린홈 보급 사업의 대상자 검토 등 한국에너지공단의 업무 지원을 추진하고 있습니다. 한국에너지공단의 그린홈 사업과 별개로 서구의 지역 여건에 맞는 노후 주택 개선사업을 진행 중에 있으며, 슬레이트 지붕 교체, 창호 교체 및 외벽 보수 등 특히나 추운 날씨에 취약한 에너지 빈곤층이 열악한 환경에 노출되지 않도록 방한을 주 목적으로 한 집수리를 추진하고 있습니다.

2024
전국기초단체장
매니페스토 우수사례

인구구조 변화대응

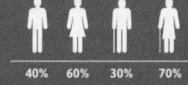

경기 수원시 | 경기 이천시 | 경북 영양군 | 서울 은평구 | 대구 남구

2024 전국기초단체장 매니페스토 우수사례

인구구조 변화대응 | **경기 수원시**

수원형 마을단위 통합돌봄사업!
빈틈없는 수원새빛돌봄 도입

수원특례시

∙∙∙

　지난 2022년, 수원에서 세 모녀가 한 연립주택에서 숨진 채 발견된 일이 있었다. 60대 엄마와 40대 두 딸은 지병과 생활고로 어려움을 겪고 있었다. 빚 독촉을 피하기 위해 전입신고도 하지 못했다. '신청주의'에 기반한 기다리는 복지 서비스의 한계가 드러나는 사건이었다. 다시는 같은 일이 일어나지 않도록, 수원시는 주민전산 기반 발굴체계의 빈틈을 채웠다. 실거주자까지 복지대상자로 포함하고 지원하는 "수원시통합돌봄지원조례"를 제정한 것이다. 시, 구, 동의 조직을 개편하고 민, 관, 학을 연계한 통합돌봄 추진위원회를 구성하고 운영했다.

　기존 복지제도는 일정 수준 이하 가구만 이용할 수 있는 서비스였다. 엄격한 자격조건이 실질적인 지원을 받기 어렵게 하고, 차별적으로 작동할 수 있다는 비판이 이어져왔다. 수원시가 제안한 통합돌봄은 기존의 틀에서 벗어나 소외 없이 수원시민 모두를 품는다. 문턱을 확 낮췄다. 취약계층에서 전체 시민으로, 문화로 돌봄을 갖고 간다. '새빛돌봄'으로 따뜻한 돌봄 특례시를 가꾸고 있는 수원시의 사례를 들여다보자.

수원새빛돌봄 서비스

　수원새빛돌봄은 어두운 방 즉, 사각지대에 돌봄이라는 새빛을 비춘다는 뜻을 담았다. 요양등급이 나올 때까지 기다리지 않아도, 주민등록지와 실거주지가 달라 위기를 벗어나지 못해도 빛줄기는 따스하게 찾아온다. 소득과 재산, 나이에 상관 없이 누구나 서비스를 이용할 수 있다. 기준 중위소득 75% 이하 가구에게는 1인당 연 100만원 상당의 돌봄 포인트를 추가로 지원한다. 동에 배치된 돌봄 플래너가 가정을 방문해 '돌봄 필요도 평가'를 진행하고, 지원 대상을 직접 발굴한다. 신청방법도 매우 간단하다. 새빛톡톡 모바일 앱을 이용하거나, 수원시 휴먼콜센터에 전화하거나, 동 행정복지센터를 방문하면 된다.

수원새빛돌봄은 기존 복지서비스가 감당하지 않았던 사소한 일상까지 돌본다. 신체활동이나 가사지원, 대청소와 소독 등 거동이 불편하면 혼자 할 수 없는 주거환경 개선 업무를 돕는다, 병원이나 마트, 관공서를 가야 할 경우에는 동행 지원 서비스를 통해 이동을 돕는다. 뿐만 아니라 아동청소년과 성인 상담, 중독 상담을 지원한다. 돌봄이 필요한 경우를 대폭 늘렸다. 일시보호 서비스 또한 보호자의 부재로 단기간 보호가 필요한 이용자와 반려동물을 돌보는 서비스로, 생활과 아주 밀접한 상황들까지 고려했다.

아울러 주민들의 제안에 따라 더 촘촘한 돌봄 서비스를 제공한다. 동별 특성과 여건에 따라 필요한 특화 서비스를 자체적으로 마련하도록 한 것이다. 대표적으로 식사배달 서비스가 있다. 관내 주민들의 의견과 설문토론으로 탄생한 서비스이다. 돌봄 공백으로 식사지원이 필요한 대상자에게 배달비 포함 9,000원의 가격으로 일반식을 지원한다. 수발자가 없는 상황에서 건강이 악화된 주민, 장기요양이나 복지관에서 대기 시간이 길어 지원이 필요한 주민들이 주로 필요로 했다.

통합돌봄 시스템을 위한 노력

통합돌봄 운영체계를 구축하기 위해 수원시는 전담팀을 신설하고 지속가능한 통합돌봄 운영토대를 마련했다. 시 통합돌봄팀을 신설하고, 구 담당인력은 8명 증원했다. 동 새희망일자리는 55명을 배치했고 신청 전담창구를 설치했다. 운영지침과 질의응답집을 제작하고 배포해 '수원새빛돌봄플랫폼'을 구축했다. 웹과 앱이 결합한 시스템 구축을 위해 관계자 간 회의도 여러번 진행되었다. 돌봄서비스의 품질은 어떻게 관리하는 방법이 제일 좋을까. 수원시는 우선 제공기관 현장에 컨설팅과 간담회를 개최해 의견을 수렴하는 시간을 가졌다. 또한 역량강화를 위해 제공기관 종사자 1,244명에게 총 28회 교육을 실시했다. 동마다 돌봄플래너를 두어 마을공동체와의 연결이 원활하도록 했다. 플래너 184명에게 2회 실무교육을 진행하고, 협의체위원 98명, 휴먼콜 상담사 30명도 함께 교육을 받을 수 있도록 했다. 새빛돌보미 794명을 임명하는 발대식도 성공적으로 마쳤다.

시스템과 인프라를 구축한다고 하더라도 지역주민들이 알지 못하면 무용지물이었기에 정책 홍보에도 힘을 썼다. 수원새빛돌봄 홍보단을 통해 홍보릴레이와 영상, 배너, 고지서 등을 통해 생활밀착형으로 홍보했고, 수원공동체라디오 방송에도 출연했다. 그 외에 수원형 돌봄사업 포럼, 500인 원탁 토론회 경인행정학회, 수원지속가능발전협의회 세미나, 정책 토론회 등을 거치며 그 기반을 단단히 다졌다. 마을단위 특화사업을 통해 소규모 공동체 개념도 강화했다. 거동이 불편한 어르신들과 문화여가 활동을 다녀오고, 건강 취약계층과 기초체력 운동을, 홀몸 어르신들과 원예활동을 하는 시간을 마련했다. 진정한 통합돌봄, 시민이 함께 만들어가는 돌봄체계를 향했다.

새빛돌보미 발대식

500인 원탁토론회

정책토론회   플랫폼시연회

실사례 이야기와 전망

노인맞춤형 돌봄서비스를 이용중이던 세류 3동의 염모(85세)씨는 현재 거주지에 해충이 있어 불편함을 겪던 중에 수원새빛돌봄 현수막을 보고 소독과 방역서비스를 즉시 지원받았다. 파장동 김모(66세)씨는 노인맞춤돌봄서비스를 신청했지만, 절차상 공백기간이 길어 걱정하던 중 수원새빛돌봄을 통해 선발 전까지 공백없는 돌봄서비스를 지원받았다. 서둔동 김모(82세)씨는 최근 무릎 상태가 나빠져 긴급히 돌봄이 필요한 상황이었는데, 이웃의 도움으로 수원새빛돌봄을 신청해 가사서비스를 지원받고 장기요양서비스 등급 신청도 안내받았다. '틈새 돌봄'이 빛이 나는 순간이었다. 그동안 상담은 약 6천 건, 실제 서비스는 1만 건이 넘게 이루어졌다. 수원새빛돌봄 이용자를 대상으로 한 연령 조사에서는 60대 이상이 76%, 가구원수 조사에서는 1인가구가 73%로 나타났다. 노인가구 및 1인가구 지원을 강화한 지자체 표준 모델로써 인구구조 변화에 대응하는 능력을 발휘할 것이다.

2024년 들어서는 44개의 전체 동으로 확대하여 실시했다. 설문 결과를 적극적으로 반영, 관련 인력을 추가 배치하여 업무 가중을 막고, 현장 소통과 모니터링 결과를 반영해 지침을 개정하고, 수기 업무를 전산화하고 시스템 기능을 높이는 등 전방위적으로 개선되었다. 저출생과 고령화가 우리나라의 인구구조를 뒤흔들고 있는 시대, 수원시가 내놓은 하나의 해답은 이렇듯 '돌봄 공동체'이다. 이웃에게 조금 더 기울인 관심이 큰 사회적 자원으로 불어난다. 인구구조의 급격한 변화는 어쩌면 극복해야하는 문제가 아니라, 생물학적으로 적응해야 할 문제이지 않을까. 빠르게 적응하고 대응하는 방법을 우리에게 알려주는 듯 하다.

수원시장
이재준

1. 수원새빛돌봄은 기존의 선별적 돌봄 정책이 아닌 누구나 아프고, 힘들고, 외로운 날을 마주한다는 명제로 시도되는 보편적 돌봄정책으로 주목을 받고 있는데요. 이와 같이 폭넓은 통합돌봄 제도가 가능하려면 어떤 요소들이 준비되어야 할까요.

새빛돌봄의 핵심은 "누구나 돌봄을 받을 수 있다."와 '누구나 돌봄에 함께 할 수 있다.' 두 가지입니다.

기존 복지는 서비스를 받기까지 수많은 관문을 넘어야 합니다. 내 관할 창구를 찾고, 소득과 재산을 증명할 서류를 마련하는 등 여러 절차가 실타래처럼 얽혀있습니다. 여기에 더해 가족이 없다면 이 모든 과정을 홀로 처리해야 합니다.

그러다 보니 복지 사각지대가 생깁니다. 2022년 8월 '세모녀 사건'이 그런 경우였습니다. 가족 모두가 행정에 익숙지 않은 분들이었고, 이웃들도 어려움은 알고 있었지만 도움을 주지 못했습니다. 절차가 간단했다면, 누군가 정보를 알려줬다면 막을 수 있었을 겁니다.

먼저 수원새빛돌봄은 누구나 돌봄을 받을 수 있도록 했습니다. 새빛돌봄의 자격 조건은 수원시민이면 됩니다. 노인이든 장애인이든 따지지 않습니다. 다만, 형평성을 위해 소득이 일정 수준을 넘는 시민은 서비스 비용을 부담하고 서비스를 이용합니다.

이웃도 돌봄에 함께할 수 있도록 했습니다. 가족이 아니어도 119 신고하듯 복지를 신청해 줄 수 있습니다. 저분께는 이런 서비스가 필요하다는 말 한마디면 됩니다. 또, 시민이 필요하다고 생각되는 돌봄서비스를 제안할 수 있습니다. 실제로 도시락 배달서비스가 시민 제안으로 만들어졌습니다.

앞으로도 새빛돌봄이 복지 사각지대를 완전히 메울 수 있도록 현장의 눈높이에서 살피겠습니다.

2. 수원새빛돌봄은 시민들이 함께 만들어가는 돌봄체계라는 점에서 기존 복지제도와 다른 특징을 가지고 있는데, 수원새빛돌봄 모델을 만들어가는 과정에서 시민의 다양한 의견을 반영하는 과정에서의 어려운 점은 없으셨는지요

제일 힘들었던 건 여러 사람의 의견을 모으다 보니 많은 갈등과 기나긴 논의 과정을 거쳐야 했다는 점일 겁니다.

새빛돌봄은 1년 넘는 대화와 토론 끝에 만들어졌습니다. 2022년 학술 세미나에서 정책의 기본 뼈대를 짠 뒤, 어떤 서비스가 필요한지 시민 설문으로 조사했습니다. 그렇게 만들어진 청사진을 두고 시민 5백 명이 모였습니다. 이름은 무엇으로, 무슨 서비스가 중요한지를 두고 갑론을박을 벌였습니다.

모든 과정이 치밀하게 진행됐습니다. 복지 전문가 생각이 다르고, 공무원 생각이 다르고, 서비스를 받는 시민 생각이 다르고. 시간만 낭비하다 결과는 없는 거 아니냐며 걱정하는 분도 있었습니다.

다행히 새빛돌봄은 2023년 여름 첫선을 보일 수 있었습니다. 행정에서 일관되게 대화를 시도했던 점이 열쇠였다고 생각합니다. 촘촘한 돌봄제도를 만들기 위해서 뼈대를 만들 때부터 민간과 공공, 학계 전문가로 구성된 민관학 통합돌봄 추진위원회를 구성하여 전방위적으로 의견을 수렴했고, 모든 중요한 결정은 시민들이 결정하도록 했습니다. 수원에서 이런 시민토론을 많이 해와서 시민 문화가 성숙하다는 점도 한몫했지요.

새빛돌봄이 서서히 자리 잡고 발전하는 과정에서도 귀를 열고, 더 많은 이들의 목소리를 담겠습니다.

3. 이웃이 이웃을 돕는다는 의미로써의 위기 가구를 발굴해 돌봄서비스 제공 역할을 하는 '수원 새빛돌보미' 활동에 관심이 커지고 있는데요, '새빛돌보미'의 자격과 역할 등을 설명해 주신다면.

'새빛돌보미'는 지역사회보장협의체 위원님들의 새 이름입니다. 지역 복지정책 심의에 그쳤던 지역사회보장협의체를 새빛돌봄 사업과 연계해 더 효과적으로 일할 수 있도록 했습니다.

수원시는 주민주도 마을단위 돌봄공동체(복지생태계) 조성을 정책목표로 '마을단위 따뜻한 돌봄특례시'를 지향하고 있는데, 공공조직에 의한 서비스 제공에는 실제 인력과 비용 측면의 한계가 존재합니다.

이런 한계를 보완할 수 있는 방법으로 수원시는 마을단위에서 사각지대 발굴의 한축을 담당하는 지역사회보장협의체 위원들을 새빛돌보미라는 수원새빛돌봄의 핵심 인력으로 지정하였습니다.

지금도 44개 동 828명의 '새빛돌보미' 여러분이 복지가 필요한 이웃을 찾고, 돌봄서비스를 연계하며, 새빛돌봄을 널리 알리고 계십니다. 지역사회보장협의체가 지역에 사는 주민들로 구성되었듯, '새빛돌보미'의 역할도 이웃에게 도움을 주고 싶어 하는 가슴 따스한 활동들로 꾸려지고 있습니다. 새빛돌봄 그리고 새빛돌보미가 복지서비스를 넘어 서로가 서로를 돌보는 돌봄공동체의 기초가 될 거라 믿습니다.

4. 새로운 복지정책은 평가와 환류가 그 무엇보다 중요할 것 같습니다. 새빛돌봄 이용자 만족도는 어느정도 되는지요. 성과지표 개발계획은 있으신지요.

수원새빛돌봄은 2023년 7월 1일 8개 시범동에서 시작으로 2024. 1월 44개 전동으로 확대 되었고 이에 발 맞추어 전용BI를 개발하고, 찾아가는 현장 홍보단을 구성하는 등 수원형 정책으로 브랜드화하여 모든 시민이 알고 이용할 수 있도록 하였습니다. 지금까지 3,575명이, 15,950건의 새빛돌봄을 이용했고, 만족도는 92점 / 재이용 의사는 94점으로 조사되었습니다. 점수가 몇 점인지 보다는 저렇게나 많은 분이 돌봄서비스를 필요로 했었다는 사실이 더 기억에 남습니다.

지금은 단순 만족도와 재이용 의사를 조사하고 있지만, 시정연구원과 함께 자세한 성과지표를 개발할 계획입니다. 현재 점수에 만족하지 않고, 어려운 시민의 삶을 더 세심하게 챙길 수 있도록 다양한 방법을 고민하겠습니다.

5. 주민이 주도하는 마을 단위 돌봄공동체 활성화를 위한 다양한 네트워크 구성 계획도 있으시다는데.

주민 참여는 새빛돌봄의 핵심 중 하나입니다. 참여를 넘어 주민이 주도하는 돌봄공동체가 될 수 있도록 내년부터 다양한 돌봄공동체 조성에 초점을 맞출 계획입니다. '돌봄공동체 조성 특화사업'으로 누구나 지역 특성에 맞는 돌봄공동체를 만들 수 있게 하겠습니다. 예를 들면, 마을을 기반으로 한 사회적 경제 기업 등 비영리 단체나 봉사 단체가 주변에 많이 있습니다. 이들과 새빛돌봄 참여자들이 함께 힘을 모은다면 더 촘촘한 사회안전망을 짜낼 수 있을 겁니다.

2026년 시행을 앞둔 '의료·요양 등 지역 돌봄의 통합지원에 관한 법률'과 발맞춰 의료와 돌봄이 단절 없이 연계되도록 하겠습니다. 법안에 따르면 복지관, 보건소, 건강보험공단, 병의원 등 다양한 의료 주체들이 수원형 통합돌봄이라는 한 지붕 아래 모이게 됩니다. 이들도 돌봄공동체의 주역으로 활동할 수 있게 하겠습니다. 새빛돌봄에 기반을 둔 튼튼한 돌봄공동체가 만들어질 수 있도록 계속해서 더 많은 이들과 협력하고, 지혜를 구하겠습니다.

2024 전국기초단체장 매니페스토 우수사례

인구구조 변화대응 | **경기 이천시**

"전국최초 0~12세 맞춤형 돌봄서비스"
이천시 24시간 아이돌봄센터 운영

···

저출산이 문제이니 "아이를 낳아라"라고 요구하는 말에는 아무런 힘이 없다. 어린 아이가 환영 받는 환경, 유모차를 끈 엄마가 배려받는 사회, 결혼을 하고 가정을 이루는 게 부담이 되지 않는 삶의 질이 보장되는 것이 우선일 듯 하다. 저출산고령사회위원회에서 만 25세~49세 남녀를 대상으로 시행한 '2024년 결혼·출산·양육인식조사' 결과에서 결혼 의향이 없는 이유 91.2%가 출산과 양육 부담 때문이라고 답한 바 있다. 세부적으로 남성은 경제적 부담, 여성은 결혼에 따른 역할 부담이 기피 사유였다. 경제적 조건개선과 일, 가정의 양립이 결혼 및 출산을 고려하는 데 핵심으로 자리하고있다.

저출생 극복의 해답, 이천시 24시간 아이돌봄센터

아이가 귀하지만, 아이에게 각박한 세상이다. 자녀 양육을 가정의 책임으로만 보는 관점에서 그친다면 문제는 더 심화될 것이다. 인구 정책의 목적은 아이를 낳도록 하는 데에 그치지 않고, 아이를 건강하고 안전하게 키울 수 있는 사회구조를 조성하는 데 맞추어야 한다. 1인, 혹은 한 가정이 짊어지는 부담을 정부와 사회가 같이 짊어지며 공동체의 근력을 키워야 한다.

이천시 24시 아이돌봄센터는 이러한 면에서 공적 책임을 강화하고 돌봄의 사각지대를 해소하기 위해 출범했다. 국내최초로 24시간 365일 연중무휴 운영한다. 일시 돌봄 서비스와 맞춤형 프로그램을 통해 긴급상황, 맞벌이, 한밤중 부모가 필요로 할 때 언제든지 아이를 안전하게 맡길 수 있는 유연성을 확보했다. 24시간 4조 2인 체제로 전문 돌봄교사가 교대로 상주하고 있으며, 시간제 돌봄 교사도 수시로 배치되어 있어 모든 시간대에 전문적인 돌봄이 가능하다. 영아실, 유아실, 플레이룸, 학습실을 갖춘 내부 공간에 동 시간대 최대 35명의 아동을 수용할 수 있다. 외부에 시청과 보건소, 경찰서가 한걸음에 있어 치안 걱정도 필요 없다.

이천시 24시간 아이돌봄센터 외부

이천시 24시간 아이돌봄센터 내부

0세부터 12세 사이 아동이 대상이지만 프로그램을 각각 다르게 구성했다. 시간대(오전, 오후, 야간)와 연령(영아, 유아, 어린이)별로 구분한 맞춤형 서비스이다. 영아는 오감놀이, 낮잠 시간을 가질동안 유아는 자유놀이, 미술 공예를 즐기고 어린이에게는 숙제와 놀이프로그램을 지원하는 식이다. 신속하고 안전한 의료서비스도 약속했다. 이천시 관내 병의원 6개 의료기관과 MOU를 체결해 아이가 자주 아파 외부에 맡기기에 불안한 부모도 마음 놓고 도움을 청할 수 있다. 위기아동을 발굴하고 신속한 대응이 가능해지도록 긴급상황 대응 메뉴얼도 마련했다. 아동학대가 의심될 경우 즉시 신고한 후, 청년아동과 아동복지팀, 그리고 이천 경찰서에 사례 접수 후 조사를 실시한다. 위기가정 의심세대가 발견될 경우, 읍면동 맞춤형복지팀과 복지로복지위기알림에 신고한 후 초기상담을 진행, 통합사례관리대상으로 연계하고 서비스를 연계하도록 했다. 아동의 방임과 학대를 방지하고 필요한 지원을 제공하는 역할을 한다. 실제로 복지사각지대를 들춰낸 적도 두 차례 있다. 부부가 특별한 이유 없이 심야시간에 어린 자녀를 맡겨 아동의 방임을 의심, 아동학대가 신고되어 보호기관에서 관리를 실시한 것이다. 또한 휴일에 반복적으로 아동들을 센터에서 오랜 시간 보내게 하는 가정을 방문했다. 경제적 어려움을 호소하는 이야기를 듣고 사례 관리 대상자로 지정해 도움을 받도록 안내했다. 아기 맡길 곳을 찾는 절실함, 독박 육아 환경에서 벗어나는 숨구멍. 이천시 아이돌봄센터가 그 희망이 되어준다.

"24시간 아이돌보미 센터를 칭찬합니다"

　개소 후 65일 만에 총 657명의 아동이 3,186시간 동안 서비스를 이용했다. 이용한 가정은 주로 맞벌이로, 낮 시간대 이용율이 높았지만 심야에 이용하는 아동 비율도 높은 것으로 확인되었다. 이용자 대상으로 만족도 조사도 시행했다. 그 결과, 95%의 만족도를 보였고 시간당 1,000원의 저렴한 이용료가 가정의 경제적 부담을 덜어 쉽고 편리했다는 의견이 있었다. 연약하고 힘겨운 많은 가정들에게 버팀목이 되어주어 감사하다는 칭찬게시글이 시청 홈페이지에 올라왔다. 돌봄센터 덕분에 여가 생활을 즐기고 자기계발 시간을 가지는 엄마들도 있었다. 9년간 저녁 6시 이후로 외출은 꿈도 꾸지 못했는데, 저녁 시간에 배드민턴 수업에 참여할 수 있던 것이다. 발레 오디션에 참석하기 위해 틈새 시간 서비스를 이용한 사례도 있었다. 시내에서 카페를 운영하는 자영업 가정은 주말에 온종일 자녀를 맡기고 안전하게 경제활동을 유지할 수 있다. 지치고 바쁜 육아에도 '쉼'이 존재한다는 인식을 확산시키고, 부모들이 더욱 보람차도록 북돋아 주어 의미가 깊다. 이천시는 그동안 사회인식변화를 위해서 여러가지 정책적 노력을 해왔다. 양성평등기금 공모사업, '아빠와 출산 양육행복 나누기' 등의 성 인지 정책을 추진하고 가사스트레스 지원사업, 행복솔루션 비대면 상담지원 등 가정친화 정책도 추진했다. 지역사회에 기반한 육아 지원을 강화하기 위해 지역사회 공동육아 나눔터를 운영했고 전국 최초로 군부대 관사 내에 다함께 돌봄센터도 운영한 바 있다. 아동의 전인적 발달을 촉진하고, 양질의 서비스와 사회화 기회가 제공되는 효과를 가진다. 부모 뿐만 아니라 아동에게도 정서적 안정감을 주는 행보이다. 아이 키우기 좋은 보육도시, 복지도시의 품격을 보여주고 있는 이천시이다.

인터뷰 Interview

이천시장
김경희

1. 민선8기 시정 목표로 '아이 키우기 좋은 행복 도시 이천'을 선언하셨는데, 시장님이 돌봄에 특히 주목하시는 이유는 무엇인지요.

아이 돌봄에 주목하는 이유는 저출산 문제 해결과 아이들과 부모가 모두 행복한 환경을 조성하기 위함입니다. 단순히 출산을 장려하는 것을 넘어, 아이들이 건강하고 안전하게 자랄 수 있는 사회적 인프라 구축을 목표로 하고 있습니다. 이를 통해 부모가 일과 가정을 양립할 수 있도록 돕고, 양육 부담을 줄이는 돌봄 서비스를 확대하여 아이 키우기 좋은 도시로서 이천시를 발전시키고자 하는 것이 핵심입니다.

2. 돌봄에 대한 사회적 책임을 강화하고자 목적으로 운영되고 있는 이천시 24시간 아이돌봄센터의 가장 큰 특징은 무엇인지요.

이천시 24시간 아이돌봄센터의 가장 큰 특징은 국내 최초로 0세~ 12세 아동을 24시간, 365일 연중무휴로 운영된다는 점입니다. 긴급 상황, 맞벌이 가정, 야간 돌봄 등 다양한 필요에 맞춘 유연한 돌봄 서비스를 제공합니다.
시간제 돌봄 교사와 2인 교대근무 체계로 언제든지 전문적인 돌봄을 받을 수 있으며, 영아실, 유아실, 플레이룸, 학습실 등의 시설로 다양한 연령대의 아이들을 안전하게 돌볼 수 있는 환경이 마련되어 있습니다. 이 센터는 돌봄의 사각지대를 해소하고, 공적 책임을 강화하는 데 중요한 역할을 하고 있습니다.

3. 이천시 24시간 아이돌봄센터 시설 소개를 부탁드립니다.

이천시 24시간 아이돌봄센터는 0세부터 12세까지의 아동을 대상으로 하며, 영아실, 유아실, 플레이룸, 학습실 등으로 구성되어 있습니다. 각 연령대에 맞춘 맞춤형 프로그램이 제공되며, 최대 35명의 아동을 수용할 수 있습니다.

또한, 이천 시청, 보건소, 경찰서 등과 가까워 안전한 환경에서 아이들이 돌봄을 받을 수 있습니다. 6개 병원과의 MOU 체결로 긴급 상황에 신속한 의료서비스를 제공하며, 위기아동 발굴 및 긴급 대응 체계도 갖추고 있습니다. 이용료는 시간당 1,000원이며, 방문, 전화, 또는 홈페이지를 통해 예약이 가능합니다

4. 아이들을 위한 체험 프로그램은 어떤 것들이 있는지요.

 이천시 24시간 아이돌봄센터는 아이들의 발달 단계와 흥미를 고려한 다양한 체험 프로그램을 운영하고 있습니다. 이 프로그램들은 연령별 맞춤형 또는 통합형으로 진행되며, 영아는 오감놀이와 낮잠 시간, 유아는 자유놀이와 미술 공예, 어린이는 숙제와 놀이 프로그램에 참여할 수 있습니다.
이러한 프로그램은 아이들이 즐겁게 시간을 보내며 학습과 성장을 동시에 할 수 있도록 돕고 있으며, 필요시 간식과 숙면 환경도 제공하여 아이들의 건강과 안전을 최우선으로 고려합니다. 특히, 저녁 시간에 센터를 이용하는 아동들을 위해 씻기 도움, 잠자리 준비, 아침 식사 제공 등 생활 전반에 걸친 세심한 지원이 이루어지고 있으며, 아이들이 숙면을 취할 수 있도록 돕고, 간식을 제공하여 영양 균형도 맞추도록 노력했습니다.

부모는 늦은 시간에 집에 돌아가더라도 안심할 수 있으며, 아이들은 안정적이고 편안한 돌봄을 받는다. 세심한 돌봄 서비스 덕분에 부모들의 양육 부담이 줄어들고, 센터에 대한 이용자들의 만족도가 매우 높습니다.

5. 이천시 중장기 보육발전계획도 수립했다는데, 보육발전계획은 무엇을 담고 있는지요.

이천시 중장기 보육발전계획(2023~2027)은 양육 및 돌봄서비스 강화를 통해 부모의 양육 부담을 덜어주는 것을 주요 목표로 삼고 있습니다. 이를 위해 24시간 아이돌봄센터 설립, 시간제 보육 및 가정 돌봄 서비스 확대를 통해 언제든지 아이를 맡길 수 있는 환경을 제공하고, 양육자가 일과 육아를 병행할 수 있도록 지원합니다. 또한, 아동드림센터 설치와 아동도서관 지속적인 설치를 통해 아이들이 안전하고 창의적인 공간에서 다양한 학습과 놀이를 즐길 수 있는 기회를 제공합니다.
이와 함께 부모의 양육역량을 강화하는 교육 프로그램과 영유아 발달진단 및 상담 서비스를 확대하여 보다 전문적인 돌봄을 실현하고, 부모들의 양육 부담을 덜어주는 데 중점을 두고 있습니다.

2024 전국기초단체장 매니페스토 우수사례
인구구조 변화대응 | **경북 영양군**

군민 모두 건강 바람, 안전 바람
전국 최초 '군민 건강검진비' 지원

낮에는 풍성한 햇빛 아래에서 빨간 고추가, 밤에는 새까만 밤하늘에 빛나는 별이 가득한 곳, 영양군이다. 영양군은 천혜의 수려한 자연경관을 가진 청정지역으로 손꼽히는 마을이다. 내륙의 섬이자 한반도 남녘에서 가장 어두운 곳이니 반딧불이가 오래도록 마음 두고 사는 곳이라는 게 당연하다. 해발 1,219m의 일월산 푸른 능선을 따라 시원한 바람도 흐른다. 풍력발전소가 영양군에 자리를 잡은 이유이다. 하늘을 찌를듯한 풍력발전기와 녹지가 어우른 언덕에 올라 숨을 고르다 보면 마치 내 고향처럼 정겹고 아름답다.

외부불경제를 외부경제로

풍력발전단지 모습

풍력발전시설 반대 시위

영양군은 전국 최대 풍력발전단지가 위치한 곳으로, 전력자립률이 전국 1위인 지역이다. 신재생에너지 확대와 관련 기업 유치를 통해 지방 세수 증대 및 고용 창출의 효과를 기대했으나, 지역사회 갈등과 시위, 민원이 폭증하여 골머리를 앓던 중이었다. 멸종위기종의 서식지를 파괴하고, 산사태와 환경오염, 생태계 교란 등의 문제가 그 이유였다. 하루빨리 군민들의 요구를 반영하고 모두가 만족하는 묘안을 발굴해야 했다.

초고령화의 심화에 따라 지역 주민들은 쉽게 찾아갈 수 있는 병원, 건강에 대한 지원과 뒷받침이 부족한 상황이었다. 영양군에 있는 병원은 1개, 의원이 모두 합해 6개, 약국도 한약방을 합해 6개 밖에 되지 않았다. 군내 의료인력은 32명으로 인구 대비 전국 최저였고, 건강검진을 받은 군민보다 받지 않은 군민들이 더 많았다. 영양군은 지역 사회에 기반한 건강관리를 위해 의료 접근성과 의료 인력을 해결하고자 했다. 외부불경제를 외부경제로 치환하기 위한 정책적 노력을 본격적으로 시작했다.

낙후지역발전 특별회계기금을 받아 우선 재원을 확보했다. 풍력발전사와 최초 협약 MOU를 체결하고, 「영양군 낙후지역 발전 특별회계 설치 및 운용조례」를 제정해 근거를 마련했다. 2019년부터 2024년까지 풍력발전기업 네 곳과 기부금을 조성하여 사업의 기반을 다졌다. 영양군 의회 의원, 여성단체협의회장, 새마을회장, 도시재생지원센터장이 모여 민간 협업을 이끌었고 농촌경제과, 건설안전과, 보건소가 협력했다. 전국 최초로 '50세 이상 군민건강검진 사업'이 추진되었다.

군민건강검진과 군민안전보험

국민건강보험공단과 연계해 검진대상자를 확보하고 홍보했다. 사업설명간담회도 개최했다. 군민건강검진 사업은 2023년부터 2026년까지 4년간 진행된다. 50세 이상 군민 한 사람당 30만원 한도 건강검진 실비를 지원받을 수 있다. 거주지의 읍·면사무소를 방문해 신청하면 보건소에서 검진비를 일괄 지급하여 절차도 간단하다. 첫 개시 연도에는 1,400여명이나 검진을 받았고, 올해는 5월 말까지

1,300여명이 건강검진을 완료했다. 그 결과, 대사질환, 뇌혈관질환, 암, 심장질환 등을 발견한 경우가 21%에 달했다. 암진단을 받고 수술이나 치료를 받은 군민은 15명에 이른다. 인구 감소와 유출이 심각한 농어촌에서 기존 군민들에게 집중해 건강을 책임지며 효과적인 인구정책을 펼친 사례가 되었다. 정책만족도는 95%를 찍었고, 언론보도로 큰 이목도 끌었다. 인구구조변화 문제와 에너지 개발 문제의 각 고리를 적절히 연결한, 풍력발전 기부금을 활용한 고령지역 맞춤형 건강 및 안전 복지 사업이라는 점에서 호평을 받은 것이다.

　높은 만족에 힘입은 영양군은 잇따라 '전 군민안전보험 가입'도 지원했다. 각종 사고 혹은 재난으로 생계나 치료비를 지급하기 위해서이다. 영양군에 주민등록이 있는 모든 군민은 별도 가입절차 없이 자동적으로 혜택을 받는다. 자연재해 사망, 폭발이나 화재, 붕괴, 상해사망 등 총 35개 항목에서 최대 5천만원까지 보장한다. 인구가 많은 타 지자체에 비해 보장 항목과 한도가 대폭 높은 모습이다. 군민들에게 영양군에 거주하고 있다는 자긍심을 고취시킨다. 나아가 영양군은 건강검진 데이터를 축적하고 분석해 밀착형 건강관리체계를 구축하는 미래를 그리고 있다. 군민 모두 건강하고 안전하길 바라는 그 '바람'을 실현 중이다.

인터뷰 Interview

영양군수
오도창

1. 전국적으로 친환경 에너지 사업을 건강복지와 연결한 정책은 영양군이 유일하다는 측면에서 주목을 받고 있습니다. 풍력발전기금과 군민건강검진비 지원을 연결한 영양군의 친환경 에너지 복지 사업은 어떤 의미가 있다고 생각하시는지요.

민원으로 몸살을 앓았던 풍력발전기 사업을 군민건강검진비라는 복지사업과 연계하여 친환경 에너지 사업의 새로운 지향을 설정하였다는 데 큰 의미가 있습니다.

영양군의 24년 9월 말 현재 인구수는 15,403명으로 전국 내륙 지방자치단체 중 가장 적지만, 국내 최대 풍력발전 단지이자, 전국 최고의 전력 자립(자립률 509%) 도시로 탄소중립 분야에서 선도적 역할을 하고 있습니다.

군내에는 2009년도 풍력발전기 첫 설치 이후부터 2024년 9월 말 현재 총 96기가 운영되고 있는데 인·허가 과정에서 동식물에 미치는 악영향, 소음과 진동 및 전자파 피해 등을 호소하는 주민 및 환경단체 등의 민원으로 몸살을 앓기도 했습니다.

이에 영양군은 풍력발전사업의 긍정적 효과는 국가·사회·사업자가 누리는 반면, 환경훼손 및 민원발생 등 부정적 효과는 지역사회가 부담한다는 판단하에 민선 7기부터 본격적으로 이익금 공유를 위한 논의를 시작하게 되었습니다.

이를 위한 첫 걸음으로 2019년 1월에 「영양군 낙후지역 발전 특별회계 설치 및 운용 조례」제정으로 법적 근거를 마련하고 2024년 5월 현재 총 2,705백만원의 특별회계기금을 조성하였습니다. 이 기금을 50세 이상 군민건강검진 및 안전보험료 지원에 활용하고 있습니다. 또한, 풍력발전사와 지역사회 상생의 일환으로 시행한 'LPG 금속 배관 교체사업'도 친환경에너지 복지사업 중 하나입니다.

2024 매니페스토 우수사례 경진대회에서 영양군 사례가 최우수상을 받은 이후 타 자치단체로부터 벤치마킹 문의가 이어지고 있습니다.

2. 저탄소, 친환경도시로 거듭나고 있는 영양군을 소개해 주신다면

영양군은 전체 면적(815.86㎢)의 85.3%가 임야인 청정지역이지만, 저탄소 친환경 도시 도약을 위해 안전하고 깨끗한 신·재생에너지 보급 확대를 추진 중입니다.

이를 위한 친환경 에너지 복지 공약은 3개로 ▲신재생에너지 가정용 태양광(3kW)지원 ▲면단위 LPG 가스배관망 구축▲ 마을단위 LPG 가스배관망 구축 사업입니다. 그중 신재생에너지 가정용 태양광 사업의 경우 2020년도를 시작으로 3년 연속 신재생에너지 융·복합 지원사업 대상지로 선정되어 총 31억원 규모로 주택에 태양광, 태양열 등 설치 시 보조금을 지급했습니다. 또한, LPG 배관망 구축 사업의 경우 2018년부터 군 단위 및 마을단위 보급 사업으로 2,959세대에 LPG를 공급하고 있으며, 2024년 현재 수비면 및 마을 단위(상원3리) 사업도 추진 중에 있습니다.

한편, 환경부 생태관광지역으로 지정된 수비면 수하리 밤하늘 반딧불이 공원을 중심으로 생태관광 프로그램을 운영하고 있으며, 체류형 생태관광 활성화를 위해 친환경 숙박시설도 조성하고 있습니다.

에너지 설비는 고가이지만 비용 절감 폭이 커서 주민호응도가 높은 편이라, 앞으로도 생활밀착형 신재생에너지 보급 확대 사업은 꾸준히 시행할 예정입니다.

3. 이번 경진대회에서 친환경에너지를 건강복지와 연결함으로써 '인구지키기'가 새로운 인구구조변화 대응 모델이 될 수 있다는 점에서 평가단의 기대가 컸는데요, 2022년 12월 기준 행정안전부 주민등록인구 통계상 전국 1위 장수마을이 된 비결이 궁금합니다.

2024년 9월말 현재 영양군 노인인구(65세 이상)는 42.22%로 전형적인 초고령화 지역입니다. 비결이라면 오염되지 않은 천혜의 자연환경을 빼놓을 수 없을 뿐만 아니라, 교통 및 의료시설 접근성이 낮은 지역적 한계 극복을 위해 민선 7, 8기에 들어서며 사회·보건 복지 등 찾아가는 생활밀착형 서비스 제공에 노력한 결과라 할 수 있습니다.
한편, 사회적 여건을 보면 군 내엔 돼지농장이 1곳도 없고, 타 지역에 비해 축사도 적어 축산

폐수로 인한 수질오염이 현저히 낮은 곳입니다. 이곳에서 절반 이상의 군민들이 노년에 필요한 충분한 활동량을 쓸 수 있는 농업에 종사하며, 채식위주의 생활을 하고 있습니다. 또한, 마을마다 1개소 이상인 182개 경로당(115개리)을 중심으로 '찾아가는 맞춤형 서비스'를 받으며, 직접 수확한 식재료로 함께 음식을 만들어 먹고 대화하며 외로움을 느낄 시간이 없다는 것입니다.

'오지마을 건강사랑방'운영으로 관내 20개리 오지마을 주민에 의료장비를 탑재한 버스로 주 3회 순회 한방진료를 지원하고 있습니다. 또한, 민간 의료기관과 협력하여 만성 및 특정질환 전문진료를 위해 연중 원격영상진료(대구소재 영남대학교 병원 외 3개)를 지원하고 있으며, 년 6회 안과 진료(안동성소병원 외 2개), 년 4회 통증클리닉(경북대학교병원), 월 2회 산부인과진료와 월1회 행복병원(안동의료원)도 운영하고 있습니다.

군내 182개 경로당을 '시니어 놀이공간'으로 인식하고, 냉·난방비, 쌀, 부식비 등을, 농한기에는 요가, 노래, 댄스 교실 등의 다양한 취미활동으로 즐거운 시간을 보낼 수 있도록 지원하고 있습니다. 활기찬 노후생활 지원 및 지역경제 활성화란 두마리 토끼를 잡기 위해 만 65세 이상 수급자 및 만 70세 이상 노인에게 1인당 연간 9만 원의 목욕비 및 이·미용비도 지원하고 있습니다.

보행에 불편을 겪고 있지만, 장기요양등급이나 장애등급을 받지 못하는 노인을 대상으로 최대 20만원까지 성인용 보행기 구입비도 지원하고 있습니다. 한발 더 나아가 2023년에는 시범사업으로 48개소 경로당에 입식테이블과 의자를 보급하였으며, 앞으로 점차적으로 확대 보급할 계획입니다.

2021년도에 개관한 읍내 노인복지관은 이동버스 운영과 실버 체조 및 웃음교실·디지털기기 활용 교육을 하고 있다. 또한 요일별로 탁구, 댄스, 주산, 합창, 영어, 노래, 공예, 요가 등의 수업도 진행하고 있어, 이용자 만족도는 수혜 및 효율성 측면에서 전국 최고라 할 수 있습니다.

4. 영양군 소재 국유림 일부가 산림청 '기후대응 도시숲 사업'에 선정됐는데요, 어떤 사업이고, 어떤 효과를 기대하고 있는지요.

영양읍 동부리(바들양지)에 위치하고 있는 기획재정부 소관 국유지 10ha의 지목은 농지(전·답)이지만, 임야화 되어 사실상 경작이 어려워 지역 주민들의 환경개선 요청이 꾸준히 이어져 왔습니다. 이에 영양군은 기획재정부 소관 국유지를 관리하고 있는 한국자산관리공사의 협조를 통해 해당 부지 중 정비가 필요한 5.4ha에 도시숲과 밀원숲을 조성하는 경관림 계획을 수립하고 산림청 기후대응 도시숲 사업을 공모 신청하여 최종 확정됐습니다.

본 사업은 2025년~2026년 2년간 총사업비 54억 원을 투자해 시가지 주변 환경개선과 밀원수를 조림하는 사업으로 도심 경관 개선 및 양봉농가에 도움이 되며, 향후 영양군의 랜드마크로 조성할 계획입니다. 이를 통해 미세먼지 저감으로 주거지 대기 안정성을 높이고, 읍내를 조망할 수 있는 전망대와 산책로, 의자 등 편의시설 설치로 지역환경개선과 주민 삶의 질을 제고하고 관광자원으로도 활용할 계획입니다.

5. 국가 습지보호지역으로 지정된 장구메기습지는 어떤 곳이며, 이에 따른 생태관광 사업은 어떻게 준비하고 계시는지요.

영양 장구메기습지는 2022년 국립생태원의 내륙습지 정밀 조사를 통해 습지보호지역 지정 적합 여부를 검토했고, 2023년에 주민 설명회에 이어 올해 주민 공청회 및 관계 부처 협의 등을 거쳐 석보면 포산리 일원 0.045㎢가 습지보호지역으로 지정됐습니다. 장구메기습지는 산지가 발달한 산정부에 위치한 묵논습지로 멸종위기종 6종을 포함해 458종 생물이 서식하는 등 생물다양성이 풍부하고, 안정적인 습지생태계가 유지되고 있어 보전 가치가 높은 것으로 평가받았습니다.

영양군은 장구메기습지가 습지보호지역으로 지정됨에 따라 지속적인 모니터링과 생태계 정밀조사를 통해 습지의 보전관리를 강화하고, 생태탐방로, 관찰시설 등을 조성할 예정입니다. 또한 습지의 가치가 훼손되지 않도록 훼손지 복원 사업도 추진해 우수한 습지생태계를 보전할 계획입니다.

2024 전국기초단체장 매니페스토 우수사례

인구구조 변화대응 | **서울 은평구**

영유아 마음건강 돌봄시스템 구축
「은평 아이맘 상담소」

북한산큰숲, 은평

· · ·

양육하는 부모들의 마음 건강에 적신호가 켜졌다. 3년 전, 친모가 생후 7개월 된 딸을 상습적으로 폭행해 뇌사 상태에 빠뜨리게 한 사건이 있었다. 어린이집에서 보육교사가 보육 스트레스로 인해 원생을 학대했다는 기사는 주기적으로 눈에 띈다. 양육자의 사회적 스트레스로 인한 아동학대가 증가하고 있다는 사실이 안타깝다. 육아는 부모들의 영원한 숙제이다. 내 몸으로 낳은 아이이지만 내 맘 같지 않다. 2018년부터 2020년, 굿네이버스에서 '부모의 소리 지르기·고함치기 경험 아동 비중'을 조사한 결과에서는, 50%가 넘는 아동이 경험한 적 있다고 답했다. 코로나19가 만연할 당시 일과 육아 병행이 힘들던 환경과 사회와의 격리로부터 오는 스트레스가 극에 달한 것으로 나타난다. '금쪽같은 내새끼' 프로그램이 흥행하는 이유도 많은 부모들에게 공감과 해답을 충족시켜 주기 때문이 아닐까. 영유아는 양육자의 심리, 감정 상태에 큰 영향을 받는다. 양육자의 마음에 온 재난은, 영유아에게도 재난 상황처럼 적용될 것이다. 보육 문제의 어려움을 영유아와 부모, 교사가 함께 대응하여 서로에게 긍정적인 영향을 끼칠 수 있도록 종합적인 서비스가 제공되어야 한다.

아이맘시리즈 사업의 시작

은평구는 '가족이 행복한 은평, 아이 낳아 키우기 좋은 마을 은평'을 목표로 민선 7기부터 8기까지 은평구 대표 복지사업 '아이맘 시리즈'를 이어오고 있다. '아이맘 택시'는 그 첫 번째 사업으로, 팬데믹 시기에 빛나는 역할을 했다. 택시회사와 MOU를 맺어 임산부부터 24개월의 아이가 있는 가정까지 병원 이동 서비스를 도운 것이다. 병원 외에 어린이집, 도서관, 문화센터 이동도 일정 시간대에 신청 가능했다. 추가적인 동행 서비스를 포함해 큰 호응을 얻은 '아이맘 택시' 사업은 서울시의 '엄마아빠택시' 등 여러 구에서 벤치마킹하고 있다.

아이맘 택시에 이은 시리즈 2탄은 '아이맘 상담소' 사업이다. 정서적, 심리적 어려움을 겪고 있는 영유아, 부모, 보육 교직원을 위해 심리검사와 상담을 지원하는 전국 기초 지자체 최초 영유아 마음 건강 돌봄시스템이다. 어린이집과 가정을 연계한 통합 심리진단을 통해 영유아 문제행동의 원인을 파악하고 맞춤형 지원을 제공한다. 구에서 직접 운영하는 것은 아니다. 상담 전문 기관 네 곳을 선정해 연결하고 예산 지원 및 피드백을 공유한다. 상담 센터는 공개적으로 선정하고, 보다 친근하게 접근할 수 있도록 어린이집을 통해 안내 및 모집한다. 온라인 검사지를 통해 스트레스를 점검하고 고위험군을 선별하여 심리상담을 제공하는 식이다.

'아이맘상담소'

고래심리놀이터, 보아스아동청소년상담센터, 마음컨택, 카운셀 뮤직 총 4곳이 최종 선정되어 권역별로 지정된 어린이집에 따라 연계되었다. 선정된 4개소는 아동학대 상담 경력, 예술 치료 경력 등 각자의 특장점이 뚜렷하다. 신청 대상자들은 사전 검사를 진행한 후에 개별상담, 가족상담, 집단상담으로 구분하여 각각 필요한 상담을 받도록 했다. 두 해에 걸쳐 업무협약식과 사업보고회도 시행했다. 총 45개소 어린이집에서 1,174명이 신청했고 319명이 상담에 참여했다. 그중 영유아는 121명, 부모는 155명, 보육 교직원은 43명으로 나타났다. 전체 약 3,000건에 이르는 상담 횟수이다. 힘들고 어려운 상황을 당연하게 여기며 스스로 다독였지만, 심리적 소진을 겪고 있는 양육자들이 이렇게나 많았다. 앞으로 지속적으로 몸집을 키우며 더 다양한 사례, 더 작은 어려움까지 돌보려고 한다.

2023년 협약식 사진(좌)/ 2024년 사업보고회 사진(우)

    상담센터의 한 상담사는, 막상 현실 육아를 하다보니 매우 힘이 되는 사업이라는 것을 깨달았다고 인터뷰했다. 상담을 통해 어느 누구에게도 털어놓을 수 없어 담아둔 말들을 가정의 일이라 묵히고, 아파도 안 아픈 척, 슬퍼도 안 슬픈 척 참으며 곪아버린 이야기를 털어놓게 된다. 우리 가정의 방향을 찾기 위해 함께 고민하는 과정이 든든하다는 말도 덧붙였다. 어린이집의 한 원장은, 본인의 양육 스트레스가 무엇인지 파악하게 되면서 아이들과의 의사소통 기술도 늘어났다고 답했다.

    아이맘 상담소는 '주민이 직접 뽑는 2023년 은평구 10대 정책' 1위에 뽑히는 영광을 얻었다. 만족도 조사에서도 매우 만족스럽다는 응답이 대부분이었다. 참여자들은 은평구청 누리집 '칭찬합시다', '은평구에 바란다'를 통해 참여 의견을 남겼다. 상담이 진행될수록 내면에 또 다른 스트레스를 알아가고 부부 사이와 아이들과의 갈등의 이유를 알게 되어 스스로 돌아보는 기회가 되었다고 남겼다. 또한, 아이들이 잘못되어 가는 점, 불안한 점, 개선되었으면 하는 점의 원인은 거의 부모에게 있었고, 해결도 부모가 할 수 있다는 점을 깨달았다고 말했다. 1~2회로 끝나는 형식적인 상담이 아니라 10회로 진행된다는 점에서 충분히 마음의 힘듦을 덜어낼 수 있었다는 어린이집 원장들의 후기도 엿볼 수 있었다. '이 사업이 한 가정을 살렸다'라는 이야기도 나올 만큼, 은평구민에게 체감도가 높은 사업이었다. 은평구는 저출산 대책은 일회성이 아니라 계속해서 업그레이드시키며 유지하는 것이 중요하다며, 연결하는 사업 구조의 방향성을 강조했다. 높은 만족도를 동력 삼아 아이맘 상담소 사업이 완료된 후에도 보건소 심리지원 사업을 안내하여 지속적인 서비스를 받도록 조치할 계획이다.

아이맘 시리즈는 앞으로도 이어질 전망이다. 구립어린이집 확충, 야간 연장 어린이집 지원 확대, 어린이집 교사와 아동 비율 개선 등의 정책들이 예정되어 있다. 수많은 가정의 희망으로, 정서 심리 돌봄의 일상화에 주력하고 있는 은평구다.

인터뷰 Interview

은평구청장
김미경

1. 은평구가 양육 환경 개선에 팔을 걷어붙인 이유는 무엇인지요.

옛말에 아이 1명을 키우려면 온 마을 사람들의 협력이 필요하다고 합니다. 우리 은평구는 서울시 25개 자치구 중 보육 아동수 1만 5천여 명으로 자치구 중 여섯 번째로 많은 아이들이 거주하고 있습니다. 제가 처음 민선 7기 구청장이 되고 나서 살펴보니, 공보육 인프라가 많이 부족한 상태였습니다. 학부모 선호가 높은 구립어린이집에 다니고 싶어도 다니기 어려운 실정이었습니다. 2018년 기준으로 구립어린이집은 45개소, 공보육률은 22%로 자치구 최하위권인 24위 정도였습니다.

문제 해결을 위해 구민들과 공무원들이 합심하여 노력한 결과, 2018년 45개소에 불과하던 구립어린이집이 지금은 95개소로 무려 50개의 구립어린이집이 신규로 설치되었고, 공보육률은 50%를 돌파하였습니다. 2024년은 '은평 공보육률 50% 돌파 원년의 해'로, 동별로 구립어린이집을 평균 5.5개소 설치하여 '집에서 구립어린이집 도보 등원 10분 이내'라는 목표를 달성하였습니다. 덕분에 부모 보육 부담도 많이 해소되었습니다.

민선 8기에는 보육 서비스의 내실화에 집중하고 있습니다. 교사 1인당 아동수를 줄이기 위해 보육교사 추가 배치, 친환경 우수 식재료 공급, 어린이집 시설의 전문적인 관리, 기능보강 사업 등을 어려운 재정 여건임에도 구 예산(구비 100%)을 들여 추진하고 있습니다.

'아이 키우기 좋은 은평을 만들기 위한 은평구'만의 시리즈도 있는데요, 1탄 아이맘 택시, 2탄 아이맘 상담소, 3탄 아이맘 카페입니다.

1탄인 아이맘 택시는 임산부나 24개월 이하 자녀를 둔 가정이 병원, 어린이집, 도서관 등에 갈 때 1일 2회, 연 10회까지 무료로 전용 택시를 이용하는 서비스로, 은평구가 2020년부터 실시한 선제적인 사업이자 전국에서 벤치마킹이 쇄도하는 모범사례입니다. 2탄인 아이맘 상담소는 양육의 어려움에 공감하고, 이를 이겨내는 힘을 드리고자 시작했습니다. 영유아가 건강하게 성장하기 위해서는 아이와 아이를 둘러싼 주변 어른들의 심리 정서적 힘이 기초가 되기 때문입니다. 마지막 3탄은 부모와 아이들이 계절에 상관없이 실내에서 마음껏 뛰어 놀 수 있는 아이맘 카페입니다. 부모들의 양육 부담을 줄여주고, 양질의 보육환경을 조성하기 위한 여러 정책을 추진하고 있습니다.

2. 영유아 마음건강 돌봄시스템 '은평 아이맘 상담소'는 임산부와 영유아 가정을 위한 세심한 서비스로 주민 호응도가 매우 높다고 들었는데.

전국적으로 어린이집 등 보육시설 건립에 초점을 두는 사업이 일반적이었습니다. 하지만, 은평구는 이런 영유아 보육시설 건립과 더불어 보육시설을 이용하는 영유아와 부모, 보육교사를 위한 프로그램도 필요하다고 인식하였습니다. 그래서 2023년에 전국 최초로 영유아 마음건강 돌봄시스템인 '은평 아이맘 상담소'를 운영하게 되었습니다.

2023년에 46개 어린이집이 사업에 참여하여 영유아와 부모, 보육교사 1,003명이 심리검사를 받고, 그 중 319명이 최대 10회의 심리상담을 받았습니다. 우리 사회의 풍토상 심리치료는 숨겨야 하는 일로 생각하기 때문에 사업 초반 고위험자들이 치료받도록 설득하는 작업이 쉽지는 않았습니다.

하지만 어렵게 상담을 시작하신 양육자들의 반응은 상상 이상이었습니다. 열렬한 반응은 구청 홈페이지 '칭찬합시다' 코너에서부터 확인되었습니다. 현장의 호응은 연말 "은평구 10대 정책과제 투표"에서 은평 아이맘 상담소의 1위 선정으로 이어졌습니다. 20개의 우수정책 중 1위를 차지함으로써, 주민들이 체감하는 가장 유용하고 실효적인 사업이었음이 입증되었습니다.

3. 구청장님이 양육 관련 심리지원 프로그램에 관심을 갖게 되었던 특별한 계기가 있으셨는지요.

은평구 육아종합지원센터에서는 2018년부터 아동학대 예방과 영유아의 정서발달을 돕고자 "영유아 중심 보육·양육 심리상담 지원" 사업을 상담 기관 한곳과 진행하였고, 이것이 '아이맘 상담소'의 모티브가 되었습니다. 은평구는 특히 코로나 이후 돌봄서비스가 위축되어 육아 스트레스가 증가했다는 판단하에 관내 소재 우수한 상담 기관 4곳을 선정하고, 영유아, 부모, 보육 교직원을 대상으로 양육 관련 심리지원 서비스를 실시하되, 개별가정이 아닌 어린이집 단위로 참여하도록 기획하였습니다.

그런데, 바로 이 점이 아이맘 상담소를 특별하게 만들었습니다. 상담을 희망하는 개별가정이나 교사를 지원했다면 지금까지의 상담 치료와 차이가 없었을 것입니다. 아이맘 상담소는 영유아와 그 주변 어른들을 포함하는 통합적 접근을 시도함으로써, 참여를 망설이거나 스스로 정서적 취약성을 자각하지 못한 어른들까지 심리상태 점검을 빈틈없이 할 수 있었습니다.

4. 은평구의 공공형 실내놀이터를 소개해 주신다면.

은평구는 계절과 날씨에 상관없이 아이들이 신나게 뛰어놀 수 있는 공간을 마련코자 관내 곳곳에 "은평 아이맘 놀이터"를 조성하고 있습니다. 먼저, "북한산 둘레길을 따라 놀러가는 은평 공공형 실내놀이터"를 주제로 한 1호점(역촌동)은 총 618㎡의 규모로, 0~9세 영유아 및 초등 저학년 아이들이 모두 이용할 수 있는 영상체험관, 체험놀이, 신체놀이 등으로 구성하고 있습니다. 2호점(응암1동)은 282㎡의 규모로, 3~9세의 유아 및 초등 저학년 아이들을 위한 흔들흔들 징검다리, 사다리 오르기 등 신체 놀이 위주로 조성 중이며, 3호점(수색동)과 4호점(불광2동)은 각각 203㎡, 229㎡ 규모로, 0~6세 영유아가 이용 가능한 미니언덕, 아이맘 동산, 촉감놀이 등 영유아의 정서발달을 고려한 놀이공간으로 안전하게 조성하고 있습니다.

조성이 완료된 후에는 아이들을 위해 특화 프로그램 개발, 이용자 설문을 통한 지속적인 놀이시설 리뉴얼 등을 통해 끊임없이 아이들의 눈높이에 맞춰서 "신나게 잘 놀 수" 있는 공공형 실내 놀이터를 만들고자 합니다. "은평 아이맘 놀이터"는 기후환경 변화로 야외 활동이 어려운 상황에서 미세먼지, 폭염 등 외부 환경으로부터 아이들을 안전하게 보호할 수 있는 공간을 제공하며, 저렴한 이용요금(1회당 이용요금 3천원)으로 누구나 이용할 수 있기에, 많은 아이가 이곳에서 즐겁게 뛰어놀며 소중한 추억을 쌓았으면 하는 바람입니다.

5. 지난해 9월 서울국제어린이영화제를 유치해서 처음 선보였다. 반응이 어땠나요.

서울국제어린이영화제는 지난해부터 구로에서 은평으로 무대를 옮기게 되었고, 지난 2023년 9월 13일부터 20일까지 총 8일간에 걸쳐 개최되었습니다. 서울국제어린이영화제는 어린이의 꿈과 희망을 키워주는 국내 유일의 국제어린이영화제입니다.

북한산과 한옥마을을 배경으로 펼쳐진 서울국제어린이영화제는 어린이뿐만 아니라 어른들도 함께 즐길 수 있는 다채로운 프로그램들을 마련하여 온 가족이 함께 참여하는 영화제로 구민들의 높은 관심과 사랑을 받았습니다. 지난해에 이어 올해도 서울국제어린이영화제는 전세계 124개국, 3,338편의 역대 최다작품이 출품되어 영화제 위상을 다시 한번 실감케 했습니다.

2024 전국기초단체장 매니페스토 우수사례
인구구조 변화대응 | **대구 남구**

'내 이웃을 살리는 기적' 대명 9동 고독사 없는 안전한 마을

. . .

　방치된 음식물, 돌아가는 선풍기, 문 앞에 놓여있는 각종 고지서. 온기가 없는 방에 남은 삶의 흔적들이 누군가의 외로운 끝을 여실히 비춘다. 올해 1월, 다세대주택에서 50대 남성이 고독사한 채로 발견되었다. 4월에는 반지하 방에서 60대 남성이, 팬데믹을 거치면서 자립이 어려웠던 한 청년이 혼자 죽음을 맞이했다. 지금 이 순간에도, 혼자서 생활고와 질병, 그리고 외로움과 싸우며 매일을 버티는 이웃들이 존재한다. 더 이상 외로움과 고립감은 주관적인 감정이 아니다. 사회적인 질병처럼 곳곳에 퍼지고 있는 현실이다.

　고독사란 주변 사람과 연고나 교류가 없이 홀로 살다가 고독하게 맞이하는 죽음이다. 대부분의 고독사는 사망한 시점으로부터 시간이 지난 다음에서야 발견이 되기에 그 흔적이 오랫동안 방치되는 경우가 많아 더욱 안타까움이 크다. 1인 가구는 사회적 고립에 특히나 취약하고, 장애인 가구나 노인 가구인 경우에는 그 사고율이 지속적으로 증가하고 있다. 고독사를 예방하기 위해서 정확한 실태를 파악하고 실효성 있는 제도를 모색 및 정비하는 것이 시급하다.

'국민안심서비스 앱'을 통해 생명을 구하다

　대구광역시 남구의 1인 가구 비율은 53.1%로 한집 건너 한집이라고 볼 수 있다. 그중에서도 대명9동은 1인가구가 4,577명으로 관내 13개동 중 가장 많다. 고독사 없는 안전한 마을을 만들기 위해서, 대명9동은 2024년 4월부터 〈고독사 안심 앱〉 사업을 추진했다. 주요 대상은 고독사 위험이 높은 독거노인, 장애인, 거동 불편자 등 취약계층 1인 가구였다. 경남 합천군에서 개발한 '국민안심서비스'

앱을 무료로 사용하여 장시간 휴대폰을 사용하지 않으면 긴급구호 요청문자가 자동으로 발신되도록 만든 것이다. 문자에는 사용자의 이름, 휴대폰 번호, 거주지, 질병 혹은 장애 사항 등이 적혀있다. 문자를 받은 대명9동 맞춤형 복지팀이 거주자의 정보를 빠르게 파악하고 현장에 긴급 출동할 수 있도록 했다. 복지팀은 대상 가구를 직접 방문하여 직접 설치를 권유했다. 발로 뛰는 노력 끝에 총 216가구에 안심앱을 설치했고, 관련 내용을 안내하며 언제든 손을 뻗을 수 있도록 도왔다.

실제로 50대 자살기도자의 소중한 생명을 구조한 바 있다. 8시간 이상 휴대폰을 사용하지 않았다는 문자를 받고 담당주무관과 맞춤형복지팀장이 해당 가구로 바로 출동했다. 대상자는 보이지 않았지만 현장에서 자살시도 추정 도구와 유서로 추정되는 문서를 발견했다. 복지팀은 집 주변을 배회하고 있던 대상자를 찾아 함께 행정복지센터로 동행, 남구정신건강복지센터 상담까지 연결했다. 이 모든 절차가 1시간 이내로 긴급하게 처리 되었으며 추후에 병원 입원 및 종합 치료까지 책임졌다. 대명9동 맞춤형 복지팀의 명료한 정책과 신속한 대처가 돋보인 해당 사례는 전국적으로 언론에 보도가 되며 가까운 이웃에게 관심을 보이게끔 하는 계기가 되었다. 언론 보도 이후 적극적인 행정에 관한 응원과 격려의 댓글도 쏟아졌다.

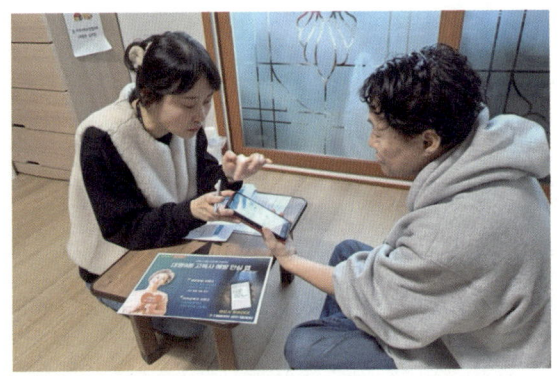

가정에 직접 방문하여 '고독사 안심앱(국민안심서비스 앱)' 설치를 안내하는 모습

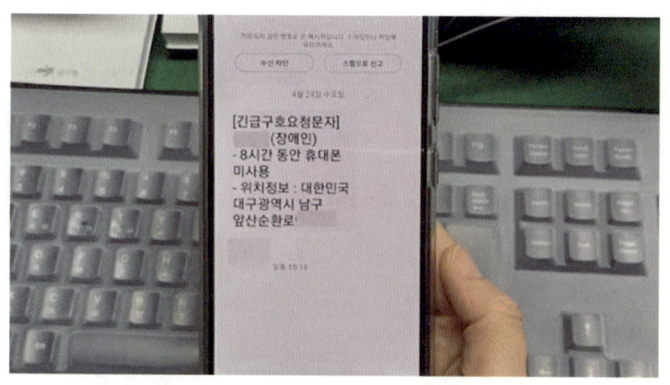

'국민안심서비스' 앱을 통해 자동으로 발송된 긴급 구호 요청 문자

집주인이 관리하는 1인가구 안심주택 사업

　대명 9동은 제도적 안전망에서 더 나아가 사회적 안전망을 구축할 수 있는 방안에 대해 고민했다. 복지팀의 지속적인 관심 외에 더 가까이 안부를 주고받을 수 있는 이웃은 어디에 있을까? 보건복지부에서 시행한 '고독사 실태조사' 결과, 최근 5년간 고독사 최초 발견자는 형제자매가 22.4%, 임대인이 21.9%, 지역주민이 16.6%인 것으로 나타났다. 형제자매가 없는 1인 가구의 경우, 매달 세를 주고받거나 수개월 밀린 공과금을 처리하는 집주인이 1인 가구를 가장 가까이서 마주하는 유일한 이웃이라는 뜻이다. 가족 결속력이 떨어지고 지역 이웃과의 유대감이 사라지면서, 집주인의 작은 관심이 가장 크게 영향을 끼치고 있다. 대구 남구는 집주인과 세입자의 사회적 관계 맺음을 장려하기 위해 '고독사 안심주택' 사업을 추진했다. 월 2회 이상 집주인이 직접 1인 세입자의 안부를 묻고 행정복지센터 맞춤형 복지팀에게 이웃소통일지를 작성해 공유했다. 또한 집주인과 세입자가 함께 소통하고 있다는 '나의 아름다운 이웃' 현판을 부착하고 현판 전달식도 성공적으로 마쳤다. 전국 최초로 시도하는 사업인만큼, 지속적인 관리와 애정으로 장기적인 효과를 불러오기를 희망한다.

고독사 안심주택 포스터

내 이웃을 살리는 "이승사자단" 구성

청년 1인 가구는 상황이 어떠할까? 최근 몇 년 사이 청년층의 고립, 은둔 이슈도 수면 위로 부상하고 있다. 타인과의 교류, 도움 받을 지지 체계가 없어 방과 집 같은 개인 공간에서 스스로를 가두며 장기간 생활하는 청년들이 늘어난 탓이다. 대구 남구는 이웃 청년의 어려움을 돕기 위해 지역주민 20명을 모아 〈이승사자단〉을 구성했다. 방을 가득 채운 쓰레기 더미 속에서 홀로 거주하던 1인 청년을 구출하기 위해서이다. 이승사자단 주민들과 대명9동 지역사회보장협의체는 상호 협력하여 약 9톤의 쓰레기 더미를 치웠다. 오랜 기간 저장강박으로 쌓인 물건들을 수거하고 반려동물의 오물로 생긴 악취와 해충도 제거했다. 추가로 도배와 장판도 새로 교체하며 건강한 주거환경을 마련했다. 통합사례관리팀의 고난도 사례로 선정될만큼 쉽지 않았으나 많은 이웃의 노력으로 이런 기적적인 변화를 이끌어낼 수 있었다. 그 후에도, 이승사자단은 고립 은둔 가구에 대한 인식을 개선하는 교육과 홍보 캠페인을 실시했다. 피가 섞인 가족이 아니더라도, 이웃과의 유연한 연결이 한 생명을 살릴 수 있다는 실천적인 사례를 하나씩 쌓아 가고 있는 모습이다.

혼자 먹고 살기에도 힘이 들지만, 혼자 살아 남기에는 더욱 어려운 복합위기의 시대이다. 대구 남구의 사례는 우리 공동체가 어떤 모습으로 변화해야 하는지 그 방향을 알려주고 있다. 이제는 서로 기대고 연대하며 회복하는, 같이 살아가는 방법에 대해 진지하게 고민해볼 때이다.

인터뷰 Interview

남구청장
조재구

1. 이번 대회에서 집주인이 관리하는 '고독사 안심주택'사업은 보건복지부 '고독사 실태조사 결과'를 착안했다는 점과 사업에 참여하는 주택에는 '나의 아름다운 이웃' 현판을 부착하여 자긍심을 높여줬다는 점에서 높은 점수를 받았는데요, 청장님이 생각하시는 가장 큰 성과는 무엇이라고 생각하시는지요.

'나의 아름다운 이웃' 현판에 새겨진 문구를 보면 '집주인과 세입자가 함께 소통하고 이웃의 정을 나누는 집입니다.'라고 적혀 있습니다. 고독사 안심주택 사업은 고독사를 예방하기 위한 사업으로 시작하였지만, 우리 이웃들이 지역사회의 일원으로서 함께 잘 살아갈 수 있는 문화를 조성한 것이 더 큰 성과라고 생각합니다.

2. 대구 남구가 고독사를 해결하기 위해 앞장서고 있는 특별한 이유가 있는지요.

대구 남구는 1인 가구 비율이 53.2%로 전국 35.5%에 비해 월등히 높은 편입니다. 이는 한집 건너 한집이 1인 가구라는 소리입니다.
1인 가구가 급속히 증가하면서 자연스럽게 고독사도 증가하고 있으며 점차 사회적 문제로 대두되고 있습니다.

이렇듯 높은 1인 가구 비율로 인해 남구는 고독사 예방에 중점을 두고 민관이 협력하여 사업을 진행하고 있습니다. 고독사 예방사업 뿐만 아니라 건강한 1인 가구의 삶을 유지할 수 있도록 다양한 형태의 1인 가구 지원사업도 추진하고 있습니다.

3. 외국에서도 고독사를 말할 때 'lonely death'라는 명칭을 사용하듯이, 인간관계 단절과 그에 따른 외로움이 고독사의 가장 큰 이유일텐데요, 외롭게 사는 사람들의 문제를 해결하기 위해서는 어떤 노력들이 필요하다고 생각하시는지요.

현재 다양한 정책과 사업이 나오고 있음에도 불구하고 새로운 형태의 고독사 고위험군이 계속해서 나타나고 있으며, 여전히 고독사가 발생하고 있습니다.

이런 고독사 해결의 비법은 바로 '이웃'이라고 생각합니다. 우리 주변의 이웃들이 위기가구에 대해 이해하고 관심을 가질때 고독사 문제를 효과적으로 해결할 수 있다고 생각합니다.

이런 점에서 대구 남구는, 위기가구에 대한 관심을 하나의 문화로 정착시키기 위해, 주민들이 쉽게 접근할 수 있는 새로운 형태의 교육(피아노와 함께하는 고독사 예방강연)과 캠페인을 실시하고 있습니다.

4. 청년고독사 위험군을 대상으로 한 주거환경 개선사업인 남구의 '이승사자단' 사업이 주목을 받고 있습니다. 은둔 청년들의 방에 가득한 쓰레기를 치워주는 것이 청년고독사 예방에 효과적인 이유는 무엇인지요.

'이승사자단'은 저승사자의 반대말로, 사회에서 이웃과 함께 잘 살 수 있도록 도와주는 이웃 주민들의 모임입니다.

일반적으로 청년고독사 위험군을 단순히 게으르고 무기력한 사람들로 취급하는 경우가 많습니다. 하지만 이들은 대부분 우울증, 번아웃, 외상후 스트레스 장애 등 혼자서는 극복하기 힘든 마음의 병을 앓고 있습니다.

은둔형 청년들은 장기간 사회와 단절된 채로 생활하면서 집안에 쓰레기를 버리며 사는데 이런 생활방식이 결국 쓰레기집을 만들게 됩니다.

은둔 청년들의 쓰레기집은 일반적인 저장강박 세대와는 다른 성격을 띱니다. 방 안의 물건이 필요해서 모아두는 게 아니라 본인이 가진 정신적인 문제로 인해 청소가 후순위로 밀려나는 것이지요. 그래서 청소를 도와주고 청년들과 소통하며 집 밖으로 그들을 불러내 교류하다보면 어느새 원래의 건강했던 마음을 회복하는 경우가 많습니다.

이렇듯 이승사자단의 쓰레기집 청소는 청년들의 고립을 해소하기 위한 첫 단추이자, 동시에 남구의 청년고독사 예방에도 중요한 역할을 하고 있다고 생각합니다.

5. 이외 대구남구가 진행하고 있는 고독사 예방을 위한 특화사업을 소개해 주신다면

대구 남구는 고독사를 예방하기 위하여 다양한 사업을 진행하고 있지만 그중 대표적인 것 2가지만 소개 드리겠습니다.

첫 번째로, 고독사 예방에 대한 주민들의 인식 개선을 위해 고독사라는 다소 무거운 주제를 피아노 연주와 접목하여 새로운 형태의 주민 강연을 운영하고 있습니다.
「고독사 예방 & 피아노 콘서트」에서는 '내 이웃을 살리는 기적은 바로 이웃'이라는 주제로 ▲고독사의 이해 ▲내 이웃을 살리는 기적의 비법 등을 소개하였고, 이에 맞는 공감을 불러일으키기 위해 강연 중간중간마다 ▲클래식 ▲트로트 등 피아노 연주를 콜라보로 진행하여 주민들로부터 큰 호응을 얻었습니다.

두 번째는 퇴직 공무원 고독사 예방 사업입니다.
사회복지업무에 전문성이 있는 퇴직공무원을 사례관리 전문관으로 위촉하여 고위험 1인 가구에 대해 정기적으로 방문 모니터링을 하고 있습니다. 이를 통해 1인 가구의 사회적 고립과 위기 사항을 파악하고 선제적으로 대응하고 있습니다.

2024
전국기초단체장
매니페스토 우수사례

기후 생태 환경

경기 파주시 | 전남 나주시 | 충북 괴산군 | 전북 부안군 | 광주 북구

2024 전국기초단체장 매니페스토 우수사례

기후 생태 환경 | **경기 파주시**

지속가능발전을 위한 파주형 환경정책

· · ·

「경기 RE100 비전」이 선포되었다. 2030년까지 신재생에너지의 발전비중을 30% 달성하고, 온실가스를 40% 감축한다는 선언이다. RE100은 재생에너지 전기 (Renewable Electricity) 100%의 약자로 기업이 쓰는 전기를 재생에너지로 모두 충당하자는 캠페인이다. 국제 비영리기구인 '더 클라이밋 그룹'이 시작한 국제적 캠페인이며 10년 사이 글로벌 굴지의 기업들이 이 캠페인에 동참하고 있다. 산업생태계의 거래 관계 전반에서 필수적인 가치로 떠오르고 있는 만큼, 국가 차원의 무역통상 측면에서도 생존전략으로 중요하게 여겨지고 있다.

이에 파주시는 ESG 행정을 도입했다. 본래 기업의 경영활동에 있어 지배구조 개선과 이익을 넘어 사회적 책임과 환경까지 고려하는 경영 개념으로 알려진 ESG를 공공영역의 이슈로 확장시킨 것이다. 환경, 사회, 상생이라는 3대 키워드를 통해 가치 중심적인 목표를 정립했다. 파주형 그린뉴딜을 향한 신성장동력을 창출하고, 시민참여와 소통을 확대하고, 상생 경제와 공정한 성장의 궤를 같이 하고자 한다.

RE100 산업 육성을 위한 이정표

글로벌 RE100 산업의 흐름이 시시각각 진화하고 있다. 정부와 입법부가 쫓아가지 못하면 법령의 공백이 발생할 수밖에 없다. 이러한 우려를 불식시키고자 파주시는 RE100지원팀을 신설해 공공, 기업, 시민, 교육 분야의 4대 종합 과제를 추진하기 시작했다. 「파주시 알이100(RE100) 산업의 육성 및 지원 조례」를 제정하여 법령의 공백을 보완하는 표준안도 제시했다. 기후위기 대응에 발빠르게 동참하고 적극 지원하기 위한 근거를 마련한 셈이다. 이를 통해 RE100 실현을 위한 신재생에너지 공급인증서(REC)가 필요한 수출기업을 지원하고, 전기신사업이나 지능형 전력망, 재생에너지 등의 사업을 새로 추진할 계획이다. 전국 기초지자체 가운데 조례를 제정하고 부서를 신설한 것은 파주시가 처음이다. 기업의 성장과 시민의 일터를 지키기 위해, 그리고 파주시의 미래 도약을 위해 강력하게 돌파하고 있다. 글로벌 기업과 미래세대가 함께하는 에너지 도시를 향한 이정표를 세운 것으로 그 파급효과가 크다. 파주시의 노력이 경기도, 나아가 전국 기초지자체에게 든든한 위안이 되어준다.

현수막 친환경 소재 상용화 및 폐현수막 재활용 활성화

현수막은 일정 기간 광고·홍보를 목적으로 제작되는 일회성 광고물로 제작 비용이 저렴하고 효과적인 홍보수단으로 인식되어 대량 생산된다. 그러나 더 이상 쓸모가 없어진 현수막들은 폐기되어 매립 또는 소각처리 되고 있다. 특히 소각되는 과정에서 온실가스와 1급 발암물질 등 유해물질 다량 배출은 도시 공해의 원인이 된다.

환경부에 따르면 선거철이 끝난 후 현수막의 폐기량이 2018년부터 2024년까지 1만 5,220톤이라 한다. 그 중에서 평균 30%만 재활용되고 있다. 이에 현수막을 재활용하거나 친환경 현수막을 활용하려는 지자체들이 늘고 있다. 현수막을 친환경 소재로 만들면 폐기할 때 산업용 원료로도 활용할 수 있고, 소각단계를 거치지 않기에 환경부분에서 크게 도움이 되기 때문이다.

파주시는 전국 최초로 「파주시 현수막의 친환경 소재 사용 촉진 및 재활용 활성화 조례」를 제정했다. 친환경 현수막 상용화를 위한 행·재정적 기반 법제화 및 온라인 신청 시스템 구축 등으로 시민 참여를 확산시키려는 노력이다. 더불어 현수막 친환경 소재 사용 보상제를 운영했다. 친환경 현수막의 상용화를 위해 기존 원단과 친환경 원단의 가격차이를 보상하는 제도이다. 파주시는 친환경 현수막 디자인 가이드라인, '상냥한'을 직접 개발하기도 했다. 친환경 현수막에는 파주시 로고와 친환경 현수막 인증마크가 들어가게 된다. 바탕색 쓰지 않기, 원색 사용 자제, 원단 사용 등의 사항도 고려했다. 파주시에서 개최한 '2024년 경기도 장애인 체육대회'에서 시군 선수단을 환영할 때 시범 운영한 것이 바로 이 '상냥한' 현수막이다. 상권중심지역에 '친환경 현수막 전용 지정게시대'를 운영중으로, 추첨없이 신청만으로 게첨권 부여 및 게시기간을 7일에서 14일까지 연장할 수 있다는 것이 장점이다. 향후 행정용은 의무화하고 사업용은 단계적으로 확대할 계획이다.

2024 경기도 장애인 체육대회의 현수막(좌)

파주시 '상냥한' 친환경현수막 인증마크(우)

폐현수막을 소각없이 자원화하기 위한 방안도 마련했다. 다년간 연구개발로 자연순환 효과와 친환경성을 인증받은 기업과의 협업을 통해 폐현수막 5만매를 재활용할 계획이다. 올해 4월에는 이클레이(ICIEI)에 가입해 세계지방정부협의회와 협력했다. 친환경 현수막 리사이클 공동협조체계를 구축한 것이다. 유네스코학교로 지정된 문산수억고등학교와 '레인보우 프로젝트'를 진행한 것도 눈에 띈다. 폐현수막 재활용 사례를 연구하는 학생들의 자발적인 탐구활동을 지원하고,

에코하모니 패션쇼에 폐현수막을 80장 제공했다. 정부 정책과 시민의 참여, 손발이 착착 맞았다. 기후위기에 대한 공감을 끌어올리며 안정적인 해결책을 구축해 나가는 모범을 보이고 있는 파주시이다.

지속가능발전 시책 추진

파주시의 도전은 멈추지 않는다. 파주시는 전국에서 유일하게 '2024 간판문화학교 Since2011'을 개최할 예정이다. 이를 통해 에코 프랜들리 옥외광고물 정책의 추진 주체인 시민, 파주시, 광고주의 협력 체계를 구축하고 관련 법령에 대한 교육을 통해 고품격 선진광고문화 인식 함양과 가치 확산의 장을 마련하고자 한다.

또한 2025년부터 친환경 현수막의 상용화, 폐현수막의 자원화 사업을 가속화하고 효과적으로 확대하기 위해 의회, 선관위, 정당, 유관기관, 학교 등 다양한 기관들과 친환경 현수막 사용 실천 협약을 추진하고자 한다. 이를 통해 자원순환과 환경오염 저감으로 탄소중립을 선도하고 인류의 지속가능한 삶을 지원하는 '파주시 에코 프랜들리 친환경 옥외광고물 정책'을 더욱 강화하고자 한다.

그 외에도 시민과의 숙의공론장 운영을 통해 「지속가능발전 기본전략 및 추진계획」을 수립하고, 파주시만의 특성을 담은 17개 목표를 달성하기 위한 노력을 시작하였다. 환경보전과 경제개발의 공존을 위한 움직임이 경기도 최북단에서 시작되고 있다.

인터뷰 Interview

파주시장
김경일

1. 시장님은 지속가능한 에너지전환과 RE100 무역장벽 대응 방안에 대한 관심이 매우 크시던데, 그 이유는 무엇인지요.

파주시는 지속 가능한 에너지 전환과 RE100 이니셔티브에 적극적으로 대응하고 있습니다. 그 이유는 다음과 같습니다.

먼저, 파주에는 LG디스플레이와 LG이노텍을 중심으로 18개 산업단지에 약 5,000여 개의 제조업체가 등록되어 있습니다. 이는 경기도 내 31개 시군 중 5위에 해당하는 수치로, 지역 경제에서 중요한 역할을 하고 있습니다. 이러한 대규모 제조업체들은 주로 수출 중심의 기업들로, 글로벌 시장에서 RE100 이니셔티브에 따른 압박을 받고 있습니다. 국내 대기업들은 이미 해외 고객사의 요구에 부응하여 RE100을 추진하고 있으며, 이로 인해 국내 재생에너지 공급이 기업 수요에 비해 현저히 부족한 상황입니다. 만약 대기업들이 협력업체인 중소기업들에게 RE100을 요구하게 된다면, 대한민국 내 재생에너지 가격이 급등할 우려가 있습니다.

이에 파주시는 중소기업들이 RE100에 효과적으로 대응할 수 있도록 2025년부터 국공유지를 활용한 재생에너지 사업을 추진할 계획입니다. 타 지자체와는 달리, 파주시는 생산된 에너지를 한국전력이나 발전공기업에 판매하는 대신, 관내 RE100을 준수하는 중소기업들에게 시장가격보다 저렴한 가격으로 공급할 예정입니다. 이를 '공공 재생에너지'라고 부르며, 공공 주도로 재생에너지를 안정적으로 공급함으로써 중소기업들의 에너지 비용 절감과 경쟁력 강화를 도모할 것입니다.

물론 파주시가 전국 모든 기업들에게 재생에너지를 공급하는 것은 현실적으로 어려울 수 있습니다. 그러나 파주시 내 기업들에게 책임감을 가지고 재생에너지를 공급함으로써 지역 경제의 지속 가능성을 높이고, 향후 이 사업 모델을 발전시켜 전국적으로 확산시키고자 합니다. 모든 지자체가 '공공 재생에너지'를 생산하여 각자의 관내 기업들을 지원한다면, 대한민국이 RE100으로 인한 무역장벽을 효과적으로 극복할 수 있을 것으로 기대됩니다.

2. 전국 기초단체 최초 'RE100 조례'를 만드셨는데, 어떤 내용들이 담겨 있나요.

전 세계에서 가장 빠르게 진화하고 있는 산업 중 하나가 에너지 전환 산업입니다. 10년 전, 재생에너지 산업이 이렇게 커질 것으로 누가 예상했을까요? 5년 전, 전기차가 이렇게 대중적으로 자리잡을 줄 누가 알았겠습니까? 이렇게 하루하루 급변하는 에너지 업계는 진화하고 있는데, 중앙부처와 국회를 통한 관련 법령들의 개정은 너무 더딥니다. 파주시는 이러한 법령의 공백을 발빠르게 보완하고자 'RE100 조례'를 제정하였습니다.

조례에는 RE100 산업의 육성을 위해 에너지 수급 전망을 분석하고, 자금, 인력, 홍보 등을 포함한 종합적인 육성 계획을 수립 및 시행하는 내용을 담고 있습니다. 이를 통해 재생에너지 사업, 지능형 전력망 사업, 전기신사업, 산학연 협력, 인력 양성, 교육 및 홍보 사업 등 다양한 분야의 사업 추진이 가능하도록 지원하고 있습니다.

또한, 우수한 시공기업을 양성하기 위한 방안으로 파주시 신·재생에너지 시공 인증기업 지정을 포함하였습니다. RE100을 시작하려는 기업들을 지원하기 위해 신·재생에너지 공급인증서 지원 등의 사항도 조례에 포함되어 있습니다. 이는 파주시가 2025년부터 추진하는 '공공 재생에너지' 생산 및 지원에 대한 법적 근거가 되어줄 것입니다. 이를 통해 파주시는 중소기업들이 RE100 목표를 달성할 수 있도록 안정적인 재생에너지 공급을 보장하고, 지역 경제의 지속 가능한 발전을 도모하고자 합니다.

3. 지난 해 파주시 주체로 열린 경기종합체육대회의 소모 전력을 100% 재생에너지로 충당하는, 이른바 'RE100체육대회'를 탄생시켰는데요. 시장님이 생각하시는 '파주RE100' 구상의 핵심은 무엇인지요.

파주시는 지난해 5월 개최된 2024 경기도종합체육대회에서 사용된 모든 전력을 100% 재생에너지로 충당함으로써 최초의 'RE100 체육대회'를 성공적으로 이끌었습니다. 이를 통해 경기도가 추진해 온 '친환경체육대회'의 기조를 한 단계 더 발전시키며, 기존 대회가 개폐회식 등 일부 행사에만 RE100 방식을 적용했던 것을 넘어 대회 전반에 걸쳐 전력을 재생에너지로 충당하는 전례 없는 시도를 이루어냈습니다.

파주시는 한국전력공사의 녹색프리미엄 제도를 활용하여 태양광, 풍력, 수력 등 다양한 재생에너지를 확보함으로써 RE100 체육대회를 실현할 수 있었습니다. 이번 대회는 파주시가 앞으로 주최할 모든 주요 축제를 RE100 방식으로 운영하겠다는 야심찬 계획의 출발점이기도 하며, 이는 '파주 RE100' 구상 중 '공공 RE100' 추진 계획의 일부이기도 합니다.

'파주 RE100' 구상의 핵심은 기업의 원활한 수출을 지원하기 위한 재생에너지 공급 정책에 있습니다. 이를 위해 파주시는 RE100 실현을 다섯 개 분야로 나누어 체계적으로 접근하고 있습니다.

첫째, 공공 RE100. 파주시는 직접 공공 재생에너지 생산기지를 조성하여 수출 기업들에게 안정적이고 저렴한 재생에너지를 공급할 계획입니다. 또한, RE100 방식으로 축제를 운영함으로써 공공기관의 RE100 달성에 기여하고자 합니다.

둘째, 기업 RE100. RE100에 참여하는 기업 100개사를 양성 및 지원하여 이들이 글로벌 무역장벽을 극복할 수 있도록 돕겠습니다. 공공 재생에너지 지원과 함께 RE100 제품을 홍보하여 판로가 강화될 수 있도록 지원할 것입니다

셋째, 시민 RE100. 시민들이 재생에너지 생산의 주체가 되도록 유도하여, 시민 주도의 에너지 혁신을 실현하겠습니다. 시민참여 햇빛발전소를 확산시키고, 재생에너지 마을 및 1가구 1발전소 사업을 통해 가정 내 전기요금 절감과 RE100 실현을 지원할 예정입니다.

넷째, 교육 RE100. 미래세대를 대상으로 RE100 관련 교육을 실시하여, 재생에너지 사업을 지속적으로 지원할 수 있는 인재를 양성하고자 합니다. 매년 RE100 시민 강사를 양성하여 시민 스스로 RE100 지식을 나누는 선순환 시스템을 조성할 계획입니다.

마지막, 교통 RE100. 안전한 전기차 충전 인프라를 확대하고 수소충전소를 추가하여 교통 분야의 에너지 전환을 촉진하겠습니다. 특히, 최근 조성된 파주봉서 수소충전소를 에너지 전환 거점으로 적극 활용하여 단계적으로 수소버스를 도입함으로써 교통 분야에서 발생하는 화석에너지 사용을 줄이도록 하겠습니다

'파주 RE100' 구상의 핵심은 기업의 원활한 수출 지원에 있습니다. 이를 위해서는 재생에너지로의 전환이 필수적이며, 파주시민의 수용성도 중요합니다. 따라서 파주시는 공공 RE100, 기업 RE100과 더불어 시민, 교육, 교통 RE100을 함께 추진하고 있습니다. 이러한 다각적인 접근을 통해 파주시 기업들이 글로벌 시장에서 RE100 관련 무역장벽을 효과적으로 극복할 수 있는 탄탄한 기반을 마련하고자 합니다.

4. '파주RE100' 추진 과제 중 하나로 '교육RE100' 사업을 소개해 주세요.

현재 성인인 우리 세대가 RE100을 준비하는 세대라면, 우리의 자녀들은 RE100을 필수로 여기는 세대로 성장할 것입니다. 파주시는 젊은 인구가 많은 도시로, 재생에너지로 살아가야 하는 미래 세대를 위해 RE100에 대한 교육이 꼭 필요합니다.

이를 위해 파주시는 현재 진행 중인 '어린이 생활과학교실'과 '찾아가는 어린이 RE100 교실'을 더욱 확대하고자 합니다. 2025년부터는 매년 10명의 RE100 시민 강사를 양성하여, 시민들이 스스로 RE100 지식을 나누는 선순환 시스템을 구축할 계획입니다. 현재는 어린이집을 중심으로 진행되고 있는 교육을 전 생애주기로 확대함으로써, 미래 세대를 양성하고 재생에너지에 대한 수용성을 높일 것입니다.

재생에너지 확대에 따른 다양한 갈등은 불가피합니다. 이러한 에너지 갈등을 해소하기 위해서는 정부와 지자체뿐만 아니라 주민, 사업자, 다양한 이해관계자의 협력이 필요합니다. 또한, 갈등을 예방하고 해결하기 위한 전문가의 역할도 중요해질 것입니다.

파주시는 'RE100 시민 강사'를 통해 궁극적으로 '에너지 갈등 해결사'를 양성하고자 합니다. 교육 RE100은 RE100 세대를 육성하고 에너지 갈등을 해결하기 위한 중요한 첫걸음이 될 것입니다.

5. 파주 RE100 Day도 운영하고 계신데, 어떤 프로그램들로 구성되어 있나요.

파주시 RE100 DAY는 8월 22일 에너지의 날을 맞아 진행한 행사로, 2024년 시범적으로 진행하였습니다. 이번 행사는 파주시민과 파주시 직원들이 RE100의 필요성을 깊이 이해하고, 일상 속에서 재생에너지를 직접 체험할 수 있도록 다양한 프로그램을 시간대별로 구성하여 운영하였습니다.

먼저, 어린이들을 대상으로 제가 직접 참여한 '어린이 RE100 교실'을 운영하였습니다. 이 자리에서는 에너지의 날 의미와 재생에너지의 중요성, 미래세대를 위한 RE100의 필요성을 설명하고, 어린이들과 함께 수력발전기 체험키트를 제작하는 시간을 가졌습니다. 이를 통해 어린이들이 자연스럽게 재생에너지에 대한 관심과 이해를 높일 수 있었습니다.

또한, 파주시청에서는 직원들을 위해 'RE100 체험 코너'를 마련하였습니다. 이 코너에서는 자전거 발전기를 이용한 수박주스 만들기, 솔라오븐을 활용한 요리 체험, 다양한 태양광 생활용품 전시, 그리고 RE100 홍보 부스를 운영하여 직원들이 재생에너지를 직접 경험하고 그 중요성을 체감할 수 있도록 하였습니다.

파주봉서 수소충전소에서는 '수소충전소 에너지 프리 데이(Energy Free Day)'를 개최하여, 방문객들을 대상으로 하루 동안 무료 충전 행사를 진행하였습니다. 이를 통해 수소 에너지의 활용 가능성과 중요성을 널리 알리고, 시민들의 관심을 높이는 계기가 되었습니다.

마지막으로 RE100의 필요성과 에너지 절감의 의지를 되새기기 위해 오후 9시 파주시청 본관에서 진행한 소등 행사로 마무리했습니다.

앞으로 파주시는 2024년 시범 행사를 통해 얻은 소중한 경험을 바탕으로, 2025년부터는 시민들과 더욱 긴밀히 협력하여 파주 RE100 Day를 더욱 알차고 의미 있는 행사로 발전시켜 나갈 계획입니다. 이를 통해 파주시는 RE100의 중요성을 지속적으로 알리고, 시민들의 재생에너지 수용성을 높여 나가겠습니다. 향후 파주 RE100 Day는 다양한 체험 프로그램과 교육 활동을 더욱 확대하여, 모든 시민이 재생에너지의 필요성을 체감하고 실천할 수 있는 소중한 장이 될 것입니다.

2024 전국기초단체장 매니페스토 우수사례

기후 생태 환경 | **전남 나주시**

쾌적한 도시환경 조성을 위한 악취통합관제센터 구축

넓고 비옥한 나주평야가 끝없이 펼쳐진다. 중앙에 위치한 영산강 물줄기는 나주 시민들의 안락한 쉼터가 되어준다. 전라남도 나주시의 청정한 자연 때문인지 농업과 축산업은 도내 1위의 유명세를 자랑하고 있다.

나주시엔 국토균형발전 일환으로 지난 2014년 광주·전남공동(빛가람)혁신도시가 들어섰다. 하락세를 보이던 인구수가 가파르게 성장한 데에는 빛가람 혁신도시의 공이 크다. 도시가 조성된 지 10년째가 됐고 인구는 4만명을 돌파했으며 전체 인구 12만을 목전에 두고 있다. 혁신도시는 한국전력을 비롯한 16개의 공공기관이 안착했으며 세계 유일의 에너지 특성화 대학인 한국에너지공과대학교 개교를 통해 대한민국 에너지 신산업의 거점으로 부상했다.

지역 발전과 정주 환경 개선을 위한 나주시의 노력이 계속돼왔지만 혁신도시 인근 축사, 분뇨배출사업장으로 인한 악취 민원이 급증했다. 예로부터 한센병 환자들이 가축을 키우면서 집단적으로 거주했던 '호혜원'이라는 지역에 밀집된 축사가 원인이었다. 축사를 운영하는 마을 주민들도 고령화와 불안정한 수입, 마을의 부조화, 잦은 민원 등으로 지속적인 어려움을 호소하고 있는 상태였다. 고질적인 악취 민원의 해소가 쾌적한 도시환경을 위해 시급히 해결해야 할 현안으로 대두되었다.

악취저감 추진사업

가축 분뇨 악취는 마스크를 쓴다고 해도 뚫고 들어올만큼 강력하기에 여름철에는 그 피해가 훨씬 심각해진다. 악취는 단순 불쾌감만 주는 것이 아니라 사람의 건강과 환경 오염과도 밀접한 관련이 있다. 나주시는 혁신도시 주변 1km 이내에 존재하는 축사에 폐업보상 및 철거사업을 추진했다. 북측과 남측에 있는 축사를 제거하는 과정은 오랜 시간이 걸리는 일이었다. 과다한 예산이 소요되었고 협의와 소통도 원활하지 않았다.

결국 악취관리체계의 대전환에 나섰다. 농가 및 지역민들이 상생할 수 있는 '나주형 악취컨트롤 타워'를 구축했다. 환경관리과 산하로 별도의 조직을 마련, 악취전담 부서를 신설해 악취관련 업무를 총괄했다. 악취개선팀은 총 10명으로 구성했고, 시민과의 소통을 위한 악취대책위원회도 꾸렸다. 대책위원회를 통해서 악취통합관제센터의 구축계획을 설명하고 강력한 지도와 점검의 중요성과 세부계획을 논의했다. 내부적인 소통은 악취개선추진단을 통해 이어졌다. 총 4차례에 걸쳐 악취의 원인이 되는 사업장을 단속 및 처분한 결과를 보고하고, 하수처리장 등의 시설을 개선하는 방안 및 축산농가 악취 저감제 지원 및 저감 장치 설치 지원 사업 대해 논의했다.

악취통합관제센터 구축

나주시는 2023년 7월 악취통합관제센터를 개소했다. 광주·전남 최초로 악취통합관리시스템을 구축한 것이다. 풍향, 풍속, 습도 등 기상여건에 따라 유동적인 대응체계를 실행하기 위함이었다. 비규칙적인 악취의 특성을 파악하며 '24시간 공백없는 악취모니터링'을 실시했다. 야간과 주말 시간대에 발생하는 악취 민원에 신속히 대응하기 위한 상황실과 관제카메라, 악취측정기와 기상관측기도 구비했다. 측정기기를 통해 실시간으로 악취발생 동향을 알 수 있었다. GIS기반 모델링시스템을 도입해 기상 정보를 종합하여 직관적으로 악취의 방향을 확인하고 현장점검을 보조했다. 혁신기술을 적용한 데이터와 과학적인 예측으로 선제적인 조치를 취했다.

관제센터는 본격적으로 시민과 함께한다. 나주시 누리집에서 악취민원 신고 시스템을 획기적으로 운영한다. 시민이 신고하고 그에 대해 신속하게 답변을 받음으로써, 시민은 직접 문제에 참여하고 행정은 즉각 대응하고 있다는 사실을 고취시킨다. 단일 페이지를 통해 악취측정값과 관련 정보를 행정의 내부자료로만 활용하는 게 아니라 시민에게 모두 공개한다. 행정의 투명성이 돋보인다. 민원 대응 체계도 따로 마련했다. 시의 누리집, 유선전화, 국민신문고를 통해 민원이 접수되면 악취 관제시스템으로 측정값을 확인한다. 관제 결과와 점검 계획을 통지하며 최초 민원을 응대하고, 악취 포집 등 현장을 점검한다. 점검 내용과 결과에 대한 안내까지 하면 총 5단계로 마무리된다. 빠르고 정확한 응대, 연중무휴 근무로 시민의 불편을 최소화하기 위한 노력이다.

관제상황실

악취측정기

기상관측기

현장 중심의 공감 행정

나주시 악취 관제센터가 구축되기 전에는 민원을 넣어도 별다른 변화가 없어 아쉬웠으나, 구축 후에 체계적인 대응과 답변을 받을 수 있어 긍정적으로 생각한다는 민원인의 의견이 있었다. 시민들의 높은 만족도로 2023년 3분기 우수 민원 부서로 선정되었다. 의견 하나도 소중히 챙겨가며 현장 중심의 공감 행정을 오롯이 펼쳐낸 성과이다.

악취 컨트롤 타워는 여전히 순항 중이다. 상습적으로 민원이 발생하는 곳은 야간 취약 시간대에 상시적인 순찰을 도는 식으로 지속적인 관리를 하고 있다. 구체적인 사업장을 대상으로 한 현장점검도 계속되고 있다. 악취민원 상습 발생 사업장에 대해서는 집중 점검 후 강력한 처분을 내릴 정책도 강구하고 있다. 동시에 시설 개선을 유도하는 지원 사업도 병행하고있다.

악취와 관련된 분쟁이 전국적으로 매년 급격히 늘고 있는 만큼 다른 지자체의 선진 사례로도 자리매김하고 있다. 여러 지자체에서 이미 악취통합관제센터를 방문하고있다. 기존 관리 시스템에 적용할 점을 찾고, 정보화된 관제시스템 자체의 도입 방법을 얻기 위함이다. 나주시의 사례가 전국적으로 좋은 본보기가 되어 널리 퍼지기를 희망한다.

인터뷰 Interview

나주시장
윤병태

1. 나주시의 스마트 악취통합관제센터 구축 사업이 지역정보화 우수사례로도 주목을 받고 있는데요. 어떤 내용으로 구성되어 있나요.

악취통합관제시스템은 단순한 모니터링 시스템이 아닌 악취 문제와 관련해 시민과 나주시 간의 소통 창구 역할을 하고 있습니다. 나주시 누리집에서 악취신고시스템을 통해 실시간으로 민원인들에게 주요 측정 대상 사업장들에 대한 측정값 공개가 되고 있습니다. 민원인들이 악취 발생 시 즉시 신고가 가능하게 시스템을 구성한 점이 지역정보화 우수사례로 평가받았다고 생각합니다.

2. 악취문제는 타 지역에서도 해결이 쉽지 않은 골칫거리로 등장하고 있는데, 나주시의 악취문제 해결 성공요인은 무엇이라고 생각하시는지요.

성공이라는 기준점을 완전한 악취의 근절이라고 잡았을 때 우리시는 이제 '성공이라는 지점을 향해 한 걸음을 뗏다'라고 보아야 할 것입니다. 이번 대회에서 우수사례로 선정될 수 있던 것은 시민들의 요구에 우리 시가 최대한 부응하고자 노력했던 점이 높은 평가를 받았기에 가능했다 보여집니다.
악취통합관제센터 운영 전략인 악취 문제에 대한 신속하고 적극적인 대응, 시민들에게 악취 상황에 대한 투명한 공개 이 두가지 전략은 우리시가 단순하게 문제 해결을 위해 정책을 펼치기보단 시민들과의 약속한 사항에 대해 이행을 게을리하지 않겠다는 접근을 통해 세워졌으며 앞으로 이런 전략에 변화는 없을 것입니다.

3. 악취 개선을 위한 민·관 협의체를 구성, 운영하시고 있는데, 협의체는 어떤 역할을 하고 있고 시장님이 생각하시는 협의체 운영의 성과는 무엇인지요.

우리 시가 현재 운영중인 민·관 협의체로는 악취개선에 대한 우리시의 방안 및 저감 시책 논의 역할을 하는 '악취대책위원회' 악취저감 시책에 대한 부서간의 추진 계획 및 추진실적 정보 공유 역할을 하는 '악취개선추진단'이 있습니다. 이러한 협의체들은 악취 저감에 대한 시책 논의에 민간 등 다양한 영역의 여러 인사들을 참여케 함으로써 이른바 시의 정책 방향 및 결정구조에 여러 의견을 청취하는 참여형 행정이 이뤄지는 점에서 의의가 있다고 봅니다.

4. 도내 1위 축산규모를 가진만큼 축산분뇨는 나주시 악취와 밀접하게 연관되었다고 볼수 있겠습니다. 축산분뇨관리는 어떤 방식으로 이루어지는지요?

사실 대다수의 축산농가에서 발생하는 악취는 축산분뇨의 관리소홀에서 발생한다고 봐도 무리는 아닙니다. 따라서 축산분뇨관리 철저는 악취 저감과도 직결되는 문제입니다. 구체적으로 분뇨중 분은 축산농가내에서 자체적으로 퇴비화되어 농지로 환원되는 경우가 많습니다. 우리 시는 2020년부터 퇴비부숙도 검사제도가 의무화됨에 따라 농가에서 자체적으로 퇴비부숙도 검사를 받도록 많은 홍보와 교육을 하는 중입니다. 뇨의 경우 액체비료(액비)로 만들어 농지에 살포되거나 정화되어 방류처리되는 방식으로 관리되고 있습니다. '가축분뇨전자인계관리시스템'을 통해 배출 운반 처리 살포까지 전자적으로 관리 중입니다. 이러한 가축분뇨관리는 최종적으로 가축분뇨의 공공수역으로 유출방지가 목적임을 우리시는 명심하고 있으며 철저하게 관리를 하고 있습니다.

5. 이외 나주시가 악취 해소를 위해 진행하고 있는 사업들을 소개해 주신다면.

우리시는 단순히 악취배출사업장에 대한 단속과 제재를 통해 악취 문제를 해결하는게 아닌 각종 지원 사업을 통하여 축산농가와 우리시가 함께 상생할 수 있는 정책을 진행하고 있습니다. 구체적으로 악취저감 시설·장비의 설치를 지원하는 사업, 미생물제등 악취저감제 구입에 대한 보조금 지원 사업을 하고 있으며 축산농가를 대상으로 악취저감법 및 축사 환경 개선 교육 또한 실시하고 있습니다. 그 밖에 나주시 공공하수처리장 및 가축분뇨처리장의 노후장치 교체 및 시설개선 사업을 총 예산 55억을 투입하여 2024년 올해 상반기 완료하였습니다.

6. 끝으로 축산업 농가, 주민들에게 하실 말씀이 있다면.

저는 악취 문제 해결 열쇠로 지도단속은 물론 악취 저감 지원 사업을 병행한 실질적인 축사 환경 개선과 더불어 축산업의 지속 가능성에 방점을 둔 농가 인식 전환이 필요하다고 생각합니다.

지속가능한 축산업 발전을 위해선 지역사회와 공존, 주민들과 상생하기 위한 축산 농가의 인식 전환을 의미합니다. 이웃의 고충을 공감하고 악취 저감을 위해 적극 노력해주시길 바랍니다.

2024 전국기초단체장 매니페스토 우수사례

기후 생태 환경 | **충북 괴산군**

기후 위기의 가장 큰 이슈 '에너지 전환'
방치된 '산림바이오매스' 활용
산림에너지자립마을 조성

"인류에 대한 적색경보 알람이 귀청이 떨어질만큼 크게 울리고 있다."

2021년 발표된 UN의 최신 기후변화 분석 보고서가 호소했다. 무려 80년대에 예측한 과학자들의 주장이 현실이 되고 있다. 이렇게 온실가스 농도 증가가 계속된다면 반세기동안 지구평균온도가 1도가량 올라 충격적인 기후변화를 초래할 것이라는 사실이다. 2024년 올해 추석 연휴에는 예상치 못한 폭염경보 문자를 받았다. 어쩌면 정말 수십년 뒤 추석에는 한여름밤의 보름달을 볼지도 모르겠다. 화석연료 사용을 당장 멈추라는 강경한 메세지에 전 세계가 두 손 두 발을 들어야 할 때가 머지않은 듯 싶다.

유럽연합은 '피트포55(Fit for 55)'라는 2050 탄소중립 목표를 달성하기 위한 12개 법안 입법 패키지를 제시했다. 유럽 배출권거래제, 자동차 탄소배출 규정, 대체연료 인프라, 탄소국경조정제 등이 포함되었으나 우리가 주목할만한 것은 EU산림전략이다. 지속가능성의 관점에서 산림바이오매스의 사용과 활용성을 강화할 것에 집중했다. 고품질 목재를 부가가치가 높은 순으로 자원화하여 순환시킨다는 원칙이다. 그렇지 않아도 우리나라 산림청에서 '미이용 산림바이오매스'의 연료로써의 사용가치를 높이고 있던 중이다. '미이용 산림바이오매스'란 수확, 수종갱신, 산지개발, 숲가꾸기 및 가로수 정비 사업에서 발생하는 잔가지 등 원목이 아닌 부산물과 각종 재해피해목들을 일컫는다. 이들은 방치되고 썩는 과정에서 온실가스를 배출한다. 이를 만약 연료로 사용한다면 배출된 탄소를 다시 흡수하기 때문에 탄소중립이 가능하다는 원리이다. 해마다 누적되어 버려지는 바이오매스로 목재펠릿이나 목재칩 등을 만들어 화석연료를 직접 대체할 수 있다.

효과적인 순환 재생에너지 자원으로써의 잠재력이 크다.

산림에너지자립마을 조성의 시작

우리나라에서 산림바이오매스를 자원화할 수 있는 곳은 어디일까. 충청북도의 배꼽이라고 할 수 있는 괴산군이 나섰다. 괴산군은 지역의 76%가 임야로 이루어진만큼 매우 풍부한 산림을 자랑하고 있다. 그러나 그동안 괴산군에서 발생한 미이용 산림바이오매스는 대부분 관외로 유출되는 상황이었다. 자원이 관내에서 순환되지 않아 경쟁력을 확보하기 어려웠다. 또한 화석연료 의존도가 높아 끊이지 않는 화재위험이 공존하고 있었다. 등유보일러 혹은 아궁이와 무쇠솥에 나무를 때는 주민들이었다. 연기가 매케하게 올라오면 기침이 절로 나왔다. 괴산군의 풍부한 산림자원을 안전하면서도 고부가가치 자원으로 활용하여 실질적인 지역 탄소중립에 기여할 수 있는 방안이 필요했다.

괴산군은 장연면 장암리에 산림에너지자립마을을 조성했다. 에너지 취약지역인 산촌에 풍부한 산림바이오매스를 활용해 난방과 전기를 더 나은 환경에서 생산하고 공급하고자 했다. 설비는 세계적으로 보급량이 많고 상용화되어 검증된 제품으로 선정했다. 목재칩보일러, 가스피케이션 발전설비, 열배관 및 열교환기, 연료공급센터 등을 설치했다. 관리와 운영은 마을 주민으로 구성된 담바우 에너지 협동조합에 위탁했다. 에너지 자립마을이 생김과 동시에 나타난 조합이라 주민 간 화합과 자긍심을 고취시키는 효과를 얻었다. 마을 협동조합 위탁에 대한 근거를 마련하고자 '괴산군 산림에너지자립마을 운영 및 관리 조례'를 공포했다. 산림에너지자립마을 민간위탁동의안이 의회에 승인되면서 3년 간의 긴 여정의 로드맵이 그려졌다.

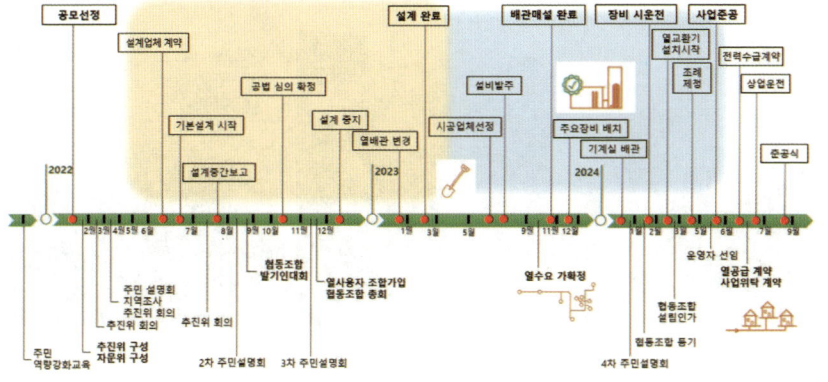

산림에너지자립마을 로드맵

사업초기부터 어려움에 부딪혔다. 주민들 사이에서 폐기물 처리시설로 소문이 무성해, 반대가 극심했던 것이다. 마을에 거주하며 삶을 영위하는 사람들은 지역 주민이다. 주민들과의 소통이 가장 중요한 열쇠였다. 괴산군은 주민 역량 강화 교육을 5일간 실시하며 사업의 이해도와 참여율을 높이기 위한 노력을 지속했다. 약 30여명이 참석했고 함께 고산자연휴양림으로 견학을 가기도 했다. 추가적으로 약 4번의 주민설명회 시간을 가지며 공감대를 형성했다. 자문위원회와 주민 추진위원단도 총 3회 운영했다. 자문위원은 산림에너지 자립마을 사업 전문가, 재생에너지 설비 전문가, 산림생태 전문가, 제로에너지 친환경 전문가, 임목생산과 목재산업 전문가 총 5명으로 구성했다. 국내외 우수한 사례도 참고했다. 완주군 자연 휴양림, 화천군 느릅마을을 견학했고 독일과 오스트리아의 선진지를 방문했다. 구체적인 설비와 운영 방법, 그리고 지역살림 거버넌스에 대해 이해하는 뜻깊은 시간이었다. 주민들의 자발적인 참여와 호기심도 자연스레 늘었다.

주민역량강화교육 (5일)

칠전팔기의 정신으로 어려움 극복

준공 과정도 마냥 순탄하지는 않았다. 산림바이오매스로 전기와 열을 동시에 생산하는 기반산업이 전무했다. 괴산군은 이에 대한 해결책으로 전세계 보급량이 가장 많은 제품을 구매하여 기계적 안정성을 확보하는 것에 중점을 두었다. 여러 사례를 보고, 제대로 된 초기설계와 대상마을에 상수도와 하수도 공사가 중복되고 각 시기가 달라 사업이 장기화될 우려도 있었다. 이 경우는 공정회의, 관계자 회의를 열어 해결했다. 사업시기와 중복공정을 조절하는 단계를 거치며 의견을 조율했다. 시운전 중에도 난항을 겪었다. 열공급 대상 시설의 대부분이 20년 이상의 노후주택이라는 점이 문제였다. 열배관 안에서 이물질이 발생해 5일간 가동이 중단되었다. 우선 열배관을 4차례씩 청소하며 이물질을 제거했다. 가정용 난방배관을 세척하고 보일러 분배기를 교체해 녹슬러지를 제거했다. 펌프 필터에서 걸러진 이물질이 한 움큼이었다. 아울러 원활한 연료공급 방안에 대해 고민했다. 산림과학원의 협조로 파쇄기를 지원받아 목재칩을 생산하고 있지만, 산림형 에너지자립마을이 지속성을 갖기 위해서는 적합한 지역난방과 열병합기술의 국산화가 필요하다고 판단했다. 저렴한 연료, 그리고 원활한 공급을 위해 괴산군은 산림자원순환센터를 건립하고 있으며 이를 통해 시중에서 구입하는 연료보다 비교적 저렴하게 연료를 공급받을 수 있는 체계를 만들고자 했다. 산림자원순환센터가 조성되면 현재 예상하고 있는 순수익은 열공급 판매 및 전력 매전으로 연간 2,200만원으로 주민공동체가 운영하는 지역단위 분산형 에너지 자립 시스템을 구축할 것으로 기대하고 있다.

에너지 복지와 그린라이프 실현

괴산군 장연면 장암리 옛 폐교 뒷편에 에너지 공급센터가 들어섰다. 사업비 약 63억원을 들여 열병합발전기와 목재칩보일러를 갖춘 시설들을 완공했다. 약 7km의 열배관이 마을 도로에 80cm 깊이로 놓아졌다. 개별난방에서 중앙난방으로 교체해 60개 굴뚝은 1개가 되었다. 각 가정에 난방용 열에너지를 공급할 수 있는 열교환기와 축열조도 설치했는데, 일대 1500가구가 편리하게 난방하고 온수를 사용할 수 있는 양이다. 어르신들의 생활이 여간 편해진 게 아니다. 운영비도 기존의 3분의1 수준으로 줄었다. 연간 가구당 약 80만원 상당의 연료비를 절감하며 에너지 복지를 실현했다. 환경적인 측면에서도, 연간 314톤의 이산화탄소를 저감하는 그린 라이프를 구현해냈다. 작은 산촌에서 지역 탄소중립 모델을 구현했다는 측면에서 여러 언론에도 보도되며 놀라움을 주었다. 열정과 끈기로 여러 어려움을 극복하고 마을 터전을 뒤바꾼 주민들과 괴산군에 뜨거운 박수를 보내고 싶다.

담바우 에너지공급센터 준공식 사진 (2024.09)

인터뷰 Interview

괴산군수
송인헌

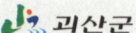

1. 군수님은 민선8기 군정목표를 '자연과 함께하는 청정괴산'으로 확정하신 바 있는데요, 청정괴산의 비전과 주요 사업 등을 소개해 주세요.

현재 우리 사회는 저성장경제, 코로나19와 기후변화 등 복합적인 위기에 직면해 있는 만큼 자연 생태 보존과 친환경이 중요한 이슈로 부각되고 있습니다. 천혜 자연과 함께 유기농의 중심지인 괴산군은 군정목표인 '자연과 함께하는 청정괴산' 실현을 위해 5개 군정방침을 기조로 다음과 같이 주요사업을 추진하고 있습니다.

첫 번째로 '풍요로운 청정농업' 실현을 위해 친환경 유기농업 집중투자 지원과 청년농업인 자립 기반 구축을 지원을 하고 있으며, 일손이 부족한 농촌에 외국인 계절근로 인력수급 확대 추진 및 읍면별 1농기계 임대사업소 운영, 풍요로운 볼거리 제공을 위한 경관농업도 지원하고 있습니다.

두 번째로 '활력있는 지역경제'를 만들기 위해 경제위기에 따른 민생대책으로 소상공인 자영업자 활성화 지원사업과 함께 지역경제 활성화 및 지역 홍보를 위해 스포츠 전지훈련 및 전국대회 유치에 적극 힘쓰고 있습니다. 또한 지역 내 주차난 문제 해결을 위해 공영주차장을 건립했고, 미래 신성장 푸드테크 산업 육성에 행정력을 집중하고 있습니다.

세 번째 '오감만족 문화관광' 육성을 위해서 관광·레저활동과 문화관광 프로그램이 가능한 복합형 숙박시설을 갖춘 대형 리조트 유치에 성공했고, 체류와 소비가 공존하는 자연 친화적 체류형 관광인 괴산 지방정원을 조성 중입니다. 이와 함께 체류형 힐링 관광코스 개발 및 괴강 둘레길 조성 등 천혜 자원을 활용한 관광 개발에 주력하고 있습니다.

네 번째 '감동하는 평생복지' 실현을 위한 사업 중 지역소멸 대응으로 임신 및 육아 여성 지원을 확대 추진하고 있으며, 사회적 경제기업 육성을 통한 일자리 창출에 앞장서고, 교통 여건이 좋지 않은 농촌지역에 행복택시 운영을 확대 실시 중입니다. 특히 지역 내 취약계층인 장애인과 노인을 대상으로 전동보조기기 안전보험 가입사업 추진 등 복지 사각지대가 없는 괴산군을 만들기 위해 노력하고 있습니다.

다섯 번째 '소통하는 열린행정'의 일환으로 지역 인재 육성을 위해 관내 중고등학교 전학년 장학금 지급 및 괴산군 교육강군 5개년 계획을 시행 중이며, 괴산군은 전체 면적 중 산림면적이 76%에 달하는 만큼 임업인 육성을 위한 괴산 산림문화공동체를 추진하고, 전 군민 안전보험 무료가입 및 보장범위 확대 등에도 힘쓰고 있습니다.

2. 군수님은 유기농의 중요성을 설명하시면서 지속 가능한 농업 환경을 강조하고 계십니다. 친환경 유기농과 지속가능한 농업 환경 조성은 어떤 의미를 갖는지요.

현재 괴산군에서 추구하고 있는 지속가능한 농업의 두 가지 축은 환경적 측면과 사회적 측면으로 설명할 수 있습니다. 급변하는 농업 환경변화에 능동적으로 대처하기 위해 괴산군은 경쟁우위 농축산업 육성을 목표로 자연순환형 농업체계를 구축하고 있습니다.

괴산군은 2007년 전국 최초로 친환경농업군 선포 이후 친환경농업 시책을 지속적으로 펼쳐 오며 화학비료와 농약 사용을 자제하며 지속가능한 농업, 환경보전에 기여하는 농업을 실천하고 있습니다.

또한 농업인구 감소와 고령화에 따라 농업분야 노동력 부족과 인건비 상승으로 농업경영상황이 점점 악화되고 있는 가운데 괴산군은 외국인 계절근로 사업을 연 180명에서 550여명으로 확대 추진하고 있습니다. 더 나아가 충북도 내 최초로 공공형 계절근로 운영센터 기숙사를 신축해 일손 부족의 어려움을 해소해 나가고 있습니다.

외국인 근로자 도입 확대는 관내 인력 인건비 안정화를 이끌어내며 연 35억원의 농업경영비 절감 효과를 입증했으며, 농업경영규모에 따른 맞춤형 인력공급정책 추진과 농기계 임대사업소 확충은 농촌의 지속가능성을 한 단계 높여주고 있습니다.

이와 함께 스마트농업 육성으로 농촌인력 대체뿐만 아니라 과학화된 신영농 시스템을 도입·확산하여 지속가능 농업의 기틀을 다지는데 적극 힘쓰고 있습니다.

3. 괴산군의 기후변화 대응을 위한 탄소중립 실천의 노력은 어떤 것들이 있는지요.

현재 기후변화 대응을 위한 탄소중립의 가장 큰 이슈는 "에너지전환"이라 여겨집니다. 미이용 산림바이오매스 활용시설의 부재로 대부분 이용할 수 없던 지역 산림자원을 저렴한 연료(목재칩)로 원활하게 공급을 가능케 한 산림에너지자립마을을 조성하였고, 이는 괴산군에서 추진하는 다양한 정책사업에 마중물 역할을 하고 있습니다.

괴산군은 이 밖에도 산림바이오매스를 활용한 다양한 연계사업 발굴로 화석연료 사용 저감과 함께 공공시설 건립을 통한 에너지 전환에도 앞장서고 있습니다. 국산 목재 목조건축 실연사업과 산림에너지 활용 스마트팜 조성은 산림에너지자립마을로부터 난방열 및 온수를 공급받는 대표적인 사업입니다.

폐교를 리모델링해 사용 중인 산촌청년공동체 활성화 센터와 지역 내 돈사 악취로 고통받던 지역에 임대주택 40호가 건립돼 조성된 지역활력타운 "성산별빛마을"은 연료(목재칩) 공급시설인 산림자원순환센터를 통해 연료를 공급받아 화석연료 사용 저감에 노력하고 있습니다.

오늘의 괴산, 그리고 10년 후 국내를 이끌고 100년 후에는 세계를 선도할 괴산군은 연계사업의 에너지 전환을 통해 연간 915tCO2 탄소저감을 실천하고 있습니다.

4. 에너지 복지와 그린라이프를 연계하려는 괴산군의 노력이 평가단에게 높은 점수를 받았는데요, 이에 대한 향후 계획이 있으시다면 소개해 주세요.

2024년도에 준공한 산림에너지자립마을은 연간 314tCO2의 탄소저감과 60개 굴뚝을 1개로 교체하여 가구당 연간 약 80만원 상당의 연료비 절감으로 산촌 에너지 복지를 실현하였습니다. 국내 최초로 주민공동체가 운영하는 지역단위 분산형 에너지 자립시스템을 구축하게 되었습니다. 이 외에도 괴산군에서 산림바이오매스 활용한 연계사업 발굴로 화석연료 사용 저감과 공공시설 건립으로 에너지전환을 위해 앞장 서고 있습니다.

5. 괴산군의 산림에너지 활용 스마트팜 조성사업도 주목을 받고 있는데, 어떻게 전개되고 있는 사업인지요.

산림에너지 활용 스마트팜 조성사업은 산림바이오매스를 활용한 독립적 난방시설을 스마트팜에 설치해 친환경 에너지를 사용함으로써 난방비 절감 및 탄소중립을 지향하는 국내 최초의 시설입니다.

나아가 공조기를 도입해 난방뿐만 아니라 냉방도 가능한 시설 구축을 위해 전문가들과 협의 중에 있는 만큼 냉난방 가능 시설이 갖춰지면 괴산군 산림에너지자립마을의 에너지 공급 시스템보다 진일보한 체계를 구축할 수 있을 것으로 생각합니다.

2024 전국기초단체장 매니페스토 우수사례

기후 생태 환경 | **전북 부안군**

[전국최초] 갯벌 한 평으로 지구를 살리는 한평生 부안갯벌 프로젝트

...

오래전 부안군으로 가족여행을 떠난 적 있다. 조금은 낡은 펜션 앞바다에 고요한 바다가 끝도 없었다. 크지 않은 갯벌 체험장에서 맛조개를 잡으려고 작은 몸에 장화를 신고 어기적 걸어다닌 기억이 생생하다. 밟고 있는 묽은 흙 아래에 얼마나 많은 생물들이 살고 있었을까. 지금 생각해도 가늠할 수가 없다. 마치 부안 갯벌의 생명력처럼, 부안군의 지구를 살리기 위한 열정도 무궁무진하다.

생태도시, 부안의 ESG 행정

'환경'과 구분되어 사용되는 '생태'라는 개념은 '유기체나 유기체의 무리가 자신을 둘러싼 환경과 맺는 관계'라고 정의된다. 서로 다른 종이라는 사실, 차이가 있다는 사실을 받아들이고 더불어 함께 살아가야 한다는 가치를 시사한다. 부안군은 산과 들, 바다, 환상의 섬 위도까지 뛰어난 생태적 자원을 가꾸고 보존하고 있다. 유네스코 세계지질공원, 람사르습지를 보유하고 있고 잼버리가 열렸던 새만금, 채석강, 치유의 숲, 변산자연휴양림 등의 유명한 자연생태자원과 역사문화자원을 고루 갖추고 있다.

생태도시로서의 자부심을 토대삼아, 부안군은 ESG 5개년 종합계획을 꾸렸다. '환경을 이해하고 사회와 상생하는 지속가능한 부안' 이라는 목표를 실현하고자 했다. 지속가능한 생태계 조성, 상생협력 체계 구축, 행정 투명성 강화, ESG 거버넌스 구축의 총 4가지 전략을 바탕으로 기업과 소셜 스타트업, 정부와 공공기관 그리고 비정부기구의 협력을 선도한다. 갯벌 프로젝트, 꿀벌 호텔 도시양봉장 설치, 자연에너지 파크 조성, ESG 활성화 지원 조례 제정과 협약기관 확대 등의 세부 과제가 이에 해당된다.

「서해바다 블루카본 조성」 업무협약식
부안군 - 부안해양경찰서-포스코이앤씨-월드비전 업무협약식

부안의 꿀벌 살리기

사실 부안, 하면 먼저 꿀벌이 떠오른다. 꿀벌 살리기 운동으로 전국민에게 깊은 인상을 주었기 때문이다. 꿀벌은 대표적인 화분 매개 곤충으로 식량자원을 생산하고 유지하는 데 크게 기여한다. 부안군은 이 토종벌 유전자를 보호하기 위해 '꿀벌 위도 격리 육종장'을 마련한 바 있다. 부안군 위도면에 위치한 이 시설은 꿀벌 인공수정과 계획교배를 통해서 유전자원을 보존하고 우수 품종을 육성하기 위해 구축되었다. 위도는 지리적인 특성상 주변에 꿀벌이 없기 때문에 철저한 격리 상태에서 연구를 진행할 수 있다는 차별점이 있다. 새만금에도 대규모 꿀벌 서식지를 마련했다. 아까시나무 군락을 활용해 양봉 환경을 만들어 생물다양성을 복원하고자 했다.

〈야생벌 붕붕이를 지켜주세요!〉야생벌 비호텔을 주요 관광지, 야생벌 서식지에 설치

한평생 부안갯벌 프로젝트

꿀벌에 이어 갯벌 살리기 프로젝트에도 힘쓴다. 부안군이 갯벌에 집중하는 이유는 그 생태적 가치가 특별하기 때문이다. 우리나라 전체의 갯벌은 약 1300만 톤의 탄소를 저장하고 있고, 연간 최대 49만톤의 이산화탄소를 매년 흡수하고 있다. 이건 최대 연간 승용차 20만대가 배출하는 수준과 동일하다. 블루카본은 해양 생태계에 의해 흡수되는 탄소로, 그린카본이라고 불리는 산림생태계보다 탄소 흡수 속도가 50배 이상 빠르고 수천 년 동안 저장이 가능하다. 갯벌은 바로 이 블루카본의 보고이자 미래 탄소배출권의 핵심이라는 점에서 긍정적인 전망을 지닌다. 부안군은 전국의 80%이상인 206필지에 약 133만평의 사유지 갯벌을 보유하고 있다. 독특한 지리학적 특징과 희귀 동식물의 서식지로서의 중요성을 인정받아 2010년에 람사르습지로 지정되기도 했다. 갯벌생태계의 보호에 부안군이 책임감을 가지게 되는 건 자연스러운 도리인 듯 싶다.

부안군은 앞선 ESG행정을 바탕으로 1인 1평 갯벌을 소유하고 가꾸는 전국 최초의 갯벌 보전 사업을 시작했다. 갯벌의 난개발을 저지하자는 목표로 부안군과 에너지 전문기업 GS칼텍스, 글로벌 NGO 월드비전이 머리를 맞댄 것이다. '한평생 갯벌기부: 착한 알박기' 캠페인은 2024년 5월, 약 200여명 임직원들이 가족과 함께 참여하며 성공적으로 진행되었다. 한 사람이 갯벌 1평을 구입하고, 이를 지분등기해 평생 소유하며 염생식물을 식재하는 과정을 거쳤다. 여기서 함초, 칠면초 같은 염생식물은 탄소 저장 능력과 흡수율을 높이고 오염물질을 정화하는 역할을 한다. 1만주의 염생식물이 줄포만 갯벌에서 새로 탄생했다. 환경보전이라는 가치로 묶인 끈끈한 10만명 이상의 관계인구를 확보하는 계기로 자리매김했다. 이를 통해 농촌관광 등 지역 관광을 활성화하고 사회경제의 활력을 키워 지방소멸도 대응할 수 있다는 의견이다.

"1인 1평 반려 갯벌 분양", 환경보전이라는 가치로 묶인 "10만명 이상의 생활인구" 확보

이어서 대중참여형 캠페인을 통해 갯벌을 알리고 함께 가꿀 수 있도록 소셜미디어를 활용했다. 온라인 펀딩 플랫폼과 카카오 같이가치, 네이버 해피빈 등으로 갯벌 갖기 캠페인을 홍보했다. 이후 지역사회 자원을 활용해 갯벌을 구입하고 가꾸는 활동을 전체 모니터링했다. 추후 염생식물 군락지의 조성률과 이산화탄소 감축률을 측정하고, 대중들의 환경보전에 대한 인식이 얼마나 변화했는지를 측정해 성과를 보다 구체적으로 살펴볼 계획이다.

미래 식량 개발에도 폭넓은 관심을 보이는 부안군이다. 올해 3월, '월드한 포부만두'라는 비건만두 시제품을 출시한 것이다. 식이섬유와 미네랄이 풍부해 신식품 소재로 주목받는 염생식물 함초를 품었다는 것이 특징이다. 푸드테크로도 진출한 부안군이 또 어떤 분야에서 파격적인 움직임을 보여줄지 기대가 된다. 어사 박문수로부터 전해져 내려오는 "생거부안"이라는 말을 증명이라도 하듯, 참 '살기 좋은' 부안이다.

GS칼텍스 '한평생 갯벌기부: 착한 알박기'

인터뷰 Interview

부안군수
권익현

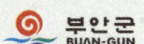

1. 군수님은 부안 ESG 행정 모델로 부안형 ESG+N을 제시하셨는데, 이에 대한 설명을 부탁드립니다.

지금 우리는 기후변화를 넘어 기후위기라는 복잡·다양화된 사회문제에 직면해 있습니다. 이러한 흐름속에 ESG라는 거대한 사회적 변화는 지속가능한 발전에 대한 투자자의 관심, 탄소배출권과 같은 새로운 시장 기회창출 관점에서 자연스럽게 기업과 정부, 지방자치단체 모두에게 중요한 전략적 요소로 자리 잡았습니다.

부안군은 기후변화와 ESG라는 새로운 행정환경에 효과적으로 대응하기 위해 기존 관행을 타파하고 기업·기관과의 협업을 적극적으로 추진하고 있습니다.

우리는 민간기업의 자원과 역량을 활용해 기후위기에 대응하고자, 부안만이 가진 천혜의 자연환경, 인구, 산업구조를 바탕으로 사회문제를 하나씩 해결해 나가고자 했습니다.

우리군에서 고민하고 있는 벌 개체수 감소, 갯벌의 사유화와 같은 환경문제는 혼자만의 힘으로 해결할 수 없다고 판단하였고, 문제의 공론화·해결을 위해 시야를 확장하는 것이 급선무였습니다. 그래서 사회문제에 지속적인 관심을 갖는 기업, 단체와 접촉하기 시작했습니다.

이런 의미에서 '출발'한 것이 바로 부안형 ESG+N 모델입니다. 환경(Environment), 사회(Social), 투명한 지배구조(Governance)를 의미하는 기존 ESG에 협업을 통한 문제 해결의 의미를 강조하였습니다.

기업(Enterprise), 소셜벤처(Social Venture), 정부·공공기관(Government), 비정부기구(NGO)가 공공의 아젠다 위에서 협력하는 컬렉티브 임팩트(Collective Impact) 구조를 만들고, 이러한 연계를 통해 창의적 아이디어를 바탕으로 우리는 더 많은 사회문제를 해결 해나가고 있습니다.

2. 부안군은 이번 대회에서 생태적 가치를 중심으로 기업과 NGO와의 협력을 이끌어내는 등 새로운 지역활성화 모델을 제시하고 있다는 평가를 받은 바 있습니다. 이를 위한 과정에서 가장 큰 어려움은 무엇이었는지요.

인구 5만의 부안에서 선도적으로 ESG 행정을 추진할 때 주변의 많은 우려의 시선이 있었습니다. 환경보전보다는 개발에 힘써야 할 때가 아닌지, ESG 행정이 부안에 꼭 필요한 것인지 하는 근본적인 물음이었습니다.

그러나 저는 기후위기를 오히려 성장과 도약의 계기로 삼을 수 있다는 확신이 있었습니다. 잘 보존된 자연 생태계야말로 생활인구를 부안군으로 유입시킬 수 있는 핵심적 가치라고 생각했습니다. 바로 앞만 내다보는 것이 아닌 먼 미래의 가치까지 고려한 선택입니다.

어려움이 있었다면, 우리 지역에 ESG라는 단어 자체도 생소하던 때에 부안형 ESG+N 모델에 함께 참여해 줄 단체가 관내에 드물었다는 것입니다. 그래서 우리는 시선을 외부로 돌려 관외 기업, 단체가 부안군에 관심을 갖도록 해야 했습니다.

현재는 감사하게도 부안군의 의지를 믿고 새로운 ESG 행정 모델을 만들어가는 10여개 기업, 단체가 있습니다. 부안 갯벌의 난개발 방지, 탄소중립을 위한 블루카본 군락지 조성, 벌 생태계 회복을 위한 비호텔 조성 등 생태 가치를 보전하는 ESG 프로젝트를 통해 5도2촌 시대 생활인구를 확장해 지방소멸·기후위기 시대를 헤쳐 나갈 새로운 지방자치단체의 모델을 만들어 가고 있습니다.

3. 부안군은 꿀벌에 대한 특화된 사업들을 선도적으로 진행하고 있는 곳입니다. 위도에 있는 꿀벌 육종연구소는 어떤 곳이며 무슨 일을 하는 곳인지요.

부안군 위도면에 위치한 꿀벌 육종연구소(꿀벌 위도격리 육종장)는 농촌진흥청 국립농업과학원에서 지난 2020년 10월에 개소하여 운영중에 있습니다.

이곳에서는 꿀벌의 품종을 개량하고 연구하며, 토종벌을 교미시키고 효율적으로 순계 보존과 교배종 생산을 할 수 있습니다. 또한, 꿀벌의 유전자원을 보호하고, 우수한 꿀벌 품종을 생산하고 보급하여 양봉 농가의 소득 향상과 양봉산업의 발전에 기여하고 있습니다.

한 마리의 처녀 여왕벌은 공중에서 다수의 수벌과 다중교미를 하기 때문에 육지에서 품종을 만들 경우 유전적으로 오염될 확률이 높습니다. 그렇기 때문에 부안에서 16km 가량 떨어진 위도에서 품종을 만듦으로써 외부유전자의 도입을 원천 차단하고 특정한 능력이 우수한 품종을 만들 수 있습니다. 이렇게 만들어진 품종은 부안에 위치한 전북농업기술원 잠사곤충시험장을 통해 농가로 보급 될 예정입니다.

4. 부안군에서는 매년 ESG&ME 양봉축제가 열리는데, 양봉축제는 어떤 행사인지요.

올해 2월 해뜰마루에서 열린 ESG&ME 양봉축제는 전국 최초로 ESG 가치를 결합한 축제로, 꿀벌의 환경적 중요성을 알리고 양봉업의 가치를 재조명하는 의미 있는 자리였습니다. 꿀벌은 환경을 지키는 중요한 지표종으로, 축제 기간 동안 꿀벌의 역할과 양봉업의 중요성을 알리는 다양한 프로그램이 진행되었습니다.

특히 이번 양봉축제는 외부 유명인을 초청하는 대신, 주민들이 주도적으로 참여하여 기획하고 운영한 것이 특징입니다. 또한, '쓰레기 없는 축제'를 목표로 하여 일회용기 사용을 최소화하고 철저한 분리수거를 실천하는 등 환경 보호를 몸소 경험할 수 있는 장을 마련하였습니다. 이를 통해 주민들은 단순한 축제를 넘어 양봉업과 지역 환경 보존의 중요성을 자연스럽게 체감할 수 있었습니다.

현재 부안군에서는 다수의 양봉 경영체가 활발히 활동 중이며, 이번 축제에서는 한국양봉협회 전북특별자치도회와의 협력을 통해 양봉업 발전을 도모하고, MOU를 체결하는 성과도 거두었습니다. 부안군은 앞으로도 양봉업을 통해 지역 경제와 환경 보존에 기여하며, 지속 가능한 발전을 위해 다양한 노력을 이어갈 것입니다.

5. 해뜰마루 생태녹색관광 활성화 사업을 소개해 주신다면

해뜰마루는 2023년 11월에 전북특별자치도 제3호 지방정원으로 지정되었습니다. 총면적이 33만㎡로, 기다란 신운천을 따라 조성되어 있으며 도심 생활권과 농지 사이에 위치하고 있는데요.

해뜰마루 생태녹색관광 활성화 사업은 이런 해뜰마루의 특성을 활용하여, 지역사회와 해뜰마루의 관계 증진에 초점을 두고있습니다. 운동과 산책 중심의 장소에서 사람과 사람, 사람과 동식물 사이에 다양한 녹색 교류가 일어나고 잃어버린 '생태적 감수성'을 회복하는 <모두의 정원>이 되고자 하였습니다.

이를 위하여, 소리 채집 장비를 이용해 해뜰마루 속 동식물이 상호작용하는 소리를 듣고 그들의 입장에 서보는 <사운드워킹 해뜰마루>, 폐현수막과 대나무로 집을 짓고 토종 씨앗으로 구성된 '토종밥상'을 먹으며, 탄소중립을 위한 방법을 게임을 통해 배우는 <탄소좀비런> 등 8개 체험 프로그램을 운영하고 있습니다.

부안은 변산반도 국립공원이 위치하고 있는 청정지역이지만, 올여름의 기록적인 더위를 피해갈 수는 없었습니다. 변덕스러운 우기와 더위로 사업 진행이 몇 번이나 연기되어, 지구의 환경이 한계에 다다랐음을 느낄 수 있었는데요. 해뜰마루 지방정원의 '생태적 성장과 순환'에 대해 더욱 고민하고 실천하여, 지구의 환경을 보호하고 지속 가능한 발전을 이루도록 노력하겠습니다.

2024 전국기초단체장 매니페스토 우수사례

기후 생태 환경 | **광주 북구**

사람과 자연을 잇는 녹색 안전 도시 광주 북구 : 생태자원 보존과 기후 위기 대응까지

GWANGJU BUK-GU

. . .

몇 년 전 광주의 여름에 하늘에 구멍이 뚫린 듯 비가 내렸다. 도움이 필요하다는 전화가약 4천여번 울렸다. 500년만의 기록적인 집중호우였다. 3명이 사망했고 특별재난지역으로 선포됐다. 이듬해 겨울에는 이틀 간 약 40cm의 폭설이 내렸다. 쏟아지는 눈비를 맞으며 기후위기를 살갗으로 느꼈다. 이상 기후가 심해지고, 환경 위기가 도래하는 건 단지 적응의 문제가 아니다. 피해는 고스란히 취약계층에게 이어지기에 분명 생존의 문제이다. 최근들어 우리 사회에서 환경 생태적 논의가 이루어지고 있으나 직접 체감하기는 어려운 현실이다. 안전하고 쾌적한 생태 도시 모델이 필요한 시점이다.

녹색 안전 정책의 기반 마련

재난 앞에서 파편화된 생태자원을 어떻게 다시 이을 수 있을까. 광주 북구는 탄소 중립 녹색 성장을 목표로 제도적 기반을 마련했다. 탄소중립 녹색성장 기본 조례, 지속가능발전 기본 조례를 단계적으로 제정하고, 「북구 탄소중립 녹색 성장 기본 계획」의 용역을 추진하고 계획을 수립했다. 북구의 특성을 반영한 전략을 도출하고 온실가스 감축 및 국내외 협력을 목표했다. 외부 자문 체계를 구성하기 위해 2045 탄소중립 녹색 성장 위원회를 꾸려 의견을 주고받았다. 주민인식 조사를 실시했고 사회적으로 다양한 주민들의 의견을 수렴했다. '우리 마을 탄소 중립 디자인학교'를 운영하고, 방재 전담 부서 '하천방재과'도 신설하며 전문성을 키웠다. 실시간 AIoT 재난안전 관리시스템을 가동해 재난 대응 기능을 더 강화했다.

도심 속 녹색 발굴과 복원

습지는 흔히 '생태계의 보물창고'로 불린다. 다양한 희귀생물종이 서식하는 안식처이기 때문에 세계적으로 보전의 중요성이 더욱 커지고 있다. 100만 대도시 광주에도 그 생태학적 가치를 인정받은 습지가 있다. 바로 무등산 국립공원 해발 고도 240m에 위치한 평두메습지이다.

무등산 내에 위치한 평두메습지는 총 780여종의 희귀식물, 수달과 삵 등의 멸종위기야생동물의 서식지로 알려져있다. 특히 큰산 개구리, 참개구리, 도롱뇽 등의 다양한 양서류들을 집단적으로 발견할 수 있다. 산지형 저층습지로 독특한 지형을 이루고 있으며 경작이 중단된 논에 자연적으로 만들어져 묵논 습지이기도 하다. 우리나라에서 람사르습지 26번째로 등록되면서 국제적으로도 인정받고 보호받기 시작했다. 사람과 함께, 대도시 안에서 그 형태를 보존하고 있는 습지는 평두메가 유일하다. 평두메습지가 람사르습지로 지정되기까지 광주 북구 내의 환경 단체, 무등산국립공원사무소, 언론과 주민이 하나가 되어 움직였다. 평두메습지 인근에 거주하는 주민들을 대상으로 설명회를 열고, 어린이 탐사대를 꾸려 현장을 학습했다. 주민과 전문가가 모두 함께해 효율적 보전을 위한 토론회를 개최하고, 북구와 무등산국립공원, 환경단체 사이의 업무협약도 맺었다. 자연가치를 보존하기 위해 주민과 함께 이뤄낸 공동 대응이라는 면에서 모범적인 의미를 지닌다.

평두메습지의 효율적 보전을 위한 토론회

 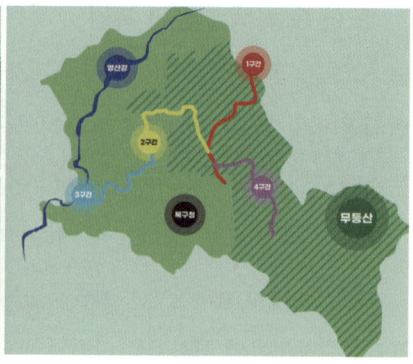

솟음길 2구간 개통식(좌)/시민의 솟음길 (1구간~4구간) 계획도(우)

　무등에서 영산까지, 한번에 걷는 '시민의 솟음길'도 조성했다. 그동안 병풍처럼 광주를 널리 에워싼 노고지리산과 삼각산의 능선은 푸른 녹음을 간직한 산림생태축으로 여겨져왔다. 그러나 호남고속도로와 북부순환로가 건설되면서 장원지맥과 영산강 호남권의 단절이 일어났다. 광주 북구는 생태축의 단절을 회복하고 생태통로를 연결하고자 시민의 솟음길 2구간을 조성했다. 한새봉과 삼각산을 한번에 걷도록 한 솟음길 2구간은 길이가 61m, 폭 3m의 숲길 연결다리로 조성되었다. 기존에 조성되었던 1구간과 연계하여 영산강부터 518 민주묘지까지 친환경 녹색길이 열린 것이다. 자연과 사람이 공존하는 친환경 산책 명소로써 도심 도보 여행은 물론 동물의 찻길 사고도 예방한다. 3구간과 4구간도 장기적으로 착공 사업을 추진할 계획이다. 모든 구간이 완공되면 무등산 자락인 군왕봉에서 삼각산, 한새봉, 매곡산, 운암산, 영산강까지 연결된 도시 전체를 잇는 숲길을 만끽할 수 있다.

도심 속 녹색 성장 지원

　녹색 발굴에 이어 녹색 성장도 이끈다. 탄소중립을 향한 실천을 위해 권역별로 7개 이상의 마을공동체와 연대했다. 유아, 가족, 성인, 전연령을 대상으로 생애주기별 맞춤형 환경교육을 진행하고 마을 환경 실천 활동가를 240명 양성했다. 4개 초등학교에는 찾아가는 어린이환경리더교육을 추진했다. 일곡동 일곡전환마을 에너지거점센터, 문흥동 문산 돌돌 에너지센터, 삼각동 에너지전환마을 거점센터를 개소해 누구나 에너지 생산자가 되기 위한 길도 열었다. 탄소중립 에너지 자립도시로 거듭나기 위한 기반을 착실히 다지는 중이다.

현대의 '품앗이'도 진행 중이다. 북구 일곡동에 '한새봉두레'라는 마을 조직을 결성하여 50가족이 다함께 손모내기 공동 경작을 추진한 것이다. 아스팔트 끝자락에서 지켜낸 800여 평의 논 습지에선 다양한 생물종을 보호하는 주민 네트워크가 만들어지고 있다. 봄에는 모내기, 가을에는 논두렁 전시회와 영화제를 열고 매년 경작한 쌀을 나눔한다. 생태 공동육아를 통해 개구리논은 그 자체로 어린이에게 놀이공원이 된다. 논 위로 흙을 밟고 만지며 삶의 지혜를 공유하는 자연 공동체가 쑥쑥 자라난다.

탄소 복지로 안전도시 실현

광주 북구는 전국 자치구 유일하게 3년 연속 우수저류시설 설치 공모사업에 선정된 곳이다. 우수저류시설은 많은 비로 인해 저지대가 침수되어 피해받는 일을 예방하는 역할을 한다. 북구의 주요 침수시설인 문흥동, 북구청 사거리, 신안교 일원 등 3곳에 반영되어 완전한 피해 재발을 방지하고자 한다. 서방천 개수공사와 연계하여 주변 악취도 저감하는 효과를 노리고 있다. 하천의 생태를 회복하고 주민의 안전도 확보한다. 재난에 강한 안전 도시를 실현하기 위한 첫걸음이다.

아울러 주민과 동행하는 녹색 복지를 실현하기 위해 그린리모델링 사업, 녹색 이음 누리길과 맨발 산책로 조성에 열과 성을 다하고 있다. 도심 한가운데에서 피어나는 녹색도 소중히 지키기 위한 시선을 잃지 않는다. 사람과 자연, 생태와 안전이 조화롭게 의지하는 광주 북구이다.

북구청장
문인

1. 구청장님은 민선8기 구정방향으로 탄소중립 대전환의 과제를 선도하겠다고 선언하셨는데, 임기의 절반이 넘은 시점에서의 성과는 무엇인지요.

민선8기 2년간 민심의 목소리를 구정에 녹여 '생태 친화 도시' 조성에 앞장서고 있습니다. 지난 5월 북구 화암동 일원에 자리한 평두메습지가 광주 최초이자 전국 26번째로 람사르습지에 등록됐습니다. 북구뿐만 아니라 무등산국립공원사무소, 환경단체와 협업하여 이뤄낸 결과입니다.

이를 기반 삼아 1만 5000평 규모의 생태숲 야영장을 비롯해 생태숲 체험길 조성 등 무등산 탐방 기반 시설을 마련하고 주민참여형 습지 보호 방안 등 효율적인 보전 사업을 구체화해 나갈 계획입니다. 또한 무등산 군왕봉에서부터 영산강까지 단절된 생태축을 단계적으로 복원하는 '시민의 솟음길' 2구간이 지난 8월 완성되었습니다. 주민들께서 한새봉에서 삼각산 정상까지 한번에 걸을 수 있게 돼 도심 속 산책 활성화에 크게 기여할 수 있을 것으로 기대됩니다. 앞으로 남은 4구간 조성 사업도 차질없이 추진하여 자연과 사람이 어우러지는 생태 친화 도시를 만들어 갈 예정입니다.

2. 광주 북구는 기후변화 대응으로 녹색성장의 친환경 도시로 변모하고 있다는 평가를 받고 있습니다. 북구가 추진하고 있는 대표적인 친환경 도시 전환 정책은 어떤 것들이 있는지요.

북구는 탄소중립 도시로 나아가기 위해 대규모 투자사업 이외에도 생활 속에서 주민들이 직접 실천할 수 있는 다양한 사업들을 추진하고 있습니다. 북구는 6개 권역별로 주민 맞춤형 환경 생태 교육으로 주민들의 탄소중립 의식을 함양하고, 권역별 탄소중립 계획을 세워 실천하고 있습니다. 또한 기후변화 취약계층을 지원할 수 있는 공공건축물 그린리모델링으로 보건소, 국공립어린이집, 경로당, 영구임대주택을 리모델링해 건물 관리 비용을 절감하고 생활공간의 탄소제로화를 위해 노력하고 있습니다. 마지막으로 개발제한구역 내에 생활 인프라를 확충하는 녹색 이음 누리길을 조성하고, 도심의 공원과 등산 숲길에 맨발 산책로를 조성해서 일상 속에서 즐길 수 있는 자연 녹지 공간을 늘려가고 있습니다.

3. 광주북구의 역점 사업인 재난 안전망 강화 사업을 소개해 주신다면

우리 북구는 2020년 역대급 호우로 인한 침수피해를 교훈 삼아 민선8기 '항구적 안전도시 조성'을 최우선 목표로 삼고 재난의 사전 예방과 신속 대응을 위해 선도적으로 대응해 왔습니다. 특히 '스마트 재난안전관리시스템'을 구축하여 기후변화에 신속히 대응하고 있습니다. 상습침수구역인 신안교, 첨단산단 등 총 35개소에 수위센서, CCTV 등을 설치해 인공지능 딥러닝을 통한 선제적 대응 시스템을 구축해 침수 우려 지역을 실시간으로 확인하고 출입을 제어하여 안전사고를 예방하고 있습니다.

또한 북구는 빈번한 집중호우로 인한 피해 발생을 최소화하기 위해 우수저류시설 설치 사업을 추진하고 있습니다. 2021년부터 3년 연속 행정안전부 공모사업으로 확보한 624억원을 투입해 문흥동 성당, 북구청 사거리, 신안교 일원에 우수저류시설을 설치하여 도심 수해 예방대책 마련을 통한 항구적 안전도시 건설에 총력을 기울이고 있습니다. 또한 환경부 주관 하수도정비 중점관리 지역 공모선정에 2년 연속 선정되어 중흥동, 신안동, 문흥동 일원에 빗물 펌프장 설치를 진행 중입니다. 마지막으로 올해 9월 선정된 행정안전부 주관 첨단지구 자연재해위험개선지구 정비사업을 통해 기후 위기로부터 항구적으로 주민 안전을 확보하겠습니다.

4 말씀해주셨듯이 북구는 행정안전부가 주관한 '2025년 재해위험개선지구 정비사업' 공모에 선정되었는데요. 어떤 사업인지요.

북구는 행정안전부 주관 2025년 재해위험개선 정비사업지로 첨단산단이 선정됨에 따라 기존 우수저류시설 3개소, 하수도 중점관리 2개소를 포함한 침수예방사업 6개소, 총사업비 1,309억원 확보로 항구적 안전도시 조성의 기반을 완성하였습니다. 이번에 선정된 첨단산단 1단계 일원은 광주연구개발특구로 지정된 국가산단으로서 호남지역의 경제활성화와 미래의 핵심동력 역할을 수행하는 만큼 자연재해로부터 피해를 최소화할 수 있는 근본적인 대책 마련이 필요합니다. 이에 지난 3월부터 행정안전부와 지속 건의하여, 9월 달 2025년 사업 최종 선정과 함께 총사업비 345억 6천만원 중 국·시비 259억 2천만원을 확보하였습니다. 북구는 앞으로도 단계별 재해예방사업을 차질없이 추진하여 자연재해로부터 항구적으로 안전한 도시가 조성될 수 있도록 최선을 다할 계획입니다.

5. 청장님이 생각하시는 람사르습지로 공식 등록된 평두메습지의 효율적인 보전과 활용방안은 무엇인지요.

람사르습지의 생태적 가치를 보전하기 위해서 광주 북구, 무등산국립공원사무소 등 유관기관과 환경단체가 함께 노력해야 한다고 생각합니다. 지난 7월 주민, 광주 북구, 무등산국립공원사무소 등 유관기관과 환경단체가 모여 토론회를 가지고 평두메습지의 효율적인 보전과 활용 방안을 모색하였습니다. 평두메습지의 지속 보전을 위해서 습지 고유기능을 유지할 수 있도록 습지 내 사유지를 매수하여 특별보호구역으로 지정·관리하고 지속적인 모니터링 활동을 통해 육화·건조화 진단을 실시하는 등 체계적인 습지 관리와 지속적인 복원 사업이 시행되어야 합니다. 또한 평두메습지는 동물 578종, 식물 208종 등 총 786종의 야생생물이 서식하여 경관·생태학적 가치가 매우 높은 지역입니다. 우리 구에서는 6~7세 유아를 대상으로 '어린이 람사르습지 탐사대'를 운영하여 생태교육의 장으로써 평두메습지를 활용하고 있습니다. 앞으로 다양한 프로그램을 운영하여 환경 보전 인식확산에 힘쓰고자 합니다.

2024
전국기초단체장
매니페스토 우수사례

지역문화 활성화

남 목포시 | 경남 통영시 | 울산 울주군 | 전북 장수군 | 서울 성북구 | 인천 미추홀구

2024 전국기초단체장 매니페스토 우수사례

지역문화 활성화 | **전남 목포시**

숨은 고수를 찾아라!
'생활장인대학'

· · ·

 유난히 기억에 남는 감각들이 있다. 아주 찰나의 스침이라도, 손가락 끝에 남은 온기가 잊히지 않는 것처럼. 목포의 바다에는 농축된 그 힘이 있다. 짠 바다 내음이 가득차고 햇볕 끝에 윤슬이 반짝인다. 케이블카를 타고 무한한 수평선 사이를 둥둥 떠다니다보면 마음에도 물결이 친다. 바다는 변하지도 않고 제자리에서 위로를 건넨다. 그래서일까? 바다를 품은 도시는 언제나 이야기가 넘친다. 바다가 주는 상상력과 포용력은 마음의 벽을 허문다. 항해해 온 사람들, 새롭게 떠나는 사람들, 그리고 제자리에서 그들을 이어주는 주민들이 한 곳에 모여 마을을 이룬다. 미지의 세계를 상상하고 낭만을 만끽하며 피어난 이야기들은 견문의 폭이 다르다. 목포에 숨겨진 고수가 즐비할 수밖에 없겠다.

"오늘 여기 오길 참 잘했다"

 목포시는 사람에 집중했다. 숨은 생활 장인들의 가치를 발굴해 다양한 문화적 활동과 경험의 기회를 제공했다. 한 사람, 한 사람의 자부심을 모아 새로운 문화예술 콘텐츠를 개발하고 지역문화를 브랜드하는 기반을 마련한 것이다. 여기서 생활장인이란, 나만의 다양한 재능, 노하우, 기술, 삶의 지혜 등을 보유하고 오랜 기간 지역에 자리 잡고 활동하며 특별한 스토리를 가진 사람이다. 고유한 지역의 이야기를 고스란히 간직하며 자연스레 생활문화를 계승하는 환경을 구축하고자 했다. 칠보공예, 도자기, 목공예, 해금 악기, 교복사 등의 다양한 분야에서 20명의 생활 장인들이 모였다. 개개인의 역량을 더 강화하고 시민에게 기술을 전수하는 기회를 갖기 위해서였다. 4회에 걸쳐 시민들 대상의 체험 프로그램 운영과 홍보 방법, 참여자 모집 방법, 올바른 교육법 등에 대해 논의했다. 사업화를 위한 브랜드 마케팅 교육과 스토리텔링을 통해 나만의 포트폴리오를 만드는 시간도 가졌다.

생활장인의 기술 체험 프로그램 〈오늘 여기 오길 참 잘했다〉는 '목포 문화도시 문화항구페스타'를 통해 이뤄졌다. 전통 손수건을 제작하고 물레로 도자기 미니어쳐를 만들었다. 해금을 조립하고 시연하는 시간도 가졌다. 목공 도구를 통해 오두막집을 짓고 나무놀이를 함께 했다. 시민 총 300여명이 참여했다. 낯설어서 더 신기한 손재주가 시민들의 눈길을 끌었다. 새로운 문화 생태계가 조성되는 순간이었다.

재능전수 프로그램 　　　　　2023 생활장인대학 "여기 오길 참 잘했다"

유·무형의 장인 브랜드 개발

칠보공예, 해금 악기장, 도예가, 현대미술작가 4명에서 한 배를 탔다. 협업을 통해 융복합적인 브랜드 '아티산 멜랑지'를 개발한 것이다. 'Artisan'은 장인, 'Melange'는 혼합의 뜻이다. 서로 다른 공예 기술이 섞여 새로운 형태를 만들어낸다는 의미를 담았다. 로컬 브랜드 및 콘텐츠 설계를 위한 전문가 컨설팅과 참여자 워크숍을 진행한 후 '다섯 개의 소리통'이라는 주제를 정했다. 바람의 소리는

목포 유일 '수제 교복' 장인

칼제작에서 성형·수리·연마까지 '칼' 장인

칠보 촛대, 숨소리는 도자기 드리퍼, 울림의 소리는 해금 받침대, 마음의 소리는 현대미술, 몸의 소리는 현대무용으로 표현했다. 마을 사람들끼리만 알던 정겨움이 예술의 칠을 하고 작품으로 탄생했다. 생활장인의 작품들을 미니어처로 만들 수 있는 패키지 상품도 4건 제작했다. 성과발표회를 개최해 패키지 상품 평가를 진행했으며 현장 참여자들의 큰 호응을 얻었다. 작품을 직접 판매할 수 있는 마케팅과 온라인 유통망도 구축해 상품화에 성공했다. 재해석한 문화자원으로 특색있는 로컬 이미지, 목포의 '끼'를 살렸다.

생활장인 기록물, 시간을 거스르는 손길과 여정

신영섭 장인은 목포에서 스승을 만나 기술을 전수받고 대장장이의 삶을 시작했다. 깊고 날카로운 칼맛의 경지를 가름하는 일에 매료된 지 오래다. 고운동 장인은 운칠기삼의 정신으로 33년의 외길 낚시인생을 살아왔다. 목포 바다에 대해서는 분명 인간 백과사전이라고 해도 과언이 아니다. 손창식 장인은 삼대의 예술혼으로 돌과 교감하고 숨을 불어넣는다. 이 세상에서 최고의 아름다움은 자연이라는 가치를 전하고 있다.

과거와 현재의 이야기, 즉 세월의 기록은 시간을 넘은 소통이 가능하도록 한다. 어쩌면 사라질 모든 것에게, 예의와 존경을 표하는 노력이기도 하다. 목포문화도시센터에서 출판한 생활장인기록물 책자 '시간을 거스르는 손길과 여정'에는 이렇듯 지역 생활 장인들의 삶과 노하우가 담겨있다. 목포를 배경으로 켜켜이 쌓인 시간을 인터뷰해 선물처럼 한곳에 담았다. 10인 10색이지만 한 가지 공통점이 인상깊다. 바로 자신의 일에 대한 자긍심, 확신을 갖고 실천한 성실함이다. 유구한 전통은 끈기로 그 맥을 잇는다는 깨달음을 준다. 동시에 목포시는 '누구나 장인이 될 수 있다'는 격려의 메세지를 전한다. 그 격려가 현재까지 71명의 생활장인을 발굴하는 결과로 나타났다. 각자의 인생에서 주인공은 바로 당신이라며 무대를 설치하고 조명을 비춰주는 것만 같다. 사람이 곧 유산이라는 것을 여실히 보여준다.

인터뷰 Interview

목포시장
박홍률

1. '숨은 장인을 찾아라 생활 장인대학' 사례는 문화 생태계를 조성했다는 점에서 높은 평가를 받았는데요, 추진하는 과정에서 가장 어려웠던 점은 무엇인지요.

흔히들 한 분야의 숙련된 기술을 가진 자를 '장인'이라 칭한다. 국가유산청은 여러 세대에 걸쳐 전승된 무형의 문화적 유산을 장인을 무형유산으로 지정하고 이를 보존·계승하는데 힘을 쏟고 있으며, '장인', '명인'도 수 많은 무형유산의 한 종류라고 볼 수 있다. 하지만 역사적 가치와 의미에도 불구하고 무형유산으로 지정되지 되지 않은 우리 일상 속 자산들이 무궁무진하다. 우리시는 이 점에 착안하여 비록 공식적 장인, 명인으로는 지정되지 못했지만 우리 지역만의 특색을 지닌 무형자산을 발굴하여 이를 계승함으로써 우리만의 고유 명맥을 이어가고자 했다.

아무래도 긴 시간 일상에서 묵묵히 자기 기술을 키워온 말 그대로 '생활 장인'을 발굴하는 데 초점을 둔 탓에 미처 생각지 못한 곳곳에 숨은 장인을 발굴하는데 어려움을 겪었다. 직접 오래된 노포·공방을 찾아가거나 지역주민들 사이에서 입소문 난 실력자들을 수소문한 끝에 대장장이 장인, 낚시왕 장인 등 70여명의 장인을 발굴할 수 있었다.

그들은 장인이라는 호칭에 부담스러워했지만 오랜 세월 한 분야를 지켜오면서 최고가 되기 위해 끝없이 노력한 것에 대한 자부심만큼은 그 어디에도 뒤지지 않았다. 특히나 본인들이 가진 기술과 능력이 본인 세대에서 단절되는 것에 대한 우려와 함께 누군가와 함께 나누고 싶은 작은 소망을 간직하고 있었다. 이들의 바람과 시의 노력이 하나가 되어 각 장인의 세심한 손길이 이루어내는 작품, 기술을 시민과 함께 나누는 생활 장인대학이라는 콘텐츠를 완성하였다.

생활장인의 전문 분야가 다양한 만큼 표준화된 커리큘럼을 적용하기보다는 분야별 특성을 반영한 전수 과정을 마련하는 데 힘을 쏟았다. 장인은 본인의 특별한 노하우와 철학을 담은 포트폴리오 작업으로 스스로 자신의 솜씨를 체계화시켜 나가고, 시민은 더욱 쉽고 흥미롭게 경험할 수 있도록 차별화된 매칭 프로그램을 운영할 수 있었다.

2. 목포시가 생활 밀착형 지역 문화정책이 활성화될 수 있었던 주요 요인은 무엇이라고 생각하시는지요.

우리 목포는 예로부터 '예향 목포'로 불릴 만큼 수준 높은 문화예술의 도시이다. 1897년 개항하여 호남선이 개통할 당시, 전국 4대항 6대 도시라는 큰 영화를 누렸던 항구도시로써 남농 허건, 우봉 이매방, 이난영, 김우진, 박화성 등 수많은 문화예술인을 배출한 고장일 뿐 아니라 그러한 문화예술 활동을 즐기는 시민들의 문화 소양이 높게 형성된 지역이라 할 수 있다. 긴 시간 문화적 견문을 함양시켜온 만큼 시민들의 문화적 욕구가 다양할뿐더러 수준 높은 문화서비스에 대한 요구가 상당하다고 볼 수 있다. 이러한 시민들의 기대에 부응하기 위해서는 시민이 지역과 일상에서 문화·예술을 접할 다양한 기회를 제공해야 했다.

최근 '슬세권'이라는 단어가 유행하듯 사용되고 있다. '슬리퍼'와 '역세권'의 합성어로 슬리퍼와 같은 편한 복장으로 이용할 수 있는 가까운 권역을 뜻한다. 우리시는 소위 '문화 슬세권'을 갖춰 시민의 기대에 부응코자 했던 것이다. 일상 공간에서 소소하게 문화를 누릴 수 있도록 곳곳에 문화시설을 확충하고 지역 구석구석 고품격 문화서비스를 제공하는 데 주력했다. 다양한 사업들을 추진 중에 있지만, 최근에는 동 행정복지센터의 유휴공간을 '문화라운지'로 재구성하고 생활장인 재능 전수 프로그램, 각종 전시·체험 등 주민들에게 활짝 열린 공간으로 제공해 시민들에게 큰 호응을 얻고 있다. 이러한 성공은 지역에 대한 자부심과 문화적 감수성을 지닌 시민들이 직접 문화통장, 로컬크리에이터로 활동하는 등 우리만의 문화 생태계 조성에 발 벗고 나선 시민의 관심과 참여가 뒷받침되었기에 가능했다.

단순히 시의 정책적 노력이 아닌 시민 저변에 깔린 문화적 저력, 욕구, 지지, 그것이 우리 지역 문화 활성화의 원동력이자 기폭제라 자부한다. 앞으로도 시민의 문화 만족도 제고를 최우선으로 생활 밀착형 정책을 발굴·추진해 나가겠다.

3. 목포시는 브랜딩 프로젝트, 생활장인 브랜드 '아티산멜란지'를 개발하셨는데, 어떤 사업이었는지요.

우리가 가진 자원의 가치를 잊지 않고 보존하는 것을 넘어 오늘의 것으로 활성화하기 위해서는 사회상을 반영한 새로운 로컬 브랜드를 개발하는 것이 필수적이다. 하지만 한 분야에서 오랜 기간 전문적 기술을 발전시켜온 장인들의 경우, 기술적인 부문은 경지에 올랐을지언정 새로운 아이디어, 홍보, 판매 등 상품화 부문은 취약한 것이 사실이다.

이러한 한계를 극복하고 장인들의 작품 제작 기술을 단순 전시, 체험에 그치는 것이 아니라 하나의 상품으로 발전시켜 목포만의 브랜드를 구축하고 더불어 지역 경제 활성화와 연계할 방법을 모색하고자 고민했다. 이에 참여 생활장인들과 깊은 논의 끝에 공예 장인 기술을 엮어 만든 작품과 함께 고유 브랜드 '아티산멜란지' 브랜딩에 성공했다. 여기에서 한발 더 나아가 생활 장인의 작품을 미니어처로 체험하는 도자기, 목공 등 패키지 상품을 도출할 수 있었다.
문화항구 페스타 등 시민 대상 품평회에서 큰 호평을 받은 만큼 보다 많은 장인의 협업을 통해 새로운 상품을 선보일 수 있도록 생활장인 브랜딩에 박차를 가할 계획이다. 장인 기술 체험과 목포 관광을 연계하는 특색있는 관광상품 개발, 지역 청년창업가 연계 콘텐츠 개발 등 장인이 가진 자원과 기술이 하나의 문화로 자리매김할 수 있도록 다양한 분야의 로컬브랜드 상품을 지속 확대해 나갈 것이다.

4. 생활 장인의 이야기를 담아 출간하는 사업도 하셨는데, 기획의도는 무엇인지요.

우리는 생활장인의 기술과 재능을 시민과 함께 공유하고 체험하는 것만큼이나 이를 보존하는 것이 중요하다는 점에 착안했다. 생활 장인이 만들어낸 모든 과정과 결과는 도시의 품격을 높이는 중요한 문화자산으로 이는 기록을 넘어 미래세대를 위한 소중한 유산으로 오래 보존하는 데 중점을 두었다. 다양한 분야 장인들의 발자취와 숨결을 이야기로 풀어낸 책은 기록되지 않으면 사라질 수 있는 장인들의 삶의 지혜와 역사를 담아낸 것이었다. 그 결과 우리들 삶의 어제와 오늘 그리고 내일을 잇는다는 자부심과 함께 수많은 장인의 자긍심을 고취하는 큰 결실을 맺을 수 있었다.
더욱이, 장인의 테크닉한 기술보다는 그들의 인생사, 지역사 같은 생활 장인 개인 삶의 가치를 재조명하는 데 집중한 점에서 더 큰 의미를 갖는다고 생각한다. 대중적이지 않은 다수 장인의 삶과 직업을 소개하고 그들의 작품과 기술에 담긴 의미를 재조명하여 우리 지역 고유의 문화 요소를 발굴하고 그 의미를 찾고자 했기 때문이다.
시민들의 일상 저변에 깃든 문화적 감성을 토대로 형성된 우리 지역문화의 고유한 정체성을 확인할 수 있었고, 이를 바탕으로 한 우리만의 문화 생태계를 확장해 나갔다고 생각한다. 앞으로는 웹진, e북 등 디지털 아카이빙을 추진하고 이로써 우리 지역민이 가진 재능과 기술이 오래도록 전수되고 보존되어 아름다운 생활문화가 일상에 뿌리내리는 작업을 지속해나갈 것이다.

5. 2022년도에 진행되었던 '문화항구페스타'를 소개해 주세요.

우리시는 '생활장인대학'뿐 아니라, '문화갯물학교' 등 다양한 사업을 통해 지역문화 인재를 양성하는데도 힘 쏟고 있으며, 이들은 시민 문화활동가로 활동하며 지역문화를 이끄는 한 축으로 활동하고 있다. 생활장인대학이 숨은 지역 장인을 발굴하여 이들을 문화활동가로 양성하는 사업이라면, 문화갯물학교는 로컬크리에이터와 문화기획자 양성을 목표로 지역 문화에 관심이 있는 시민을 대상으로 지역문화의 이해를 돕고 다양한 문화 기획활동을 제공한다. 한편으로는 청소년을 대상으로 하는 문화역량 강화 프로그램 '미래문화 준비단'을 운영하여 지역 화를 이끌어갈 미래세대의 역량 강화를 도모, 시민이 직접 문화콘텐츠를 기획·제작·실행하는 '뜬금포 기획단' 등 시민이 주도적으로 문화생태계를 조성할 수 있도록 지원하고 있다.

이렇게 다양한 지역문화 활성화 사업에 참여한 시민들이 한데 모여 직접 행사를 기획하고 부스를 구성하여 개최된 시민참여형 문화축제의 첫 시작이 바로 '2022년 문화항구 페스타'였다. 생활 장인의 공예품 배우기 시작으로 미래문화준비단의 공연, 갯물학교 참여 문화기획자의 포럼 등 다양한 방법으로 시민들이 일궈낸 성과를 공유하는 자리라 할 수 있겠다. 2022년 이후에도 매년 지역문화의 새로운 가치를 창출하여 문화발전을 위해 활동한 시민들의 성과를 나누는 행사를 개최하고 있으며, 시민 참여형 콘텐츠가 주를 이루는 만큼 지역문화 저변 확대와 역량 강화의 구심점 역할을 하고 있다.

2024 전국기초단체장 매니페스토 우수사례

지역문화 활성화 | **경남 통영시**

폐조선소 도시재생으로 탄생한 통영의 핫-플레이스 통영리스타트플랫폼

바다의땅-통영

통영 도시재생 뉴딜사업

조선시대 경상도, 충청도, 전라도의 삼도수군을 통할하는 '삼도수군통제영(三道水軍統制營)'을 줄인 말이 통영으로 19세기 말까지는 대표적인 군사도시였으나, 오늘날에는 동양의 나폴리라는 별명이 붙을 정도로 항구가 아름다운 바다의 땅이다. 남해안 특유의 맑은 바닷물과 크고 작은 섬들이 더할 나위 없다. 통영에서 해양 산업이 눈에 띄게 발달한 건 놀랍지 않은 일이다.

그러나 2010년대, 조선업의 불황으로 통영을 지탱하고 있던 조선소들이 하나 둘 문을 닫게 되면서 관련업 근로자가 대규모 실직하는 사태가 있었다. 이후 지역경제의 급격한 쇠퇴와 침체가 지속되었다. 조선소 인근 주거지역은 공실로 인한 지역 공동화가 심각했다. 대형 조선소가 있는 다른 지역은 그나마 버틸 여력이 있었지만, 중소 조선소가 많은 통영은 위기를 막을 방패가 없었다. 결국 산업위기대응 특별지역으로 지정되기까지 했다. 이는 특정 산업에 대한 의존도가 높아 해당 산업이 위기를 겪으면 거주민의 생활과 지역 산업이 흔들릴 우려가 큰 지역을 말한다. 도크는 수년째 녹슨 채 방치되었고 바다를 맞댄 넓은 터는 휑했다. 회복하기 위한 돌파구가 필요했다.

폐조선소의 변신, 리스타트플랫폼

도시재생 경제기반형 뉴딜사업에 최종 선정되면서, 폐조선소 재생사업의 포문을 열었다. 먼저, 통영시 봉평동에 위치한 폐조선소의 본관동을 매입하여 철거가 아닌 리모델링을 진행해 새로 개소했다. 도시재생, 일자리 창출, 지역민의 문화 향유 지원을 목표로 하는 공간을 마련하기 위해서이다. 통영봉평지구 도시재생 활성화 계획에 따라 주민협의체를 포함한 총괄계획단을 먼저 꾸렸다. 국제 공모를 통해 적합한 공간 배치를 고민했고 리모델링 진행 전 사전에 지역 주민들과 지속적으로 협의했다. 덕분에 현재 지역 주민과 시민들도 각종 강좌와 문화행사에 적극적으로 참여하고 있다. 운영관리는 통영시 도시재생과에서 맡는다. 외부 문화예술 시설과도 협업하는 다채로운 공간 운영 방식으로 청년들에게 특히 각광받고 있다. 통영의 핫-플레이스가 탄생했다.

6층 규모의 건물에 여행라운지부터 갤러리, 회의실과 창업LAB실, 아트홀까지 마련했다. 1층 아트홀과 갤러리에서는 지역민을 위한 문화공연과 전시가 상시 열린다. 건물 복도공간을 활용한 미술품 전시는 방문객들에게 큰 호평을 받았다. 아트홀에서는 소극장 공연을 경험할 수 있는 최적의 시설을 제공한다.

2층 청년창업카페, 1층 창업형 점포 2개소와 4층 창업랩실은 조선업 위기에 따른 지역민들의 취·창업 지원을 위해 운영하고 있다. 창업 점포는 매년 운영자를 모집 및 선정하여 저렴한 사용료로 이용할 수 있게 지원한다. 연장평가를 통해 최장 2년간 사용할 수 있게 했다. 기념품을 구매하거나 자작 공방을 체험할 수 있는 일석이조 공간이다. 3층에 있는 세미나실에서는 각종 문화산업과 취업 강좌가 수시로 진행된다. 특히 광장의 역할을 하는 '북피랑'이 리스타트플랫폼의 개성을 표현한 공간이라고 볼 수 있다. 북피랑은 휴게공간이자 시민들에게 기증받은 책을 수납한 공간이다. 연령대별 도서가 2,300여 권이나 비치되어 있다. 각종 재능기부 공연 공간으로도 인기가 많다. 한쪽에는 감정해우소를 마련했다. 통창으로 비치는 바다를 바라보며 멍을 때리고, 종이에 걱정을 적어 파쇄기로 날려버리는 놀이를 제안했다. 색다른 감성을 자극하는 공간으로 삶의 쉼을 느껴보게끔 한다.

5층에 위치한 여행라운지는 관광종사자와 여행객의 쉼터이자 여러 정보가 오가는 소통의 장 역할을 하고 있다.

창업점포

창업카페

북피랑

창업LAB실

플랫폼 6층에는 운영사무실과 브리핑룸이 있다. 과거 조선소 진수식을 진행하는 장소였던 이 공간에서 드넓은 바다를 보며 회의를 진행할 수 있다. 마지막으로 옥상 야외에는 정원을 조성해 방문객들의 야외쉼터 역할을 하고있다. 낮이나 밤이나 아름다운 바다뷰를 볼 수 있어 언제든 사람들이 붐비는 곳이다. 골리앗 크레인과 선대가 있는 지상 야외공간은 도크메모리얼 해양공원을 조성할 계획이다. 철거가 아닌, 재생으로 시간의 흐름을 간직하고 있는 통영이다.

공유오피스

브리핑룸

옥상정원

다양한 문화예술 프로그램 운영

국립현대미술관 찾아가는 미술관 운영

아트홀 '통'과 갤러리 '영'에서는 대관을 통해 다양한 문화예술 프로그램을 운영 중이다. 특히 국립현대미술관에서 소장품을 대여받아 '찾아가는 미술관'을 운영한 사업은 통영민들의 눈길을 끌었다. 도슨트 투어를 지원해 현대미술을 친근하게 접할 기회를 만들었다. 전국에 입소문이 나 리스타트플랫폼을 찾는 지자체와 단체도 많았다. 도시재생사업의 추진상황과 공간활용의 우수사례를 소개하는 견학 프로그램을 진행하며 그 존재감을 더욱 각인시켰다.

수산도시라는 지역적 특성에 맞춘 자체 교육 프로그램도 운영한다. 현재까지는 제조업 및 수산업 관련 경쟁력 강화교육, 네이버 스마트 스토어 쇼핑몰 창업교육과 공연예술 전문 스태프 아카데미를 열어 지역 청년들의 유입을 이끌고 있다. 그 외에도 통영 인문학 페스티벌, K-ARTS 찾아가는 문화행사, 뮤지컬 연기 클래스, 생활공예 체험 등으로 폭넓은 경험의 기회를 제공하고 있다.

공간이 의식을 지배한다는 말이 있다. 광장에 모여서, 카페에 모여서 의견을 나누고 살을 맞대며 문화가 태동했다. 환경의 변화로 사람들의 상호작용을 이끌어냈다는 점에서 시사점이 크다. 자칫 도시의 흉물이 될 뻔한 순간에서 벗어나 희망이 싹트는 곳으로 나아간 것처럼 지역 주민들에게도 두 번째 기회를 실현할 수 있는 공간이 분명 될 것이다. 위기를 기회로 바꾸는 용기를 함께 나눠가면서.

인터뷰 Interview

통영시장
천영기

1. 통영리스타트플랫폼의 창업 입주사무실인 '창업 랩'에 입주할 대상 단체의 기준은 무엇인지요. 그리고 청년창업자를 위한 혜택은 무엇이 있는지요.

'창업LAB실'은 초기 창업자를 지원하는 공공형 창업지원 시설인 만큼 입주단체(개인) 모집 공고 절차를 통해 서류평가와 발표평가의 심사과정을 거쳐 최종 입주할 단체 및 개인을 선정합니다.

선정 기준은 통영시에 주소를 두고 있는 단체 및 개인으로, 창업을 희망하는 예비 창업자 또는 관련분야 창업 3년 미만인 자로, '사업계획의 적정성', '사업 성장 가능성', '사회적 가치 및 일자리 창출', '사업 아이템', '사업자 기본 역량' 등의 항목에 대해 심사합니다. 청년 창업자는 심사과정에 있어 100점 만점기준 5점의 가점을 부여하는 혜택이 있습니다.

2. 선정된 단체들의 주요 창업 아이템은 무엇이고, 도시재생사업과 연결성은 어떤 방식으로 갖게 되는지요.

선정된 단체들의 창업 아이템은 다양합니다. 통영 전통의 옻칠과 나전, 금속을 활용하여 실생활 물품을 만드는 공방에서부터 통영 섬 관광 콘텐츠를 개발하거나 요트를 활용한 새로운 여행 문화 콘텐츠 기획, 청소년 및 성인 상담 및 교육 프로그램 개발, 수산물을 이용한 펫푸드 개발 등 다양하고 특색 있는 창업 아이템으로 창업에 성공하였습니다.

입주단체(개인)는 플랫폼 내 입주하여 창업 공간과 시설을 사용하면서부터 도시재생사업과 연결되는데, 도시재생 사업지에서 진행되는 프로그램의 강사 활동 및 체험 프로그램 운영과 입주 기간 만료 후 도시재생 사업지의 거점시설 내로 입주하는 등 도시재생사업과 지속적인 연계가 이루어지고 있습니다. 그리고 다양한 재능 나눔, 공유 실천을 통해 지역민의 다양한 체험 기회 제공 및 지역 사회의 긍정적 영향력을 발휘하는 등 도시재생사업에 여러 방면으로 기여하고 있습니다.

3. 리스타트는 다시 시작하다는 의미가 떠오르는데, 특별히 리스타트플랫폼은 어떤 일에 집중하는 곳인지요.

통영리스타트플랫폼의 RESTART는 흔히 알고 있는 'RE+START' 의미 외에도 'REST+ART'의 뜻도 포함되어 있습니다. 'RE+START'로는 취·창업 지원을 통해 새롭게 도전하는 지역민이 성공적인 창업을 할 수 있도록 기회를 제공하고, 'REST+ART'로는 지역민의 문화예술 향유 기회 제공이라는 두 가지 과제에 집중하고 있습니다.

지역민의 취·창업 지원을 위해 초기 창업자를 대상으로 1층 창업점포, 2층 창업공작소, 4층 창업LAB실 등 저렴한 비용으로 창업 공간을 제공하고 통영 맞춤형 취·창업 교육 프로그램 기획·운영, 유관기관 및 입주단체(개인) 간 협력 네트워크 형성, 다양한 취·창업 정보 제공 등을 지원합니다. 통영리스타트플랫폼은 이러한 취·창업 지원을 통해 다양한 분야에서 새롭게 도전하는 지역민이 성공적으로 창업할 수 있도록 기반을 다지는 기회를 제공하고 있습니다.

또한, 지역민의 문화예술 향유 기회 제공을 위해 지역 내 예술인과 협업하여 다양한 전시, 공연, 체험 등 프로그램을 기획하며, 각 부처 및 유관기관 공모사업의 신청과 선정을 통해 양질의 프로그램을 운영하고 있습니다. 특히 통영시 소장 미술품 및 국립현대미술관 미술은행 소장품을 대여하여 시설 내 전시공간을 마련하였으며, 문화체육관광부가 주최하는 '길 위의 인문학' 공모사업에 2년 연속 선정되어 인문 프로그램도 운영하고 있습니다.

4. 통영리스타트플랫폼이 문체부가 진행하는 '길 위의 인문학' 공모에 선정되었다고 하던데, 어떤 사업으로 공모하여 선정되었는지요.

'길 위의 인문학' 공모사업은 문화체육관광부가 주최하고 한국문화예술위원회와 한국도서관협회가 공동 주관으로 국민의 생활 가까이에 있는 문화기반시설에서 인문 가치 확산을 위해 추진하는 사업입니다. 다목적 복합문화공간인 통영리스타트플랫폼에서 지역민을 대상으로 인문학에 대한 관심을 유도하고 삶의 지혜를 얻을 수 있는 양질의 인문 프로그램을 제공하고자 「통영, 도시 이야기」라는 주제로 '2024년 길 위의 인문학' 공모에 선정되었습니다.

「통영, 도시 이야기」는 도시를 이루는 다양한 요소와 관점을 고찰하여 찬란한 역사와 전통을 가진 통영만의 도시 풍경을 만들고자 기획되었습니다.

도시라는 것은 단순히 물리적 공간의 차원을 넘어 공간과 사람을 연결하고 사람과 사람을 연결하며 사람과 공간이 콘텐츠를 만들게 된다고 생각하여, 도시를 변화하게 하는 다양한 요소에 대해 탐구하는 전문 강사의 강연과 이색 공간 '로컬스티치 통영' 및 '창골 구르미' 탐방, 통영 내 유휴 공간 활성화를 위해 다양한 방안을 모색하는 토론으로 「통영, 도시 이야기」를 구성하였습니다.

「통영, 도시 이야기」는 3개의 세션으로 구성되어 있습니다. '도시 속 사람' 세션은 연세대학교 철학과 조대호 교수가 삶과 공동체에 대한 이야기로 열어주고, '도시 속 공간' 세션은 독일 MIN.ARCHI Architecture studio의 홍민기 건축사가 장소와 정체성에 대한 이야기로 이어가며, '도시 속 콘텐츠' 세션은 김일룡 통영문화원장, 섬 활동가 이동열 삼인행대표, 일러스트레이터 밥장이 통영의 다양한 문화예술 콘텐츠들의 이야기를 전했습니다.

2024 전국기초단체장 매니페스토 우수사례
지역문화 활성화 | **울산 울주군**

내. 디. 내. 만. 울주동네문화생활
*내디내만: 내가 디자인하고 내가 만드는

울산광역시 울주군

요즈음 울산시는 '꿀잼도시' 만들기에 분주하다. '노잼도시'라는 오명에서 벗어나 20대 인구를 비롯한 젊은 청년층을 유입하는 데 절실하기 때문이다. 청년이 지역을 이탈하는 요인 중 하나는 문화생활 수요와 공급의 불균형에 있다. 울산의 문화시설은 인구 십만명당 4.2개로 측정되어 전국 평균 7.7개에 대비하면 현저히 부족하다. 쉴 곳, 머물 곳, 즐길 곳의 요소를 담은 울산만의 스토리텔링이 필요하다.

내디내만, 울주문화거버넌스

울산은 우리나라에서 두번째로 면적이 넓은 도시이며, 그 중 울주군은 광역시 내 71%의 면적을 차지하고 있다. 울주군은 시의 문화불균형을 해소하기 위해 지역 고유의 문화콘텐츠를 발굴하는 방안을 모색했다. 울주군와 군의회, 울주문화재단이 협력해 권역적인 문화환경조사를 바탕으로 비전과 목표를 수립했다. 울주생활문화를 활성화하기 위한 새로운 방향성을 제시했다. 내.디.내.만(내가 디자인하고 내가 만드는) 문화생활,「울주문화거버넌스」를 실현하기 위함이다.

우리동네 문화는 내가 만든다는 사명감으로 한 곳에 모였다. 울주군에 기반한 예술인, 문화동호인, 문화활동가 등의 지역주민들은 거침없이 의견을 주고받았다. 두 번에 걸친 주민 소통회에 52개 단체가 참여하면서 새로운 문화예술 커뮤니티 플랫폼을 구축했다. 토론을 통해 동네에 기반한 예술생태계의 기틀을 마련했고, 안락한 네트워크 환경을 조성했다.

동네문화배달

울주 곳곳에서 축제와 화합의 장이 열렸다. 울주군의 12개 읍·면의 문화자원을 발굴해 같이 만들고 함께 즐기는, 세상의 하나뿐인 축제를 주민들이 스스로 기획했다. 언양읍성축제, 덕신소공원축제, 상북열정축제, 갓골라온 생활문화축제, 그라지예 페스티벌, 남창가을하늘축제의 총 6개의 축제가 차례로 펼쳐졌다. "주민이 원하면 어디든 동네로 문화배달을 간다"라는 마음에서 울주동네문화반장, 생활문화동호회, 주민단체가 주역이 되었다. 각 축제별로 합창단, 동호회, 무용단의 공연과 각종 체험부스 및 플리마켓이 주를 이루었다. 유명가수나 연예인이 없어도 충분한 큰 잔치였다. 3,000명의 관람객들이 서로 마주하며, 봄과 가을 속 일상의 활력을 더했다.

동네문화배달 〈울주동네축제〉

매일 걷던 거리가 예술로 채워지기도 했다. 체육센터, 혹은 야외 벚꽃길과 같은 울주군 전역의 생활공간과 유휴부지에서 수시로 버스킹과 전시가 운영되었다. 음악, 무용, 연극, 전시 등 다양한 장르의 공연전시 분야 동호회들이 원하는 때와 장소에서 자발적 문화활동을 펼쳤다. 길을 걷다가도 들리는 음악에 걸음을 멈춰서고, 푸른 하늘을 올려다보는 여유를 만끽했다.

동네문화배달 〈울주동네버스킹 · 전시〉

동네공간배달

누구나 어디서든 누릴 수 있도록, 집 앞에 놀러갈 곳 하나쯤 있어야 하지 않을까. '문화이음1번지'는 동호인과 예술인, 주민 모두를 위한 권역별 민간문화거점을 지원하기 위해 무료로 공간을 대관해주는 서비스이다. 12개소를 중심으로 연간 286회를 운영했다. 문화공간이 우리 동네의 사랑방으로 이어질 수 있도록 공간운영자의 특별 기획 프로그램인 '1번지 사랑방'도 추진했다. 우리동네 클래식 하우스콘서트, 주민과 함께하는 염색놀이, 시와 음악이 흐르는 책방정원 등의 12개 프로그램을 21회 운영했다. 구석구석 문화의 꽃이 피었고 지역민의 긍정적인 평가와 높은 만족도로 그 열매를 맺었다.

아울러 시장이 없는 인보리 마을에 주민들의 직거래장터를 만들었다. 인적이 드문 문화소외지역을 위해 지역사회 공헌을 실천하고 문화의 양극화를 해소하기 위해서이다. 'in보리 너부문화장터'를 통해 매일 다니던 뻔한 문화센터가 fun한 문화장터로 탈바꿈했다. 가을에 수확한 햇농작물부터 직접 만든 먹거리를 즐길 수 있었다. 주민들이 손수 수확한 농작물, 그리고 울주생활문화센터의 수강생들

동네공간배달 〈문화이음 1번지〉

이 함께 만든 'in보리 최대의 친환경 문화장터'도 개최했다. 센터 동호인들이 틈틈이 제작한 폐현수막 장바구니, 재단으로 배달된 신문지를 포장했다. 먹거리 다회용기나 도예 아카데미생들이 만든 다육이 화분을 나눔하며 충만함을 가득 채웠다.

동네공간배달 〈IN보리 너부문화장터〉

동네문화키움

동네문화반장, 문화활동가, 공간운영자 등 우리동네문화를 만들어 갈 전문인력을 양성하는 '울산 지역문화 전문인력 양성사업'을 추진했다. 울주군 주민 맞춤형 교육으로 재단사업과 연계해 거버넌스의 기반을 조성했다. 교육, 실습, 국비공모의 시스템으로 울주 기반의 문화인력이 지속적으로 성장하고 활동하도록 돕는다. 모두에게 열린 공모와 컨설팅 지원을 통해 주민들의 역량을 최대로 끌어올리는 기회이다. 현재까지 총 23명의 교육생을 발굴했고 실습도 병행했다. 이어서 울주만의 고유한 문화적, 역사적 가치를 재조명해 창의적인 문화도시를 만들기 위한 공모 사업을 시행했다. '오늘의 반구대를 만나는 N가지 방법'은 울주의 대표 문화유산인 반구대암각화의 가치와 매력을 알리는 문화콘텐츠를 개발하는 사업이다. 다양한 주민주체가 과거부터 미래까지 잇는 공연, 전시, 문화와 체험작품을 만들었다. 울산문화박람회의 83개의 부스로 시민들과 접하며 다재다능한 능력을 뽐냈다. '플레이 인 울주'를 완성하는 마지막 조각이 빈틈없이 꽂혔다.

동네공간배달 〈반구대 문화콘텐츠 제작사업〉 포스터와 박람회 모습

2023 울주 문화 거버넌스 포럼 '첫해를 담다'에서는 그간 성과를 공유하고, 참여자들이 실제 사례를 발표하며 차년도의 사업방향을 제고했다. 뜨거운 열정으로 에워싸인 현장이었다. 울주시의 이러한 노력은 전국생활문화우수사례로도 선정되어 문체부장관상을 수상했고, 지역문화전문인력 지역문화진흥원장상도 수상하는 쾌거를 이루게 했다. 올해 '농어촌 삶의 질 지수' 우수지역에도 선정되며 지역민들의 자긍심과 삶의 질을 높였다. 관의 적극적인 행정지원, 열정적인 주민 참여, 창의적인 중간 매개자 재단의 긴밀한 연결성이 빛을 발했다. 사람들이 어울러 교차하는 지점에 문화와 활력이 켜켜이 쌓인다는 걸, 여실히 증명해낸 "이제는 유잼도시!" 울산시 울주군이다.

인터뷰 Interview

울주군수
이순걸

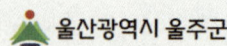
울산광역시 울주군

1. 군수님이 생각하시는 문화불균형에 따른 가장 큰 문제점은 무엇이라고 생각하시나요.

문화 불균형에 따른 가장 큰 문제점은 지역 주민의 문화적 향유 기회가 제한된다는 점입니다. 울산의 경우, 인구 10만 명당 문화시설 수가 4.2개에 불과하여, 전국 평균인 7.7개에 비해 현저히 부족합니다. 이러한 상황은 청년층을 포함한 주민들이 다양한 문화적 경험을 누릴 수 있는 기회를 제한하고, 결과적으로 이들이 지역을 떠나는 원인이 됩니다.

또한, 문화적 불균형은 지역 경제와 사회적 통합에도 부정적인 영향을 미칩니다. 주민들이 문화 활동에 참여할 기회가 줄어들면, 지역 사회의 응집력이 약화되고, 청년들이 느끼는 소속감과 자부심이 감소할 수 있습니다. 이러한 문제를 해결하기 위해 울주군은 울주문화재단을 설립하고, 울주만의 특색 있는 고유 문화 콘텐츠를 발굴하고 있습니다. 아울러 <내!디!내!만! 울주동네문화생활> 사업 등 주민 참여를 이끌어내기 위한 사업을 적극적으로 펼치고 있습니다.

2. 공공이 주도하는 사업은 자칫 잘못하면 문화다양성을 저해할 수도 있다는 우려가 있는 것도 사실인데, 군이 주도하면서도 문화다양성을 확보해 나갈 수 있었던 주요 요인은 어떤 것들이었나요.

울주군은 공공이 주도하는 사업이 문화다양성을 저해할 수 있다는 우려를 해소하기 위해 그동안 여러 가지 접근 방식으로 문화다양성을 확보하기 위한 노력을 기울여 왔습니다.

앞서 지난 2020년 문화전담기구 울주문화재단을 설립해 재단을 중심으로 울주군의 특색있는 문화적 환경과 지역 주민들의 다양한 문화적 수요를 파악하는 과정을 거쳤습니다.

그 결과, 주민들의 자발적이고 자율적인 참여를 통해 울주만의 새로운 문화를 창조할 수 있다는 결론에 이르렀고, <슬기로운 울주동네문화생활>을 위한 실질적인 새로운 생활문화사업을 추진하였습니다.

먼저 지역 주민과의 소통을 통해 문화 정책을 수립하고 실행해 나갔습니다. 주민 소통회를 개최해 여러 의견을 수렴했으며, 주민의 목소리와 12개 읍·면의 특성을 반영한 권역별 특화 생활문화 프로그램을 마련했습니다. 주민들의 의견이 담긴 프로그램을 통해 문화 활동에 대한 적극적인 주민 참여를 유도했고, 다양한 문화적 목소리가 자연스럽게 반영되도록 했습니다.

문화 콘텐츠의 다각화도 추진했습니다. 단순한 이벤트나 축제를 넘어서, 주민들이 직접 기획하고 참여하는 형식의 프로그램을 운영해 자신의 문화를 자유롭게 표현하고 공유할 수 있는 기회를 제공하고, 문화다양성 증진에도 기여했습니다.

3. 울주군의 지역문화예술 기반 조성 사업, 문화예술 거버넌스 구축 사업이 주목을 받고 있는데요. 문화예술 거버넌스 구축 사업을 소개해 주신다면?

울주군의 문화예술 거버넌스 구축 사업은 지역 내 다양한 문화 주체들이 협력해 공동의 목표를 달성하기 위한 체계를 만드는 데 중점을 두고 있습니다. 이 사업의 핵심은 주민, 예술가, 문화 단체, 그리고 행정기관 간의 협력을 통해 지역사회의 문화적 역량을 강화하는 것입니다. 울주문화재단은 이를 바탕으로 주민 중심의 문화 정책을 추진하고, 다양한 문화 프로그램과 예술 활동을 통해 지역의 문화 기반을 확장하고 있습니다.

특히 '내.디.내.만(내가 디자인하고 내가 만드는) 문화생활'이라는 슬로건 아래, 지역 주민들이 문화 활동에 주도적으로 참여할 수 있도록 독려하며, 자치적인 문화 공동체를 형성하는 데 아낌없는 지원을 펼치고 있습니다. 울주문화재단은 이러한 거버넌스를 통해 울주의 문화적 다양성을 보장하면서도, 주민들이 연령과 계층을 넘어 함께 어우러질 수 있는 동네 문화를 만들어가고 있습니다.

아울러 주민 소통회, '문화이음1번지'를 통한 커뮤니티 플랫폼 구축, '한해를 담다'와 같은 생활문화 토론회를 통해 다양한 주민들의 목소리를 듣고, 수렴한 의견을 반영해 차년도 사업을 계획합니다. 이를 통해 각 읍·면의 주민들이 세대와 계층을 넘어 함께 참여할 수 있는 문화적 환경을 조성하고, 울주군의 문화적 발전을 이끌어가고 있습니다.

4. 참여형 문화예술을 통해 문화생태계를 확장하는 주요 사업은 어떤 것들이 있나요.

울주군은 참여형 문화예술을 통해 지역 문화생태계 확장을 위한 다양한 사업을 운영하고 있습니다. 특히 주민들이 문화 활동에 직접 참여하고, 함께 만들어가는 과정에서 문화적 자부심과 소속감을 키우는 데 중점을 두고 있습니다.

대표적으로 울주군 주민들이 스스로 축제를 기획하고 즐기는 주민 주도형 생활문화사업 '울주동네문화생활'이 있습니다. 문화지기들과 다양한 생활문화 동호회들이 중심이 되어 각 읍·면에서 지역 고유의 자원을 활용한 동네축제를 기획하고, 문화예술이 주민들의 일상 속에 자연스럽게 스며드는 환경을 조성합니다. 언양읍성축제, 상북열정축제, 그라지예 페스티벌 등이 이러한 주민 주도 축제의 대표적인 예라고 할 수 있습니다.

내.디.내.만(내가 디자인하고 내가 만드는) 문화생활 또한 주민들이 스스로 문화활동을 기획한 뒤 실천하도록 유도해 문화예술 역량을 강화하고 지역 문화를 자발적으로 형성할 수 있도록 지원하는 주요 사업입니다.

뿐만 아니라 주민과 예술가, 문화 단체, 행정기관이 함께 협력하는 참여형 거버넌스 시스템을 통해, 울주군의 문화예술 생태계를 확장하는 데 기여하고 있습니다. 주민 소통회 등을 통해 다양한 문화적 의견을 반영하고, 주민들이 문화 정책에 주도적으로 참여하는 기회를 제공하고 있습니다.

5. 울주청년문화프로젝트 '청년문화 잇소(it so)'는 어떤 사업인가요?

울주청년문화프로젝트 '청년문화 잇소(it so)'는 울주군 청년들이 창의적이고 활발한 문화예술 활동을 자유롭게 펼칠 수 있도록 청년 예술가와 문화 활동가 간의 소통과 협력의 장을 제공하는 사업입니다. 이 사업은 지역 청년들이 주체적으로 문화를 기획하고 만들어 나가는 기회를 제공해 문화적 역량 향상을 돕고, 독창적인 청년문화 형성을 지원합니다.

프로젝트에서는 청년들이 직접 프로그램을 기획하고 실행하도록 지원하며, 이를 통해 청년들이 지역 내에서 창의적인 활동을 펼칠 수 있는 발판을 마련합니다. 청년들은 이 과정을 통해 다양한 문화적 경험을 쌓으며, 울주군의 문화 생태계에 활력을 불어넣고 있습니다.

올해 대표적인 프로그램은 커튼콜의 <한 사람을 위한 영화>, 상북청년네트워크 청높의 <스마일_스스로 마을일상>, 글쓰기모임W의 <살롱드 울주 2024>, 별난작당의 <울주 Create & Connect>가 진행돼 소외된 청년들의 활발한 문화적 참여를 이끌어내고, 서로의 고민과 경험을 나누는 시간을 가졌습니다.

울주의 근대문화유산인 남창역을 소재로 한 청년 참여형 문화 콘텐츠 공모 <힙하게 만나는 N개의 남창역>을 통해 청년들이 직접 기획한 자개 공예, 테라리움 만들기, 남창역 문화상품 제작 등을 진행하기도 했습니다. 이를 통해 청년들은 지역 내에서 자신의 목소리를 더 적극적으로 표현하고, 주민과의 소통을 강화하는 기회를 가졌습니다. 앞으로 청년들의 창의적인 아이디어와 예술적 감각을 반영한 다양한 문화 콘텐츠를 통해 더욱 풍성한 지역 문화를 만들어 갈 것으로 기대됩니다.

2024 전국기초단체장 매니페스토 우수사례
지역문화 활성화 | **전북 장수군**

청년들이 만들어가는 새로운 로컬브랜드 "장수트레일레이스"

서울과 수도권으로 과밀현상이 심화되면서 농촌은 지역 소멸의 위기에 놓였다. 하지만 여기, 기발한 발상과 정책으로 농촌에서 젊음을 즐기는 청춘들이 있다. 인공적인 개발을 넘어서 산 그 자체와 함께 사람과 사람을 연결한 장수군과 장수러닝크루의 이야기이다.

귀촌 청년의 새로운 시각

김영록, 박하영 부부는 코로나 시기에 서울에서 장수군으로 귀촌했다. 지역에 친구나 마땅한 놀 거리가 없어 운동을 좋아하는 지역의 청년들을 모았다. 처음은 소소했다. 청년 커뮤니티 플랫폼을 만들어 200명 규모로 장수트레일레이스 대회를 개최했다. 참가자들의 반응이 뜨거웠고, 어쩌면 지역의 큰 축제로 발전할 수 있겠다는 가능성을 발견했다.

산악지형 75%와 각종 환경규제로 개발 가능지가 17% 이하인 장수군은 팬데믹 시기에 갈망했던 산림과 숲길이 만연한 곳이었다. 인접 대도시가 없고 교통이 불편했으나 산악레저의 인구 특성상 거리와 장소에 상관없이 방문하는 일에 불편함을 느끼지 않았다. 대표적인 명산이 없어 국립공원 및 도립공원이 부재한 것도 각종 규제에서 자유로울 수 있는 요소였다. 장수군의 생활권도 부족함이 없었다. 산을 중심으로 마을이 인접해있어 편의시설은 충분했다. 마트, 터미널, 카페 등이 레이스의 스타트와 피니시 지점이 되어주었다. 악조건일줄 알았던 장수군의 지형은 트레일레이스를 오히려 다양하게 해주었다.

귀촌 청년의 시각으로 장수러닝크루의 초석을 다졌다. 매주 화요일 저녁 정기런을 진행했고, 아름다운 마을 곳곳을 들러 월간 마을달리기 로컬런을 진행했다. 청년협의체와 함께 지역 쓰레기를 주우며 달리는 플로깅 행사도 주관했다. 5명이었던 크루가 30명까지 성장하며 다양한 연령대가 하나로 화합하는 기회를 형성했다.

장수러닝크루 활동 사진

월간 마을달리기 로컬런(좌) / 플로깅 행사 (우)

트레일레이스 활성화

전국 규모의 장수 트레일레이스 국제대회를 개최했다. 장수러닝크루는 트레일레이스의 코스를 직접 개발하고, SNS를 통해 트레일러닝 문화를 지역에 전파했다. 장수종합경기장을 처음으로 억새가 아름다운 장안산 군립공원, 지실가지

마을, 가야 역사와 문화가 있는 동촌리 가야고분군을 이색 코스 장소로서 활용했다. 이에 장수군은 풍부한 재정과 인프라를 지원함으로써 부응했다. 기획조정실과 관광산업과, 산림과가 함께 협업했다. 트레일 레이스 코스 38km의 구간을 보수하고 안내판을 설치했다. 트레일빌리지의 통일성 있는 분위기를 위해 테마광장, 외부조형간판, 디자인 조형물, 포토존 등이 설치된 테마시설을 만들었다. 또한 산림 친화적인 캠핑 테크를 숲속에 설치하여 방문객들이 휴식할 수 있도록 했다. 초장거리 코스를 이용하는 참가자에게 필요한 중간 휴식 장소, 여가 장소의 공간으로 스테이시설을 구축했다. 개수대, 화장실, 샤워실 등의 편의시설을 이용할 수 있었다. 트레일 센터도 건립했다. 트레일을 즐기기 위한 정보와 편의를 제공하기 위한 청년공간, 아웃도어매장, 팝업스토어, 짐 보관소 등이 설치되었다. 장수군과 러닝크루가 서로의 가이드 역할을 해주었다.

장수트레일레이스 대회 사진

마을자원과 마을주민이 함께 하는 행사로 발전했다. 꼭 참가하지 않아도 참여할 수 있었다. 마을시설은 코스 중간중간의 휴식공간으로 활용되었다. 휴식 공간에서 제공하는 간식은 지역에서 생산되는 토마토즙, 생태밥상, 김치 등의 농산품이었다. 이는 곧 지역경제 활성화와 주민소득으로 연결되는 지점이다. 마을주민이 참가자들을 위해 응원을 하고 풍물공연도 열었다. 관내 식당과 지역 농특산물 판매 업체가 참여해 먹거리 부스도 운영했다. 마을 주민들의 얼굴에도 웃음이 번졌다.

마을 주민의 참여 모습

단순한 이벤트를 넘어서 장수군의 새로운 브랜딩으로 연결했다. 장기적인 지속을 위한 마스터플랜 용역을 실시했고, 홍보영상과 디자인을 활용한 용품을 제작했다. 제2회 장수트레일레이스에서는 15개 브랜드와 협업했고 메인 스폰서도 섭외했다. 회차가 거듭될수록 더 많은, 더 다양한 브랜드가 장수군을 주목했다. 제1회에서 200명 남짓했던 참가자 수가 2024년 제4회에 다다라서 2,200명까지 증가했다. 산을 테마로 활동하는 인플루언서와 소규모 동호회를 대상으로 초청행사도 실시했다. 또한 입문자를 교육하고 레이스 체험이 가능하게끔 장수트레일 시즌 투어를 운영했다. 때 묻지 않은 트레일러닝의 성지를 향해, 로컬브랜드의 정착 코스를 함께 주파했다.

장수군의 미래

한 번쯤 오고 싶고 도전하고 싶은, 장수군의 로컬 이미지가 단단해졌다. 거친 산악지역이 치열한 경기의 장소로 변신했다. "한국의 샤모니"라고 가리킬 정도로 산악 스포츠의 표상으로 자리매김했다. 새로운 지역가치를 발견하면서 생활인구가 증대했고 경제적, 문화적, 관광적 효과가 눈덩이처럼 불었다.

앞으로도 장수군은 매년 트레일레이스에 아낌없는 지원을 하려고 한다. 국내에는 없는 100마일 코스를 내년에 신설할 예정이고, 참가자들의 의견을 수용해 기존 코스도 단계적으로 개발하고 보완할 계획이다. 전라북도 유일의 국제 트레일러닝 대회로 성장시켜 한국을 대표하고자 하는 야망과 함께한다. 반려견과 함께하는 레이스, 아이들과 함께하는 레이스, 마니아를 위한 울트라코스, 캠핑 및 카라반 스테이지 레이스 등 형태를 세분화한 기획에 열중하고 있다. 청년들의 자발적인 땀, 힘찬 달리기가 농촌에 숨을 불어넣는다.

인터뷰 Interview

장수군수
최훈식

1. '장수트레일레이스'가 회를 거듭할수록 국제대회로 자리매김하고 있습니다. 군수님이 생각하시는 성공요인은 무엇인지요.

장수군은 면적의 75%가 해발 400m 이상인 고원이고 그동안 개발에서 소외되어 청정 자연환경 그대로를 보존해왔는데, 그게 오히려 산악레저의 최적지라는 좋은 평가를 받고 있습니다. 장수의 주요 관광지를 둘러볼 수 있는 다양한 코스에 장수만의 독특한 매력이 담겨있어, 자연을 사랑하는 산악마라톤 애호가들의 흥미를 끌고 있습니다.
또한 주민들이 코스 중간중간마다 지역 특산물로 음식을 해주고, 어린아이부터 어르신들까지 마을에 나와 응원하는 모습을 선수들이 가장 좋아해 주시는 것 같습니다. 이렇게 대회를 하는 선수들뿐 아니라 온 지역주민들이 하나의 축제로 생각하고 함께 즐기는 문화가 자리 잡아 국제대회로 성장할 수 있었던 것 같습니다.

2. '장수트레일레이스' 행사를 지역 브랜드로 확장하기 위한 트레일 빌리지 조성 계획을 설명해 주신다면.

'장수트레일레이스' 코스 중 일부인 승마레저파크에 '트레일스테이션'을 조성하고 있습니다. 이를 통해 부족한 숙박시설을 해결하고, 지역주민, 러너뿐만 아니라 장수에 찾아와주는 방문객들이 자연 속에서 레포츠를 즐기고 휴식을 취할 수 있는 공간을 만들고자 합니다. 그리고 읍내에 '트레일센터'를 조성하여 트레일러닝에 관한 정보를 제공하고 지역주민들도 쉽게 산악레포츠를 접할 수 있는 환경을 만들어 '장수트레일레이스가' 하나의 지역 브랜드로 자리매김할 수 있도록 노력할 예정입니다.
또한 메인 레이스 외에도 어린이, 반려동물 등이 함께 참여할 수 있는 생활권 내 러닝코스를 개발하여, 올해 '제1회 캐니크로스 장수(반려견 트레일레이스)'를 시작으로 25년도에는 '제2회 캐니크로스 장수'와 '키즈런' 등 다양한 테마 레이스도 구상하고 있습니다.

3. 장수군의 '지역특화 임대형 스마트팜'은 무엇이며, 어떤 지원사업들이 있는지요.

장수군은 전북특별자치도 동부권 스마트팜 거점으로 발돋움하기 위해 '지역특화 임대형 스마트팜'을 조성하고 있습니다. 초기 창업 비용이 많이 들어 농업 종사에 어려움을 겪는 청년들에게 저가로 최첨단 시설을 임대해 줌으로써 청년농업인들이 자립할 수 있는 기반과 여건을 만들어주고자 합니다.
또한 농업에 경험이 없어 어려워하는 청년들을 위해 농업이 적성에 맞는지 사전에 경험하고 실패를 방지하기 위해서 올해부터 농군사관학교를 운영하고 있습니다. 이렇듯 농업이 새로운 부가가치 산업으로 안정적으로 정착하는 데 기여해 청년들의 정착, 인구 유입에 도움이 되기를 기대하고 있습니다.

4. 반려견과 함께하는 '캐니크로스 장수' 등도 기획하고 계신다는데, 장수군이 계획하고 있는 또 다른 시즌대회가 있는지요.

한여름에 시원한 계곡을 달리는 '쿨밸리 트레일레이스' 시즌대회가 올해 8월에 진행된 바 있습니다. 단일 종목으로 개최되는 대회로 장수의 울창한 숲, 깨끗한 계곡을 동시에 만나볼 수 있는 시즌 대회입니다.
대회 전후로 대회장인 방화동 자연휴양림에서 장수군 여름축제인 '장수 쿨밸리페스티벌'이 함께 열려 캠핑과 계곡물 등 다양한 즐길 거리로 선수들에게도 호응이 좋았던 시즌 대회 중 하나입니다.

5. 군수님은 장수군을 트레일레이스의 성지, '한국의 샤모니'로 발전시켜나가겠다는 포부를 밝히신 바 있는데요, 장수군이 트레일레이스의 세계적 성지로 거듭날 수 있는 이유를 말씀해 주세요.

장수군은 천혜의 자연환경을 활용해서 전북특별자치도의 주요 특례로 트레일레이스, 캠핑 등 각종 사업을 추진하고 있고, '국제산악관광도시'를 미래전략으로 설계하고 있습니다. 특히 사람들이 거의 오지 않고 방치되었던 승마로드 길에 반려동물도 산책시킬 수 있는 10km 정도의 '전국 최장 메타세쿼이아길'을 조성해 사람과 동물이 공존하는 도시를 만들어갈 계획입니다.
저희가 트레일레이스에 역점을 두는 이유는 전 세계적 산악레포츠 중심지로 특히 트레일레이스, 산악마라톤의 메카로 각광받고 있는 프랑스의 산악도시인 '샤모니'가 장수군이 추구하고자 하는 방향과 일치하기 때문입니다. 그렇기 때문에 장수군 또한 '한국의 샤모니', 트레일레이스의 세계적 성지가 될 수 있다고 생각합니다.

2024 전국기초단체장 매니페스토 우수사례
지역문화 활성화 | **서울 성북구**

한국 근현대 역사문화예술의 산물, 아카이브의 도시 '성북'

sb 성북

· · ·

화가 김용준, 김환기, 서세옥, 시인이자 독립운동가인 한용운, 소설가 박경리, 작곡가 윤이상.. 한국을 표상하는 주요한 근현대 예술가들이 터를 잡은 도시가 있다. 지붕없는 박물관, 성북구이다.

성북구는 조선시대 당시 운종가(雲從街)로 불렸던 최고의 번화가인 종로에 인접한 입지를 가지면서도 산지가 많고 경관이 수려하다는 환경적, 지리적 이점을 지녔다. 그래서인지 예로부터 문인, 화가 등 수많은 예술가들의 활동이 활발히 이루어지곤 했다. 특히 성북구 성북동은 한양도성 밖에서 문화재가 가장 많은 지역으로, 서울시가 '역사문화지구'로 지정한 곳이다. 성북동 고유의 공간적 특성과 경관을 보호하자는 취지이다. 간송미술관, 최순우 옛집, 권진규 아뜰리에, 만해 한용운의 심우장 등 문화인들의 삶의 흔적과 역사가 고스란히 남겨져있는 지역 자원이 성북구에 대거 분포되어 있다.

인물, 공간, 역사를 잇는 아카이빙

성북구립미술관은 자치구 최초의 공립미술관으로, 유구한 역사를 오롯이 간직하고 있다. 성북의 미술 뿐만 아니라, 문학, 건축, 음악 등이 함께 조화를 이루며 아카이브 구축의 구심점 역할을 수행하고 있다. 개관 10주년에는 〈존재와 공간〉 전시를 통해 57명의 예술가를 재조명했고, 100여 권의 도록과 연구집들을 생산했다. 전시 및 도슨트 프로그램도 운영하며, 지친 심신으로 예술을 찾는 사람들을 위로한다.

성북구립미술관 개관기념식 (2009년) / 57인 아카이브 전시 〈존재와 공간〉 모습

　예술가의 집을 보존하기 위한 노력도 계속되었다. 기획전시 〈정릉시대〉展 을 통해 소설가 박경리 가옥을 탐방하고 〈성북의 조각가들〉展 을 열어 조각가 송영수 가옥을 탐방하는 기회를 만들었다. 오래된 집 사이에 깃든 흔적을 따라가 보며 예술가들의 하루 일상을 상상하기도 하고 빛과 시간으로 빚어진 은근과 끈기를 엿보기도 했다. 연구와 전시에 이어 전문가, 일반인, 초중고, 유관기관 등과 연계한 여러 가지 탐방프로그램을 운영했다. 문화예술 자원 주체들의 지속적인 연대체계, 즉 문화벨트를 조성하는 첫걸음이었다. 이어 사계절 시간여행도시를 주제로 〈예술가의 집〉 답사가 진행되었다. 지역의 역사문화공간 보존의 일환으로 유족과 시·구 관계자들과의 만남과 대화가 이루어졌다. 역사 아카이빙을 위해서 이야기 중심의 미술아카이브 책자를 발간하기도 했다. 성북 역사문화예술 아카이브를 위한 본격적인 움직임이었다.

아카이브 거점기관 구축

　김중업 건축문화의 집이 성북미술아카이브 센터로 재탄생했다. 김중업 고유의 건축언어가 녹아든 김중업 건축문화의 집은 소규모 주택이지만 서양의 건축양식과 예술 철학이 담긴 의미 있는 곳이다. 내부의 어린이 서재공간을 리모델링하여 미술 전문서고와 성북미술 아카이브 상설 전시실로 조성했다. 성북구에

〈예술가의 집〉 답사 프로그램

서 오랜 시간 축적해온 미술아카이브를 중심으로 기획전시 뿐 아니라 다양한 문화·교육 프로그램을 운영하여 지역민들의 예술 서고이자 문화향유 공간으로서의 의미와 가치를 만들어가고 있다.

성북미술아카이브센터 (김중업건축문화의집)

조각가 최만린이 30여년간 삶의 터전이자 작업 공간으로 사용했던 정릉의 집은 2020년 성북구립 최만린미술관으로 개관했다. 작품이 탄생되었던 장소가 그 원형을 간직한 채 전시공간이자 조각연구자들을 위한 공간으로서 새 삶을 산다. 도시재생의 모범 사례로 2020년 대한민국 공공건축상을 수상하였으며 국내에 드문 작가 가옥미술관으로서 많은 주목을 받았다.

성북구립 최만린미술관

이에 그치지 않고 아카이브 거점공간을 확장해 문화향유층을 확대하고자 했다. 성북선잠박물관은 조선시대 중요한 국가 의례였던 선잠제와 누에, 비단관련 유물을 연구하고 전시했다. 2021년에는 특별기획전시 〈영원불멸 금을 입다-금박직금〉展은 금 특유의 화려함을 아름답게 사용한 의복과 장신구로 조선의 복식문화를 보여줘 큰 사랑을 받았다. 뿐만 아니라 성북어린이미술관 꿈자람, 성북역사문화센터, 성북근현대문학관 등 성북 지역 내 다양한 문화거점을 만들어나가며 예술가와 공간적 관계성, 관련 이야기 등을 지속적으로 발굴 및 축적했다. 이를 매개로 지역 주민 간의 공동의 유대와 문화공동체 의식이 함양되는 효과를 기대한다.

미술과 문학 아카이브

수묵추상의 거장 서세옥 화백은 생전에 많은 작품을 성북구립미술관에 기증했다. 그가 타계한 후에도 유족들은 서 화백의 대표작들과 평생 모았던 컬렉션을 선뜻 미술관에 기증했다. 서양화가 윤중식 화백의 유족도 작가의 유지를 받들어 작품과 자료 500점을 성북구립미술관에 기증했다. 지역예술가와 공공미술관 간 꾸준한 신뢰를 구축해왔기에 가능한 일이었다. 이처럼 성북구립미술관은 한국 근현대미술가이자 지역 주요 예술가들의 작품을 중심으로 국가적으로 가치 있는 소장품 총 4,522점을 확보했다. 이는 전국 공립미술관 3위 수준에 달한다. 지역문화 예술자산을 보존하고자 하는 노력이 지속될 수 있도록 하는 네트워크의 형성이 얼마나 중요한지 깨닫게 한다.

어디 그뿐인가. 성북근현대문학관은 한용운 시인의 '님의 침묵' 초판본을 확보하는 등 불굴의 의지를 구현했다. 교육, 답사, 책자 발간 등 콘텐츠의 지속적인 생산을 통해 도시정체성을 확립하고 있다. 이는 타 지역과는 차별화된 성북 지역만이 보유하고 있는 무수한 역사문화예술 자원에서 비롯된 것이다. 그리고 성북구는 그간의 성과와 꾸준히 모은 아카이브를 기반으로 '성북의 예술가들' 책자를 발간했다. 알기 쉽게 기록한 이야기를 주민과 관광객들이 주로 찾는 장소에 비치하며 홍보했다. 관내 초중고 학교 및 7개 대학과 연계한 지역아카이브 기반의 문화사 교육도 순조롭게 진행 중이다. 다양한 콘텐츠로 '역사문화도시', '아카이브의 도시'를 구체화하고 있다.

근현대에 대한 자취가 점차 희미해지는 상황이다. 그러나 시간이 물처럼 흐른다고 해서 그 특질을 탓할 수 없는 노릇이다. 성북구는 기록을 체계적으로 갈무리하는 문화예술 아카이브 모델의 선진적인 사례를 제시했다. 공간과 역사, 이야기에 뿌리내린 예술의 깊고 짙은 가치를 진심을 담아 전하는 모습이 기초지자체들의 좋은 선례가 될 것이다.

인터뷰 Interview

성북구청장
이승로

1. 청장님은 과거와 현재, 미래를 연결하는 작업이 도시경쟁력이라는 말씀을 자주 하시는데, 그에 대한 이야기를 조금 더 해주신다면.

도시경쟁력은, 도시가 가지고 있는 자연적, 지리적 환경 속에서 이 도시가 축적한 다양한 사회·문화적, 경제적, 물리적 기반과 도시의 주체인 시민, 기업, 공공의 활동이 함께 어우러져 그 도시만이 가지고 있는 특별한 가치를 창조해내는 것이라고 생각합니다.

성북구의 도시경쟁력은 바로 성북구가 가지고 있는 수려한 자연환경과 과거로부터 축적되어 온 무수한 역사문화자원 그리고 이를 보존하기 위한 기록, 수집 등 일련의 활동을 통해 구축되는 '아카이브'로부터 시작된다고 말씀드리고 싶습니다.

과거의 역사를 현재에 보존하고, 이를 미래에 전달하는 일련의 선순환적 과정은 성북구가 가진 도시의 특성을 단단하게 합니다. 그리고 이 특성은 도시 정체성을 확립하는 데 중요한 역할을 하며, 이 도시 정체성을 통해 타 도시와 차별화되는 성북구만의 도시경쟁력을 가지게 됩니다.

성북구에는 성북동, 정릉동, 석관동 등 다양한 지역에 유·무형의 역사문화자원이 숨쉬고 있는데, 특히 성북동에는 예술가들의 집터와 활동 터, 흔적들이 많이 남아있어 서울시에서 역사문화지구로 지정한 바 있으며, '지붕없는 박물관'으로 불리기도 합니다.

2. 역사, 문화의 체계적 기록과 보존은 우리시대의 의무라고 하셨는데 이와 같은 작업이 쉽지만은 않을 것 같습니다. 가장 어려웠던 점은 무엇이었나요.

2009년 성북동에 서울시 자치구 최초로 성북구립미술관이 문을 열었습니다. 당시, 우리나라 공립미술관 수는 점점 증가하고 있었지만, 그 성격은 대부분 비슷했고, 지역적 역사·문화 자산을 기반으로 미술관이 건립되는 경우는 극히 드물었습니다. 성북구립미술관은 지역의 특수성을 담아야 할 의무가 있었고, 이를 위해 지역 예술가의 집 보존, 예술가들의 발굴과 지속적인 기획전시, 인적 네트워크 구축, 각종 조사와 연구 등을 끊임없이 수행해왔습니다.

이 과정에서 한국 수묵 추상의 거장으로 불리는 서세옥(1929~2020) 작가와 서양화가 윤중식(1913~2012)화백, 한국 현대 추상조각의 선구자인 최만린(1935~2020) 조각가가 타계하신 후, 그 유족들이 작가의 유지를 받들어 작품과 자료, 컬렉션 다수를 성북구립미술관에 기증했습니다. 특히 조각가 최만린이 오랜 시간 거주하며 작업했던 정릉동의 공간을 성북구립최만린미술관으로 공공화하게 되면서 성북구립미술관은 전례 없는 성과를 이루어냈습니다.

그리고 이러한 성과가 발생할 수 있었던 가장 중요한 이유는 성북구립미술관과 예술가들의 단단한 신뢰였습니다. 예술가의 지역을 향한 헌신으로 문화예술 자원이 공공화될 수 있었고, 또 대규모의 기증으로 이어질 수 있었습니다. 성북구립미술관이 지역 예술가들의 가교 및 거점 역할을 수행하면서 지역과 예술이 공존할 수 있었습니다. 그리고 이를 유지하기 위해서는 많은 시간과 노력이 수반될 수밖에 없었는데, 이 부분이 가장 중요하면서 가장 어려운 점이 아니었을까 생각됩니다.

3. 문화예술 아카이브 작업을 통해 도시재생과 공동체 복원을 실현하고 있는, 성북구만의 성공요인은 무엇이라고 보시나요.

우선, 성북구립미술관을 거점으로 성북구가 가지고 있는 문화예술 자원과 지역의 특수성에 대한 이해 기반의 공감대 형성이 주요 성공요인이라고 생각됩니다. 문화예술 아카이브에 대한 필요성, 당위성에 대한 공감대가 지역주민을 비롯하여 지역 예술가, 성북구립미술관, 성북구청에 걸쳐서 단단하게 형성되어 있었기 때문에 그 시작을 함께 할 수 있었습니다.

타고난 지역적 특성도 성공요인 중 하나라고 생각합니다. 성북구는 조선시대로 거슬러 올라가서 최고의 번화가인 종로와 인접한 입지를 가졌음과 동시에 산지가 많고 경관이 수려했습니다. 이에, 성북구는 예술가·문학가들의 사랑을 많이 받았고, 그들이 거주했던 집터와 아뜰리에, 그리고 이야기들이 성북구 지역 안에 녹아들 수 있었습니다.

실제 성북동 초입에는 조선시대 천재 화가 오원 장승업의 집이 있었고, 근원 김용준과 수화 김환기의 인연이 담긴 '노시산방' 터도 자리하고 있습니다. 이 외에도 윤중식, 송영수, 변종하, 변시지, 박고석, 한묵, 이중섭 등의 미술인과 조지훈, 김광섭, 한용운, 박경리 등의 문학인, 윤

이상, 금수현 등의 음악인까지 헤아릴 수 없이 많은 예술가들의 흔적이 성북구 곳곳에 자리하고 있습니다.

타고난 지역적 특성과 이를 보존하고 지켜나가야 할 필요성에 대한 공감대 형성은 일련의 아카이브 작업이 가능할 수 있었던 가장 중요한 성공요인입니다. 성북구는 현재 성북구립 최만린미술관과 같이 예술가의 집, 작업공간, 자료, 작품 등의 아카이브를 추진하기 위해 '성북구립 서세옥미술관' 건립을 추진하고 있으며, 기획전시, 미술도서 열람 등이 가능한 미술아카이브센터를 상시 운영하고 있습니다.

4. 문화예술은 우리의 삶과 역사가 체현된 정신 그 자체라는 점에서 성북구 아카이브 사업이 큰 주목을 받고 있습니다. 청장님은 역사와 문화가 우리에게 주는 자긍심이 도시경쟁력이라는 말씀을 해 주셨는데, 청장님이 생각하시는 도시경쟁력은 무엇인지요.

앞서 말씀드렸지만, 도시경쟁력은 그 도시만이 가지고 있는 특별한 가치를 창조해내는 것이라고 생각합니다. 성북구는 이미 과거로부터 축적되어 온 유·무형의 문화예술 자원으로 '지붕없는 박물관', '역사문화도시 성북'이라는 도시 정체성을 확립한 상태입니다.

성북구민은 성북구의 지역적 특성에 대한 공감대를 바탕으로 도시에 대한 자긍심과 자부심을 가질 수 있으며, 이러한 마음들이 한 데 모여 단단한 도시공동체, 지역공동체를 형성하게 됩니다. 그리고 이러한 공동체 의식은 곧 타 도시와는 차별화된 도시경쟁력을 위한 기초가 됩니다. 이렇게 차곡차곡 쌓아온 도시경쟁력은 한 순간에 이루어질 수 없습니다. 성북구는 2009년 성북구립미술관을 거점으로 15년이 넘는 세월동안 문화예술 아카이브 사업을 끊임없이 추진해왔기 때문에 가능했습니다. 성북구는 앞으로도 유일무이한 문화도시, 아카이브 도시로 자리매김할 수 있도록 박차를 가할 것입니다.

5. 성북구는 문화의 거리인 대학로가 있는 곳입니다. 청년예술인들을 위한 성북구의 선도적 사업들이 있다면 소개해 주세요.

성북구는 전국 자치구 중 관내 소재 대학이 8곳으로 가장 많은 지역으로, 총 인구 대비 약 30%가 청년으로 구성된 대표 청년 도시입니다. 그리고 삼청동·대학로와 맞닿아 있어 신흥 문화예술의 중심지라 할 수 있습니다.

이에 성북구는 대학로 인근인 한성대입구역에 '창작연극지원시설'을 건립하여 대학로 소극장의 젠트리피케이션 현상을 해소하고자 합니다. 그리고 연극창작활동 공간을 마련함으로써 청년 예술인들이 그들의 예술성과 실험성을 펼칠 수 있도록 창작연극(순수예술)분야를 지원할 예정입니다.

아울러 성북구에서 주최하는 대다수의 문화축제의 경우, 지역 청년예술인들과 함께 기획하고 운영하고자 노력하고 있습니다. 대표적으로 2024 성북거리문화축제인 <다다페스타>의 경우에는 관내 청년 예술가들이 자신의 작품 및 굿즈를 전시하고 판매할 수 있는 '다다아트마켓'이라는 청년 예술시장을 운영하였습니다. 이렇듯이 성북구에서 개최되는 많은 축제에 청년예술인들과 함께 기획·운영하여 청년예술인들이 자신의 활동을 주민들에게 알리고 지역에서 활발하게 활동할 수 있는 기반을 마련할 것입니다.

2024 전국기초단체장 매니페스토 우수사례
지역문화 활성화 | **인천 미추홀구**

지역작가 양성으로 책을 창작하고, 지역서점 판매에서 소비까지 연결되는 '나는 미추홀구 작가' 책 순환 프로젝트

· · ·

'잠재력'이라는 단어가 주는 다정함에 대해 생각해본다. 아직 어렴풋한 마음을 들여다보는 느낌일까. 숨어있는 힘을 지닌 유년기의 기억은 몸에 각인된 것처럼 뚜렷하다. 저마다 처음 칭찬을 받았을 때의 촉감을 간직하며 사는 것처럼 말이다.

여기 나오는 작가들은 그 다정한 말 한마디로 작가가 되었다. 따뜻한 응원이 가슴 한편에 콕 박혀 나도 작가가 될 수 있다는 도전을 하게 했다. 초등학생들의 꿈을 위한 뜻깊은 질주는 이제부터 시작이다.

어린이작가가 필요한 이유

성인의 종합독서율이 해마다 감소하고 있다. 초·중·고 학교급별 독서율은 2021년 이후로 소폭 감소하다가 2023년 사회적 거리두기가 해소된 이후 점층적으로 상승하고 있다. 학교 도서관 현장의 역할은 성인이 되기 전의 학생들이 독서에 관심을 가지도록 하는 데 있다. 글쓰기에 대한 자신감과 독서량을 향상시키기 위한 독서문화행사 및 프로그램의 운영이 필요한 실정이다. 흥미로운 것은 연구를 통해 '어린이 작가되기' 프로그램이 초등 고학년 학생의 인성 발달과 연관이 있다는 효과가 검증된 것이다. 방송 매체에 노출되는 빈도가 잦다보니 선정적이거나 자극적인 행태를 습득하기도 쉬워졌다. 가파르게 상승하는 학교폭력의 피해를 줄이기 위해서라도 인문학적 소양을 확장하는 교육이 요구되고 있다.

'나는 초등학생 작가' 프로젝트

　미추홀구는 '나는 초등학생 작가' 프로젝트를 통해 응답했다. 작가로서 잠재력을 가진 학생에게 출판 기회를 제공하고 전문 작가로서 성장할 수 있는 독서문화 프로그램을 추진한 것이다. 기획단계에서 POD(Published on Demand)출판 방식을 선정해 예산비를 줄였다. 출판사를 통한 출판비용 없이 자가 출판하는 방식이다. 본래 온라인 서점에서만 판매하는 단점을 극복하기 위해 업체에 지역서점 유통을 요청했다. 전국 최초로 대형 온라인 서점 및 지역서점과의 판매를 도모하며 지역 경제 활성화에 기여하고자 했다. 프로그램은 초등학생 20명을 대상으로 4회차에 거쳐 진행했다. 글쓰기 수업과 책 만드는 과정을 수업하며 '꿈'을 주제로 한 20가지 이야기를 모았다. 이어 만화와 웹툰에 특화된 '나는 초등학생 웹툰작가' 프로그램을 9회 진행했다. 10명의 학생이 '사계절'을 주제로 마인드맵, 스토리와 콘티작업 등의 심화학습에 열중했다.

'나는 초등학생 작가'(위)와 '나는 초등학생 웹툰 작가' (아래)수업 모습

'알록달록 계절 산책' 책 표지(좌)/ '도깨비는 미래가 궁금해' 책 표지(우)

　세 달 간의 편집과정을 거치며 자가출판플랫폼에 원고를 등록했다. 출간할 책을 홍보하고 지역아동센터 15개소, 다함께돌봄센터 5개소에 배부했다. 관내 초등학교 도서관에는 교내 도서로 비치 후 수업 자료로 활용하도록 격려했다. 현재까지 약 208부를 판매했으며 웹툰 캐릭터의 굿즈도 제작하여 판매했다. 출판 기념회를 개최해 작가로서의 자아실현을 실현하는 시간도 가졌다. 사인도 해주고 질문에 답도 해주는 초등학생 작가들이 제법 의젓하다. 기획부터 편집까지의 출판 과정을 담은 영상도 상영되었다. 더불어 여러가지 체험행사와 공연, 마술쇼를 통해 지역민들이 다함께 화합하고 교류할 수 있었다. 벅차오르는 꿈을 현실로 만든 어린이들의 총명한 눈빛, 무수한 '처음'이 반짝반짝 빛났다.

출판기념회 (사인회, 마술쇼, 행사 모습)

미추홀구 작가를 모집합니다

95%의 높은 참여율과 완성도, 작가와 학부모의 큰 만족감으로 후기가 쏟아졌다. 글쓰기에 대한 자신감, 독서에 대한 관심이 커지며 사회 구성원으로서의 밀도 높은 공감대가 형성되었다. 미추홀구는 프로젝트를 확대해 운영하기로 결정했고 바로 '나는 미추홀구 작가' 프로젝트를 도입했다. 세계적인 그림책 대회에서 수상한 그림책 작가를 강사로 초청해 그림책 작가를 꿈꾸는 성인을 대상으로 진행한다. 인문학과 철학을 결합, 공감을 담은 그림책 작가의 여정을 시작하게 된다. 전 과정을 담은 북트레일러 영상을 제작해 홍보에도 주력을 다하고자 한다. 물론 초등학생 작가를 양성하는 프로젝트도 지속적으로 추진할 계획이다. 토론, 그림, 글이 양분되어 몸도 마음도 쑥쑥 자라날 어린이들의 세계를 응원한다.

인터뷰 Interview

미추홀구청장
이영훈

1. 청소년들이 살아갈 삶의 높이와 크기는 초등 문해력이 결정한다고 합니다. 이와 같은 이유로 미추홀구의 초등학생 작가 육성 프로그램에 주목을 받는데요, 미추홀구는 독서의 달도 운영한다면서요.

네, 맞습니다. 미추홀구는 초등학생들의 문해력 향상과 인문학적 소양을 기르기 위해 '나는 초등학생 작가' 프로젝트를 진행하고 있습니다. 이 프로젝트는 단순한 글쓰기 교육을 넘어, 아이들이 직접 책을 출판하고 서점에서 판매되는 과정까지 경험하게 합니다. 이를 통해 어린이들은 자신감을 얻고 창의력을 발휘할 수 있는 기회를 가지게 됩니다. 또한, 미추홀구는 매년 9월에 독서의 달을 운영하며, 지역 주민들이 책과 가까워질 수 있는 다양한 독서 관련 행사를 마련하고 있습니다. 작년 9월에는 작가 프로그램을 통해 출간된 책을 축하하기 위한 독서문화행사를 개최하였고, 이 행사에는 지역서점, 주민, 작가가 함께 참여하여 볼거리, 즐길거리, 놀거리가 있는 독서문화축제가 되었습니다. 이러한 노력들은 어린이들이 독서의 즐거움을 느끼고, 작가로서의 꿈을 키워나가는 데 큰 도움이 되고 있습니다.

2. 초등학생들에게 도서 작가란 어떤 의미가 있을까요.

초등학생들에게 도서 작가가 된다는 것은 단순한 글쓰기 이상의 중요한 경험입니다. 자신의 아이디어를 구체화하고 창의력을 발휘하는 과정을 통해 문제 해결 능력과 상상력을 기를 수 있습니다. 또한, 자신이 쓴 글이 한 권의 책으로 출판되어 지역서점에 진열되고, 많은 사람들에게 읽히는 과정을 직접 경험하면서 큰 자존감과 성취감을 얻게 됩니다. 이 과정은 아이들이 자신의 생각과 감정을 표현하고, 타인과 소통하는 법을 배우는 소중한 기회를 제공합니다.

책을 통해 자신의 목소리를 내고, 이를 통해 사회와 연결되는 경험은 앞으로의 학습과 성장에 긍정적인 영향을 미칠 뿐만 아니라, 아이들이 독립적이고 비판적인 사고를 하는 데도 큰 도움이 됩니다. 또한, 출판된 작품이 독자들에게 좋은 반응을 얻으며, 더 큰 꿈과 목표를 향해 나아갈 수 있는 동기부여가 되기도 합니다. 작가로서의 경험은 자신감을 키우는 동시에 아이들이 삶의 여러 영역에서 주체적으로 도전할 수 있는 기반을 다지게 해줄 것입니다.

3. 어떤 어린이가 나는 미추홀구 작가 프로젝트에 참여하면 좋을까요.

'나는 미추홀구 작가' 프로젝트는 글쓰기에 관심이 있거나 창의적인 생각을 표현하고 싶은 모든 어린이에게 열려 있습니다. 이 프로그램은 책을 좋아하고, 이야기를 만드는 데 흥미를 느끼는 아이들에게 특히 적합합니다. 자신만의 이야기를 통해 감정이나 경험을 나누고 싶은 아이들은 이 프로젝트를 통해 그 꿈을 실현할 수 있습니다.
또한, 다양한 주제를 탐구하고 상상력을 발휘할 기회를 찾는 어린이들에게도 좋은 선택이 될 것입니다. 스스로의 생각을 글로 표현하는 과정을 통해 자기 자신을 이해하고, 더 나아가 다른 사람의 관점을 존중하는 법을 배울 수 있습니다.
협동과 소통의 중요성을 배우고 싶은 아이들도 이 프로그램을 통해 소중한 경험을 할 수 있습니다. 함께 글을 쓰고, 아이디어를 나누며, 함께 수업에 참여하는 작가들과 협력하는 과정에서 소통 능력이 성장할 수 있습니다.
결론적으로, '나는 미추홀구 작가' 프로젝트는 상상력이 풍부하고, 글쓰기를 통해 자신을 표현하고 싶은 모든 어린이에게 더없이 좋은 기회를 제공합니다. 자신의 목소리를 찾고, 새로운 도전의 기회를 얻고자 하는 모든 어린이를 환영합니다.

4. 올해는 '나는 그림책 작가" 사업을 진행하셨는데, 이에 대한 설명을 부탁드립니다.

2023년에는 '웹툰'과 '꿈을 주제로 한 도서'를 창작하는 초등학생을 대상으로 사업을 진행했으나, 2024년에는 대상이 청소년과 성인까지 확대되고 '그림책 작가' 프로그램이 새롭게 추가되었습니다. 이 그림책 작가 사업은 성인이 참여할 수 있는 프로그램으로, 인문학적 철학을 담은 그림책 집필을 통해 예술적 자아를 실현하고 작가로서 성장할 수 있는 기회를 제공합니다. 창작과 출판의 새로운 기회를 통해, 참여자들이 전문 작가로 성장할 수 있는 발판을 마련한 것이 이번 프로젝트의 핵심입니다.

5. 도서 출판 이후에도 다양한 사업이 기획, 진행된다고 하던데, 어떤 사업들이 있나요.

미추홀구는 도서 출판 이후에도 다양한 후속 사업을 기획하고 있습니다. 특히 출간된 도서의 북트레일러 홍보 영상 제작 프로그램을 통해 책을 효과적으로 알리고, 출판기념회를 개최하여 저자와 독자 간의 소통을 촉진하는 지역 독서 문화 행사를 운영하고 있습니다. 이 행사에서는 도서와 굿즈 판매, 다양한 체험 행사, 클래식 공연, 마술쇼, 출간 도서 낭독, 출판 과정 전시 부스 등을 마련하여 지역 주민, 독서 동아리, 자원활동가, 출판사, 지역 서점 간의 활발한 교류를 지원합니다. 또한, 출간된 도서는 각급 학교 도서관에 비치하여 수업 자료로 활용될 수 있도록 홍보하고 있으며, 관내 공공 도서관에서도 열람 및 대출이 가능하도록 하고 있습니다. 마지막으로, 올해 연말이나 내년 초에는 교보문고 온라인 기획전을 통해 더 많은 독자들에게 책을 선보일 예정입니다.

2024
전국기초단체장
매니페스토 우수사례

공동체 강화

경기 부천시 | 경북 안동시 | 충북 증평군 | 경북 청도군 | 서울 서초구 | 광주 광산구

2024 전국기초단체장 매니페스토 우수사례

공동체 강화 | 경기 부천시

더 따뜻한, 더 똑똑한, 더 촘촘한!
부천형 스마트 안(전)부(천) 시스템

부천시

경기 부천시

· · ·

당연하다는 건 무엇일까. 이치로 보아 그렇게 될 수밖에 없거나 그렇게 해야만 하는 상태에 있다는 뜻이다. 아이에게 부모가 있고, 사람에게 거주지가 있고, 시간마다 끼니를 챙겨 먹는, 자연스러운 것들. 하지만 당연하다 생각했던 일이 그렇지 않음을 깨닫게 된 어느 날, 보통의 일상이 불현듯 낯설게 느껴진다.

복지 비극은 이 '당연함'이 버거웠던 사람들에게 일어났다. 하루 이틀의 일이 아니었다. 복지 사각지대에 있는 대상자들을 발굴하는 무수한 노력이 여러 지자체에서 행해졌지만, 한정된 자원으로 이루어진 공공서비스에는 한계가 있었다. 복지와 안전문제 해결을 위해 부천시는 '이웃이 이웃을 돕는다'는 기본구상을 바탕으로 부천형 스마트 안부 시스템을 구축했다. 10개의 광역동을 37개의 일반동으로 전환하는 것부터 시작, 동 단위의 안전 공동체 혁신모델을 개발한 것이다. 행정이 미처 놓칠 수 있는 골목 구석구석을 주민에게 믿고 맡긴다. 소통, 참여, 스마트, 지자체장의 의지가 결합된 부천시의 사례를 살펴보자.

가게, 부천 온스토어

전국 최초로 따뜻한 마을가게를 선정해 운영했다. 마을가게는 슈퍼마켓, 식당, 약국, 반찬가게, 공인중개사 등 주민의 일상과 가까이 있는 사업장이 대상이 되었다. 마을가게들은 한곳에서 오랜 시간 영업한 경우가 많았고, 이에 자연스럽게 동네와 주민에 대한 이해도가 높았다. 마을가게가 지역의 어려운 이웃을 찾아내 생필품 등을 우선적으로 지원하면 이후 공무원이 직접 찾아가 비용을 지원하고 대상자에게 정책적인 도움을 건넨다. 대상자 발굴과 행정 처리 절차에 따르는 과정을 축약해 보다 신속한 맞춤형 지원이 가능해진 것이다.

　범위를 확장해 소방서와 경찰서도 연계했다. 겨울철 노숙인과 같이 기후재난 취약계층을 보호하는 일에 역량을 쏟았다. 부천역, 소사역 등 노숙인 취약지역에 있는 슈퍼마켓과 편의점을 통해 긴급물품을 지원하고 모니터링했다. 다양한 민간기관이 참여했고 기업과 진행한 나눔협약 덕분에 재원을 확보할 수 있었다. 실제로 온스토어로 지정된 마을 식료품 가게를 자주 찾던 단골 할아버지의 행동과 행색에서 문제를 느껴 종합사회복지관에 의뢰한 사례가 있다. 어르신을 모시고 치매 예방 교육과 관리를 진행해 조기 치료가 가능했고, 마을에 상호돌봄을 위한 원동력이 번진 계기가 되었다.

위기가구 발굴-긴급물품 지원-대상자 정보전달-추가상담 모습

사람, 온동네발굴단

우리마을 이웃지킴이가 새롭게 구성되었다. 주민활동가, 집배원 등 남녀노소로 구성된 1,000명의 온동네 발굴단이 마을 곳곳 어려운 이웃을 찾았다. 우편물 방치 가구를 발굴하기 위해 캠페인 활동을 하며 이웃 간 주민 관계망을 형성했다. 관계자들은 발대식 현장에서 지역 안전문제를 논의한 뒤 대책을 마련했고 워크숍을 거쳐 위험요소를 사전 발굴하고 점검했다.

발굴단 모집 및 구성-발굴단 활동-서비스 연계 과정 모습

동 안전협의체의 대표로는 우리마을 수호대가 주력했다. 마을자치회, 자율방재단, 자율방범대, 통장, 새마을부녀회 등 총 20명으로 구성하고 동별로 안전 취약지역을 발굴했다. 호우와 대설 같은 계절적 재난을 예찰하고 대응하는 역할을 맡았다. 실질적으로 주민 체감도가 높았던 안전방범 활동으로 손꼽히고 있다.

플랫폼, 스마트 온 부천

온라인에서의 주민의 참여를 북돋기 위해서 '스마트 온 부천' 앱을 개발했다. 앱을 통해서 생활이 어려운 본인, 또는 이웃의 도움을 요청할 수 있었다. 동네 커뮤니티 게시판을 만들어 복지와 안전을 주제로 의견을 자유롭게 나누었다. 동네 이야기를 할 수 있는 전용 광장이 생겨 빠르고 간단하게 소통할 수 있었다. 간단한 인력이 필요하거나 남는 자원을 나눔하기도 했고 투표를 통한 의견 수렴이 가능했다. 또한 온스토어, 복지시설 위치를 안내하고 화재, 도로, 소방, 교통에 있어 불편함이 있으면 신고도 할 수 있도록 만들었다. 예방정책과 빅데이터를 한눈에 볼 수 있는 협력창구로의 기반을 단단히 했다.

'스마트 온 부천' 앱

　취약계층을 지원하기 위한 스마트 침수알람시스템으로 반지하 주택의 침수피해도 예방했다. 사물인터넷(IoT) 위기경보 시스템을 활용해 센서 정보가 유관기관에 곧바로 전송될 수 있는 핫라인을 조성했다. 나아가 네이버와 협업해 대화형 인공지능(AI) 안부전화 케어콜 서비스를 시행했다. 유선상담을 통해 위기가구와 안부를 묻거나 상담을 진행하는 환경이 만들어졌다. 한 주에 한번은 자동 AI의 발신으로 전화가 갔고, 안전이나 건강에 이상이 있으면 찾아가는 방문 상담을 진행했다. 주민과의 거리감을 좁혀 더 가까이서 접할 수 있도록 대응했다.

　시민의 높은 의식과 참여가 행정의 빈틈을 메우고 개선한다. 시민의 목소리를 수렴하는 것에서 공공의 역할이 시작된다.

　남의 일이 아닌 우리 모두의 삶이라는 연대의식, 즉 시민 모두의 협력이 곧 사회적 자원이 된다는 가능성을 함께 목격했다. 소외된 이웃 없이 행복한 마을공동체를 이루게 하는 촘촘한 애정이 오래도록 지속되길 바란다.

인터뷰 Interview

부천시장
조용익

1. 시장님은 올해 시정 운영 방향으로 '상생과 미래'로 제시한 바 있습니다. 시장님이 생각하시는 '상생'과 '미래'는 무엇인지요.

올해 부천시정의 핵심은 '상생과 미래'입니다. 부천의 현재와 미래의 균형을 잡는 것으로, 시민의 삶을 당장 개선하는 민생정책을 추진하면서 부천의 미래 발전 청사진을 단단하게 준비하겠다는 의미입니다.

대표적인 상생 경제정책으로는 2천억원대 발행을 목표로 추진하고 있는 부천페이와 소상공인을 위한 200억 원 특례보증 대출 등을 꼽을 수 있습니다.

지난 1월부터 시행하고 있는 거주자우선주차장 무료 개방(오전 9시~오후 6시)은 별도의 예산투입 없이 1만 4천여 개(주차장 1면당 3회 회전 시)의 주차면을 확보하는 등 지역사회 상생을 통해 시민의 주차 편의를 증진했습니다.
(※ 주차면 1면 조성 시 평균 1.5억 원 소요)

기업 유치, 과학고 설립 등 부천의 미래를 위한 정책도 추진하고 있습니다. 부천대장 도시첨단산업단지에 미래 신성장산업, 친환경 첨단·유망 기업, R&D기업들을 끌어모을 계획을 가지고 있습니다. 이곳에는 올해 착공 예정인 대장-홍대선이 들어설 예정으로, 촘촘한 교통망은 산단 입주업체들의 우수인력 확보에 도움이 될 것으로 기대하고 있습니다.

인재 양성은 부천의 미래를 변화시키는 핵심 동력이 될 것입니다. 부천시는 과학중점고등학교인 부천고를 과학고로 전환하기 위해 선제적으로 움직여왔고, 법정 문화도시라는 부천의 특색을 살려 문화예술을 접목한 창의·융합 인재 육성 방안도 모색하고 있습니다.

우리나라의 반도체산업이 시작된 도시이자 로봇산업이 특화돼 있다는 점, 부천대장 도시첨단산업단지를 통해 첨단산업이 발전해 나갈 수 있다는 점도 부천시가 가진 강점입니다. 부천의 강점을 살려 부천에 과학고를 유치할 수 있도록 온 힘을 다하겠습니다.

2. 지역공동체가 함께하는 복지 안전마을 플랫폼인 '스마트 안(전)부(천) 시스템'이 주목을 받는 이유는 우리 고유의 두레정신과 스마트 기술을 접목시켰다는 데 있습니다. 특히, 부천시에서 두레 정신과 스마트 기술 접목의 시너지가 높은 이유는 무엇이라고 생각하시는지요.

복지 분야의 가장 중요한 화두는 다양한 지원제도가 있음에도 이를 알지 못해 복지제도에서 소외되는 이웃일 것입니다.

부천시는 우리 주변의 소외된 이웃을 선제적으로 발굴하기 위해 일반동 전환과 함께 시-구-동 조직을 구성해 동 중심의 복지·안전 공동체 추진 기반을 마련했고 경찰서, 소방서, 한국전력공사, 사회복지관 등 지역 내 유관기관과 협업체계를 구축해 사업 추진의 동력과 발판을 확보했습니다.

특히 다양한 민간기관의 참여 및 나눔 협약으로 재원(후원금)을 확보함으로써 지속 가능한 공동체 사업으로 자리매김할 수 있었습니다.

사업 기획부터 설계까지 지역사회와 소통하며 함께 추진하고 있고, 부천시와 시민·유관기관을 효율적으로 연계하고 소통하는 스마트 온(溫) 부천 앱을 자체 개발해 위기가구 문제 대응에 활용하고 있습니다.

앞으로도 부천시는 소외된 이웃 없는 행복한 마을공동체를 위해 다양한 민간자원 참여를 유도하여 복지 사각지대 발굴 한계를 극복해 갈 것입니다.

3. 네이버 AI 기술을 활용해 위기가구 발굴 시스템을 개발하기도 했다던데, 소개를 부탁드립니다.

오늘날 위기가구 발굴을 위한 공적 인프라를 지속적으로 확충하고 있음에도 여전히 복지 사각지대는 발생하고 있습니다. 매년 위기가구의 범위와 대상자가 증가하고 있고 실질적으로 도움이 필요한 대상자를 찾는 데 많은 시간이 소요되기 때문입니다.

부천시는 이러한 문제를 해결하기 위해 행정안전부, 네이버와 협력하여 대화형 인공지능(AI) 안부전화 케어콜 시스템을 개발했습니다.

네이버 하이퍼클로버 AI를 복지상담 부분에 접목해 공공데이터를 기반으로 위기 대상자를 발굴합니다. 이어 이들에게 신속한 상담을 제공하고 도움 필요 여부를 선별 후 복지 담당자에게 대상자 정보 및 위기 사유를 전달합니다. 도움이 꼭 필요한 대상자에게 신속하고 질 높은 복지서비스를 제공할 수 있게 된 것입니다.

현재 3,700여 명의 대상자에게 AI가 상담을 진행해 실질적 복지서비스를 제공하고 있습니다.

향후 AI 학습을 통해 통신요금 감면 미신청자 등 제도 혜택을 받지 못하는 대상자에게 틈새 서비스 안내 사업을 추진하는 등 그 영역을 확장해 나갈 계획입니다.

4. 부천시가 구축 완료한 군중안전솔루션은 어떤 것인가요.

군중안전솔루션은 번화가 등 유동 인구가 많은 지역의 인구밀집도를 실시간으로 분석 및 경보 정보를 표출하여 군중 밀집 사고를 예방할 수 있는 시스템입니다.

CCTV 관제요원이 화면에 표출된 영상과 군중 밀집도를 실시간으로 확인해 관계기관에 신속히 군집 상황을 전달하고, 현장의 시민들이 밀집 장소를 피하거나 분산할 수 있도록 유도해 위험지역 관리와 사고를 예방할 수 있습니다.

부천시는 지난해 6월 솔루션을 구축해 인파가 집중되는 부천역 남·북부광장, 역곡역 남부광장, 관내 주요 번화가 등에서 상시운영(활용)하고 있으며, 부천시 봄꽃축제(진달래, 벚꽃, 장미) 등 지역 축제에도 적용하고 있습니다.

앞으로도 부천시는 AI 등 첨단기술을 도입해 시민이 안심하고 생활할 수 있도록 스마트 안전도시 부천을 만들어 나갈 것입니다.

5. 부천시는 1인가구 국민기초생활보장수급자의 안전 및 안부 확인을 위한 실태조사를 실시했는데요, 현장 중심의 실태조사의 중요성과 실시과정에서 어려웠던 점을 말씀해 주세요.

국민기초생활보장 수급자는 생활 유지 능력이 없는 어르신과 장애·질병 등으로 인한 취약계층이 대부분입니다. 특히 1인 가구의 경우 사회관계망 형성이 제대로 이뤄지지 않아 사회적 관심과 정책적 지원이 필요합니다.

부천시는 1인 가구 국민기초생활보장 수급자의 사후관리 강화를 위해 지난 5~6월 현장 중심의 실태조사를 진행했고, 1만 1,260가구의 안부·안전 확인 및 주거실태를 확인해 사회안전망 연계가 필요한 가구에 AI 말벗 서비스·노인맞춤형 돌봄 등의 서비스를 연계했습니다.

특히 고독사 및 위기사항을 조기에 발굴하기 위해 어르신과 50세 이상 근로 무능력 1인 가구를 우선 조사 대상자로 선정하고, 종량제 봉투 미수령 가구, 문화누리카드 미발급 가구 등 생활실태를 중점적으로 조사해 맞춤형 복지서비스를 연계하는 데 총력을 기울였습니다.

기초생활보장 조사 대상이 급격히 증가하고, 조사 대상과 연락이 어려운 경우도 많아 현장조사를 하는 데 어려움이 따르기도 합니다. 하지만 명예사회복지공무원 등 지역 내 안전망을 활용해 정기적으로 안부를 확인하고 유관기관과 협력하는 등 복지안전 사각지대 해소를 위해 최선을 다하고 있습니다.

2024 전국기초단체장 매니페스토 우수사례

공동체 강화 | **경북 안동시**

원도심 활성화 프로젝트! 시민의 힘을 모아 축제의 혁신을 이끌어내다

안동시

· · ·

축제는 그 도시의, 마을의 축소판이다. 지역의 축제는 그곳의 놀거리와 먹거리, 그리고 사람의 정취를 오롯이 느끼게끔 한다. 그런 의미로 안동에서의 탈춤은 옛 정서이자 예술적 흥으로 아직 남아있다. 사회에 탈난 것을 탈춤으로 푼다는 말처럼, 당시 지배 계층과 사회를 비판하는 내용이지만 풍자와 해학의 정신으로 웃음 한마당을 쏟아낸다. 탈춤에서 발견할 수 있는 시민성이라는 가치가 우리 세대에 깊은 귀감이 된다.

시민성은 공동체에 소속된 모든 구성원들에게 주어진 변화 가능한 지위 및 역할을 뜻한다. 내가 몸 담은 곳에 내 목소리를 내는 일, 곧 참여하고 선택하는 행위로 객체화된 존재에서 벗어나는 것이다. 안동시는 그동안 관주도형으로 구성했던 축제의 방향을 틀었다. 장인 중심의 일반적인 개최보다는 민간주도형 시민사회의 역할을 더욱 크게 했다. 영속성을 위해서, 시민성을 구현하고자 한 것이다. 시민이 구현하는 축제를 통해 지역민들이 비로소 주체가 되는 모습이 인상깊다.

축제 공간 혁신

틀에 박힌 축제의 장에서 벗어나고자 했다. 기존 장소였던 탈춤공원은 도심과 거리가 있어 자연스러운 참여를 유도하기 어려웠다. 시민 공모를 통해 원도심 거리를 축제장으로 활용하자는 의견을 수렴했다. 옛 안동역 부지를 첫 공개하는 시간이기도 해 의미가 깊다. 또한 기존 2개의 지역 축제를 4개로 늘려 사계절 내내 즐길 수 있는 놀이의 장을 구성했다. 봄에는 차전장군 노국공주 축제를, 여름에는 수(水) 페스타, 가을에는 탈춤 페스티벌, 겨울에는 눈빛축제를 즐길 수 있다.

시민 주도의 연출

원도심 시내 곳곳에 이벤트를 심었다. 도시 전역이 축제의 장이다. 길을 걷다가 자연스레 참여할 수 있었다. 기존에 있던 상권의 지역 상인과도 협업했다. 기존에는 외부 지역 상인이 장악한 판매 부스가 대부분이었지만, 지역 상권의 활성화를 위해 판매부스 임대 시에 지역 상인 한정으로 조건을 내걸었다. 관광객을 유치하며 지역 상권의 매출 증대까지 도와주어 일석 이조였다. 상인들은 축제 복장을 갖춰 분위기를 고조시켰고 축제 기간 중 할인 이벤트도 진행했다.

안동 탈춤 페스티벌 모습 전경

개발한 각 음식점과 주점의 쿠폰들은 도심 내에서 식권 역할을 했다. 중앙시네마, 교학사 등의 문화공간도 시민을 위해 활짝 열렸다. 기타 공실 상가는 의상 및 소품 대여샵, 소공연장으로 활용했다. 안동중앙신시장, 안동구시장, 태사길을 주요 거점지로 삼아 버스킹과 거리 공연, 퍼레이드로 이목을 끌었다. 공간 재활용을 통해 도시의 회복탄력성을 높이고, 도시 공간을 효율적으로 사용했다.

시민화합한마당, 마스크 EDM파티, 마스크 랜덤댄스 경연대회, 창작 탈 공모전, 탈춤축제 메타버스 등의 시민 참여 프로그램은 킬러 콘텐츠로 자리한다. 시민 공모를 통해 개발한 것으로, 축제 기간 내 모두가 즐기고 향유할 수 있는지를 눈여겨 보았다. 수차례의 거리 퍼레이드와 각종 경연대회가 거리를 가득 채웠다. 탈춤축제의 백미, 대규모 춤판인 '대동난장'은 축제 내내 안동의 밤을 꾸미면서 안동 시민, 그리고 방문객이 뒤섞여 화합을 즐기도록 했다.

혁신적인 마케팅

지역화폐 페이백 제도를 운영해 더 많은 방문객들을 모객하고자 했다. 공연장 입장료, 프로그램 체험비에 대한 일부 금액을 탈춤사랑쿠폰으로 되돌려주어 상권 활성화에 이바지한다. 축제사랑쿠폰은 안동사랑상품권, 온누리상품권을 활용해 배부했고 축제 기간에만 사용 가능했다. 상금, 참가비, 체험비 등 모든 유료 상품은 상품권으로 사용이 가능하도록 했으며 원도심 내의 모든 가게에서 상품권이 유통할 수 있도록 협의했다.

축제가 성공하며 안동시 방문객이 약 2배 이상 증가했다. 지역 주민들이 축제 운영에 참여함으로써 경제적 기회가 확대되고, 지역 경제의 안정성과 지속 가능성이 증대하는 효과를 얻었다. '시민의, 시민을 위한, 시민에 의한' 축제가 완성되었다. 추진 과정에서 시민의 참여를 확대하고 협력 관계를 유지했기에 가능했다. 특히 안동 청년들이 축제 연출에 적극적으로 참여하며 젊은 피의 과감함, 그리고 축제의 영속성을 동시에 확보할 수 있었다. 축제 이후 청년을 대상으로 한 안동축제학교, 축제 포럼도 여러 차례 운영했다. 축제의 원형과 지역 관광축제의 중요성을 교육하고 트렌드 파악을 위한 강의와 기획 워크숍등을 경험했다.

안동 축제학교 포스터

    축제를 통해 지역 공동체가 더욱 결속되고, 상호 협력을 통해 지역 문제를 해결하는 능력을 키웠다. 축제의 준비 단계부터 마무리까지 시민과 상인회의 협력을 통해 민관이 협력하는 구조를 형성했다. 지역의 리질리언스, 사회적, 경제적, 환경적 회복탄력성을 종합적으로 강화한 계기이다. 앞으로도 혁신적인 축제로 공동체의 결속력을 높여 지속 가능한 도시의 발전을 도모하려고 한다. 매해 성장할 안동시, 시민 중심의 신명나는 탈놀이에 기대를 하지 않을 수 없다.

인터뷰 Interview

안동시장
권기창

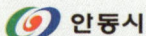

1. '2024 안동국제탈춤페스티벌'에 역대 가장 많은 148만 명이 찾은 것으로 보도되고 있는데, 이와 같이 큰 호응을 얻을 수 있는 비결은 무엇인지요.

5대양 6대주 세계 각국의 탈과 탈춤을 통해 가장 한국적이면서 세계인이 공감하는 글로벌 축제 콘텐츠를 선보여 관광객의 눈과 귀를 사로잡았습니다.
특히, 올해는 역대 가장 많은 25개국 49개 단체 해외공연단이 참가해 다양한 탈과 탈춤 콘텐츠를 축제장 전역에서 만날 수 있었습니다. 특히, 더본코리아의 컨설팅을 받은 지역 상인들이 탈춤 속 대사에서 유래하는 먹거리 소재를 활용해 특색있는 음식을 개발하고 판매해 큰 호응을 얻었습니다.
올해 축제의 가장 큰 변화는 글로벌 축제 프로그램 확대, 공간 확장에 따른 다양한 탈과 탈춤 콘텐츠 활성화, 볼거리·즐길거리·살거리·먹거리가 풍성한 축제로 만들었다는 것입니다
설레는 축제, 감동과 흥이 있는 축제, 특별한 맛을 즐기는 이번 축제에 많은 관광객이 공감해 주셨습니다.

2. 탈춤축제는 모두 하나 돼 탈춤판을 만드는 대동 난장이란 점에서 주목도가 높은 축제인데요, 이와 같은 정체성을 훼손하지 않기 위해 과거와 다른 새로운 변신을 시도하셨다고요.

탈과 탈춤을 활용해 신명과 흥이 넘치는 새로운 프로그램을 끊임없이 선보이고 있습니다. 특히, 마스크 체인지존을 운영해 쉽게 탈을 쓸 수 있도록 함으로써, 전 축제장이 탈을 쓴 참가자로 붐볐습니다. 또, 해외공연단의 거리 퍼레이드로 전 세계의 이색적인 탈과 복장, 악기 그리고 춤을 자연스럽게 접할 수 있었습니다. 게릴라 공연을 진행하는 오방신기 탈놀이단과 탈춤외전 시장놀이패도 관객과 호흡하며 흥겨움을 더했습니다. 마스크샵에서는 자신만의 탈을 만들고, 전통 탈춤인 하회별신굿탈놀이와 현대 탈춤인 탈랄라 댄스를 배우는 프로그램도 진행했습니다. 거리에는 버스킹 공연과 탈 조형물을 설치하여 포토존으로 활용하고, 세계탈

전시와 창작탈공모전에 수상된 작품도 전시했습니다. 무엇보다, 국내외 참가자들이 대규모로 참여하는 퍼레이드와 대동난장은 일상을 벗어난 일탈을 체험하게 해주고, 탈과 탈춤이 생생히 살아 있는 전 세계인의 축제 한마당으로 이끌었습니다.

3. 올해 탈춤축제는 원도심 활성화를 위한 작업을 적극적으로 추진했다는데, 어떤 사업들이 있었나요.

축제의 궁극적인 목적은 집객을 통해 지역경제 활성화와 도시브랜드 가치를 향상하는 것입니다. 탈춤 축제는 대한민국 대표축제로서 도시브랜드 가치를 지속 상승시켜 왔지만, 이러한 축제의 결실을 시민과 함께 공유하는 것도 필요합니다.
이번 축제에서는 지난 70여 년간 시민들의 추억과 향수가 깃든 중앙선1942안동역(옛 역사부지)을 메인 행사장으로 만들고, 탈춤공원과 원도심을 잇는 가교역할을 하게 함으로써 원도심 상권 활성화의 교두보로 재창출시켰습니다. 축제장 방문객이 자연스럽게 원도심으로 이동해 상가 매출이 급증하는 등 지역경제에 기여할 수 있었습니다.

또한, 판매 부스 임대 시 지역 상인으로 한정하여 플리마켓 등을 운영하고 원도심 공실 상가도 축제 공간으로 활용했습니다. 페이백 제도를 통해 공연장 입장료, 프로그램 체험비의 일부 금액을 지역화폐 등으로 돌려줌으로써 지역상권 활성화에 일조했습니다.
무엇보다, 다양한 참여형 행사로 온 도심이 축제의 열기로 가득 찼습니다. 주요 거리에는 버스킹 공연, 음식축제, 맥주축제 등 다양한 프로그램을 진행하고, 전통시장에도 풍물시장 공연과 다양한 이벤트를 개최했습니다. 이외에도 탈춤외전이라는 찾아가는 버스킹 공연, 독서 한마당 등이 진행돼 큰 호응을 얻었습니다.

4. 지역 축제는 축제의 정체성과 지역 내 청년들의 참여가 무엇보다 중요합니다. 탈춤축제는 이와 같은 것을 어떻게 해결해 나가고 있는지요.

안동국제탈춤페스티벌은 축제의 연출 기획부터 지역청년과 함께합니다. 이러한 활동은 축제의 영속성, 지속성을 가지고 옵니다. 또한, 지역 청년으로 구성한 탈놀이단은 매년 주제에 걸맞은 탈과 의상, 대중성 있는 K-pop 댄스로 큰 사랑을 받아왔습니다.
탈춤축제만의 정체성 확보를 위한 다양한 노력도 이루어졌습니다. 탈놀이단은 '오방신기'라는 이름으로 축제장 곳곳을 누비며 축제 마스코트 역할을 하고, 이매를 찾아라, 탈랜덤댄스 플레이(우리는 네가 누군지 모른다), 마스크 EDM 등 젊은이를 위한 프로그램도 개발하여 젊은 감성이 녹아든 색다른 재미를 주었습니다. 지역민의 참여를 높이기 위해 주민자치경연대회와 읍면동 대동난장경연대회를 개최하여 지역민이 만들고 참여하는 주민주도형 축제의 장으로 만들었습니다.

5. 앞으로 글로벌 축제로 더욱 발전하기 위해 남은 과제들도 있을 텐데, 어떤 것들이 있나요.

지역상권과 동반 성장하며 글로벌 축제로 더 큰 발전을 이룰 계획입니다. 먼저, 축제 주요 공간인 중앙선1942안동역(옛 역사부지)을 새롭게 정비하고 이를 바탕으로 도심 전체를 축제장으로 탈바꿈할 것입니다. 둘째, 글로벌 축제로서 질적 성장을 이룰 것입니다. 축제 공연단, 교류단의 규모 확장과 더불어 수준과 질을 향상하고 외국인 편의시설과 안내 시스템도 개선할 것입니다. 셋째, 탈춤축제 정체성을 확보할 수 있는 탈 관련 프로그램과 체험 콘텐츠도 지속 보강하고 개발할 것입니다. 마지막으로 가장 중요한 것은 축제 준비와 탈춤 관련 교육 사업을 연중 진행하여 지역민이 만드는 축제를 만들어가야 합니다. 지역민이 연중 생산하는 콘텐츠가 축제 기간에 성과로 나타날 수 있도록 프로그램을 개발해야 합니다. 축제에 참가하는 상인과의 협력 시스템을 구축하여 지역의 상인이 성장할 수 있는 구조를 만들어야 합니다. 이러한 끊임없는 노력을 통해 안동국제탈춤페스티벌은 지구촌 세계인의 국제적인 축제로서 명성을 더욱 높이게 될 것입니다.

2024 전국기초단체장 매니페스토 우수사례
공동체 강화 | **충북 증평군**

기록공동체 증평!
마을과 사람을 기록하다

⋯

    회복력, 그 힘은 기록에서부터 시작한다. 우리는 선대의 경험을 느끼며 공감과 위로를 받는다. 위기나 재난, 시대의 역사를 천천히 돌아보는 과정에서 나 혹은 우리가 닥친 문제의 해결책을 발견할 수 있을 것이다.

    우리나라에서 가장 작은 지자체는 어디일까. 대다수가 울릉군이라고 생각하지만, 사실 충청북도에 증평군이 있다. 증평군은 괴산군에서 분리되어 독립한 지 이제 21년이다. 사람으로 치면 이제 성인이 된 셈이다. 자아정체성을 찾기 위해 부던히 노력하는 어린 아이처럼, 증평군도 지역의 정체성을 확립하기 위한 여러 갈림길 가운데에 서있다. 증평군은 목적지를 지역공동체로 설정하고, 기록을 첫 출발지로 정했다. 기록을 통해 주민 참여와 주도의 공동체를 쌓고자 했다. 자치단체 청사의 신축 별관 1층을 주민에게 개방하며 마을 아카이빙 프로젝트의 닻을 올렸다.

디지털을 더하는 기록공동체

    증평의 기록을 널리 공유할 수 있는 '증평기록관' 홈페이지를 구축했다. 사라질 우려가 있는 기록들을 디지털화하고, 이를 항구적으로 보존 및 이용하기 위함이다. '증평기록관 홈페이지'에는 군개청 20주년을 담은 기록들, 개관기념전의 N번째 기억들, 증평의 풍경을 담은 경관들, 역사와 마을 공동체의 이야기들, 옛 사진전, VR을 비롯한 콘텐츠 수집 등의 카테고리별로 자료를 공개하고 있다. 이 과정에서 활용이 어려운 상태로 방치된 과거의 VHS, 6mm, 8mm 테이프와 인화사진 및 필름 등을 디지털로 변환해주는 서비스도 제공했다. 영상 인코딩 장비와 사진, 문서 스캐너를 구비해 장기보존이 가능하게끔 했다. 주민이면 누구나 수량 제한 없이 자유롭게 신청이 가능하고 동시에 증평기록관에서 그 사본을 수집해 지역주민을 주인공으로 한 콘텐츠를 제작했다. 나아가 증평군 어르신들이 살아온 과정을 글과 영상으로 담아낸 '앗싸 신나는 내 인생' 자서전을 제작했다. 삶을 회고하며 자연스레 노화를 받아들이는 인생기록으로 주민 사이 공감대를 형성하고 문화유산을 전승하는 데 의의를 둔다.

'증평기록관' 홈페이지에는 〈주간 증평〉이라는 웹진이 꾸준히 올라오고 있다. 2020년 8월부터 발행하여 현재 23호가 쌓였다. 지역의 큐레이터, 건축가, 디자이너, 건축현장 근무자, 공무원, 가게 주인, 부부의 이야기 등을 담은 비대면 기록 콘텐츠를 전하고 있다. 증평군에서 본인의 가치를 찾고 누구보다 착실히 삶을 영위하고 있는 주민들이 주인공이다. 다른 유명한 잡지, 예술가의 사진전과 견주어도 눈길을 끌만큼 그 양과 질이 상당하다.

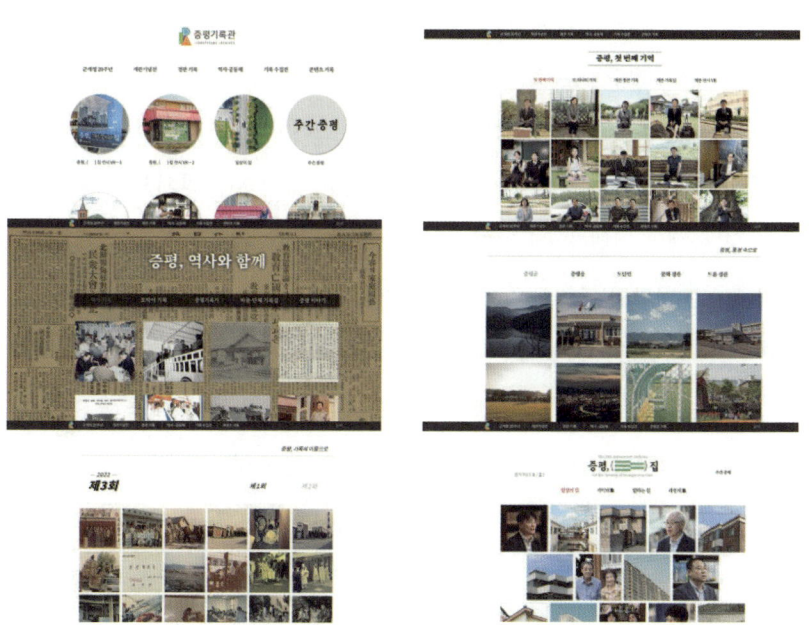

증평기록관 홈페이지

거리를 좁히는 기록공동체

웹진 뿐만 아니라 오프라인으로 증평기록 소식지를 발행했다. 군민과 증평을 주제로 한 종이 소식지는 어르신들이 보시기 편하게 큰 글자와 단순한 레이아웃으로 발간해 마을 경로당에 배포했다. 봄, 여름, 가을, 겨울에 정기적으로 발간하며 휴가 가는 가족, 담배농사 등 마을의 여러 풍경을 생생하게 전한다. 주민참여형으로 스스로 만드는 기록집도 있다. 기록가 양성 프로그램을 수료한 증평기록가들이 스스로 개인, 마을, 단체, 학교의 이야기를 담았다. 그 과정에서 증평군 도안면 송정2리 통미마을이 기록 활동과 기록물을 보존하기 위한 '제1호 마을기록관'을 개관했다. 증평의 첫번째 마을기록관으로, 통미마을의 고유한 기록과 역사를 빠짐없이 저장했다. 마을 주민들의 손때가 묻은 물건들을 보면서 고향의 정취를 느낄 수 있다.

참여를 배가하는 기록공동체

증평역 개통 100주년을 맞아 증평역사에 약 3달간 특별 기록을 전시했다. 전시회는 증평역에서부터 증평군립도서관, 시외버스터미널, 군청 로비로 이동하며 주민들에게 직접 찾아가는 전시로 기획되었다. 지방자치 20년 다시쓰는 〈증평, ( )집〉 전시도 함께 추진했다. 이 전시에는 2003년 지방자치를 실현하기 위한 투쟁 활동 기록과 20년간의 발전상을 주제로 콘텐츠를 구성했다. 증평군이 가장 작은 기초지자체로 출범하는 과정을 기록물을 통해 세세히 알 수 있도록 했다. 지역의 공간 변화 등 증평군의 역사와 밀접한 내용을 엮은 사진과 영상, 문서 약 890건을 열람할 수 있었다. 이 기록들은 증평기록관이 주민과 함께 발굴하고 모으고, 만들어낸 것이다. 증평에서 50년 가까이 영업을 이어온 점포 5곳과 증평 엽연초 재건조장, 증평수녀의원을 재조명했고 슬레이트 지붕 집에서 고층아파트까지 주거 공간의 변화 흐름을 선보였다. 전시 기간 중 증평기록관, 원도심, 옛 성모유치원을 둘러보는 '에코 아카이브 투어' 프로그램을 20회 운영하였으며, 전국에서 증평을 찾은 560여 명이 거리를 누비며 전시를 관람했다. 각 전시를 쉽게 찾아갈 수 있는 원도심 관광지도도 추가로 제작해 관람객의 편의성을 높였다. 전시연계 프로그램으로 증평군립도서관에서 증평 기록과 아카이빙 프로젝트를 주제로 한 학술 워크숍을 개최했다. 명지대, 서울대, 이화여대, 한국외대 등 기록학과가 설치된 주요 대학의 학생들과 기록전문가들이 130여명이나 참여했다.

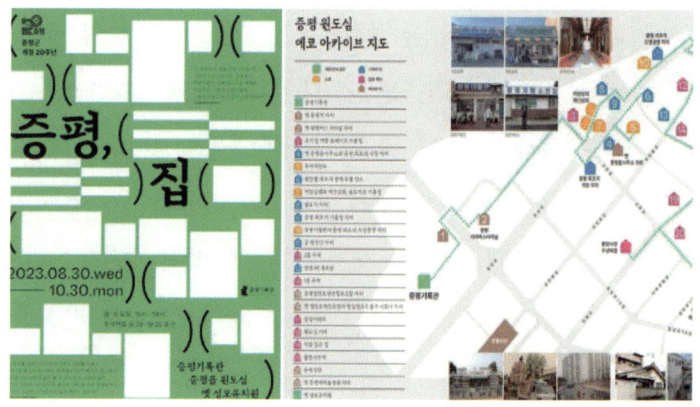

〈증평, ( )집〉 전시 포스터와 원도심 전시 아카이브 지도

함께 나누고 공감하는 기록공동체

다시 쓰는 리사이클링 프로그램을 진행했다. 앞서 말한 〈증평, ( )집〉 전시가 폐막한 후 거리에 쓰였던 폐현수막 리사이클링을 통해 지갑으로 제작하여 증평 기록 홍보에 활용하기도 했다. 또한 '증평기록 수집전'을 통해 주민들이 소장하고 있는 아날로그 기록을 발굴했다. 해마다 증평의 집과 일터, 사라진 공간에 대해 기록하는 주제 수집, 2000년 이전에 생산된 증평을 기록하는 일반 수집으로 나누어 마을 주민이면 누구나 참여할 수 있도록 했다.

증평군에서는 132명의 주민 기록가를 배출했다. 성인을 대상으로 3번의 교육 프로그램을 운영해 24명의 증평기록가를 양성하였으며, 형석중학교 국어교사와 증평기록관이 협업한 프로그램으로 100명의 청소년 기록가를 탄생시키기도 했다. 증평기록가들은 수집과 채록, 생산 방법을 공부해 지금까지 총71권의 기록집을 제작했다. 청소년 뿐만 아니라 어린이 기록가 8명도 탄생했다. 보강천의 미루나무 숲의 생태를 주제로 기록활동을 하여 나무지도를 만들어내기도 했다. 노인부터 어린이까지, 기록을 중심으로 똘똘 뭉치고 있다. 과연 문방사우를 곁에 둔 고장답다.

작지만 강한 증평군의 발자취는 학술연구, 언론보도, 벤치마킹 등 여러 분야에서 대외적으로 소개되고 큰 관심을 받았다. 자치단체에서 지역공동체와 손을 잡고 기록문화의 인프라를 꾸린 첫 스승으로서 제자들을 양성하는 데 큰 도움이 될 테다. 도시 재생적인 관점에서 호평을 받아 독일과 미국의 디자인 어워드에서 본상을 받았다. 증평다움의 우수성을 세계적으로 인정받는 계기가 되었다. 평범한 지역민들의 과거와 현재를 소중히 여긴 증평의 정서는 미래에 보다 큰 자산이 될 것이다.

인터뷰 Interview

증평군수
이재영

1. '기록'이라 하면 옛날 고문서나 고리타분함을 떠올리는 경우가 많습니다. 군수님이 생각하시는 기록은 무엇인지요.

제가 생각하는 '기록'은 지금 현재를 살아가는 우리 증평 주민들의 삶과 활동이 생생하게 담겨있는 것입니다. 과거부터 대대로 권력자의 기록이 남았습니다. 우리가 공부하고 시험보고 한 것들이 왕과 귀족, 양반의 역사였지 않습니까. 그렇지만 지금 우리나라는 민주공화국이고, 모든 권력은 국민으로부터 나옵니다. 헌법에도 명시되어 있지요. 증평에서는 꽤 공을 들여 지역의 주인이자, 역사의 주인공이 될 주민들의 현재의 삶을 꼼꼼하게 기록하고 있습니다. '기록은 오래된 문서다, 고리타분하다', 이렇게 생각하시는 분들이 증평에 와보시면 깜짝 놀라실 겁니다. '통통 튄다, 생동감이 있다, 힙하다'라고 불리울 만한 증평의 정체성을 보여줄 수 있는 기록들이 차고 넘칩니다. 군 개청 21년째로 젊은 증평과 딱 맞춤이지요. 아직은 짧은 역사를 갖고 있지만, 100년 후 증평의 미래에는 아주 풍성하고 다채로운 역사가 펼쳐질 것이라 기대합니다.

2. 아카이브는 보존가치가 있는 기록물이나 그 기록물을 보존하는 공간 등의 의미로 컬렉션이나 전시, 큐레이션과는 다른 개념의 용어입니다. 이와 같은 의미에서 증평군 디지털 아카이브의 가치를 설명해 주시다면.

우리 군의 디지털 아카이브는 기록, 컬렉션, 전시, 큐레이션을 모두 포괄하고 있습니다. 증평에서는 주민의 기억과 기록을 모으고 정리해서 컬렉션을 만들고, 큐레이션의 과정을 거쳐 전시를 여러 번 개최하였는데, 그 과정과 결과를 디지털 주제 아카이브인 증평기록관 홈페이지(https://jparchives.kr/)에 담았습니다. 증평기록관 개관기념 <증평, 첫 번째 기억>을 시작으로 <증평, 기록의 정원>, <증평군 20년, 증평역 100년>, <증평, (　) 집>까지 총 4번의 오프라인 전시를 온라인으로 옮겨 놓았다고 보시면 됩니다.

기획전시는 일정기간 동안 운영되다 폐막 후에 철거되어 아쉬움을 남기지만, 디지털 아카이브에 전시 콘텐츠를 잘 올려두면 계속 관람할 수 있다는 장점이 있습니다. 특히 증평군의 전시는 주민의 이야기로 채워져 있어 지역 안에서 참 호응이 좋은데, 그 효과가 디지털을 통해 더 멀리 확산되고 있다고 보여집니다. 디지털 아카이브의 접속경로, 접속자수, 접속시간이 꾸준히 유지되는 것으로 확인이 가능합니다. 대개의 아카이브가 보존 중심으로 운영되어 주민과 거리감이 있는데, 증평에서는 디지털 아카이브를 통해 기록이 적극적으로 활용되면서 늘 주민과 가까이 있습니다. 그 덕분에 기록의 기증도 계속 이어지고, 타지에 나가 있는 증평사람들이 고향의 소식을 접하기도 하고요. 또 주민들께서 디지털 아카이브 링크를 전달하며 증평을 자랑하신다는 소식도 꽤 많이 접했습니다. 차원이 다른 지역 홍보 방법이 아닐까 생각이 듭니다.

최근에는 추가적으로 증평 디지털 아카이브(https://archives.jp.go.kr)를 구축했습니다. 주제 아카이브가 기록전시 콘텐츠로 채워진 서비스 중심이라면, 새 아카이브는 증평의 기록을 영구히 남기려는 관리 중심입니다. 기록물의 활용과 보존이라는 측면에서 각각의 기능이 극대화 될 수 있도록 이원화한 디지털 아카이브를 운영 중이고, 체계적이고 효율적인 증평기록 관리의 기반이 될 것입니다.

3. 증평군은 주민들의 삶을 꾸준히 기록하는 것과 함께 기록하는 사람들을 양성하고 있다고 들었습니다. 기록하는 사람들의 양성 프로그램은 어떻게 진행되고 있는지요.

지역을 기록하는 일은 대개는 역사가나 기록학자 등의 몫이었습니다. 외지의 전문가들이 사업을 통해 이벤트성으로 아카이빙 프로젝트를 진행하는 것이지요. 물론 전문가들이 객관적인 시각을 갖고 기록하는 일도 분명히 의미는 있습니다. 그렇지만 그것이 지역 주민들의 눈높이와는 다를 수 있겠다 생각이 듭니다. 즉 증평에 지금 살고 있는 주민들이 가치 있다고 생각하는 것, 후대까지 남겨져야 한다고 평가하는 것이 기록으로 남아야겠지요.

그래서 주민 대상 '증평기록가 양성 프로그램'을 운영했습니다. 24회차 프로그램을 벌써 3번이나 운영했고, 그렇게 양성된 20여 명이 매년 아카이빙 활동을 지속하면서 증평의 마을과 단체를 기록하여 기록집을 만듭니다. 기록하는 일은 어른만의 전유물이 아니라고 생각하여 청소년이 참여하는 프로그램도 운영했습니다. 지역의 형석중학교 3학년 학생을 대상으로, 한 학기 동안 매주 1번 국어수업 시간에 기록 공부를 했고 그 결과 무려 100명의 청소년기록가를 양성했습니다. 프로그램 과정에서 학생들은 주도성을 갖고 직접 학교생활을 기록했고 그 결과를 또 기록집으로 만들어 냈습니다. 이렇게 성인, 청소년 기록가의 손에서 탄생한 증평기록집이 올해까지 총 71권이나 됩니다. 주민이 기록가가 되어 지역을 기록할 수 있게 되면 지속성이 담보될 것이고, 가장 생생한 주민의 삶이 기록으로 남을 것입니다.

4. 마을에 대한 기록은 마을 만들기 사업에서 대단히 중요한 축임에도 불구하고 과거에는 소홀히 다뤄졌던 것도 사실입니다. 증평군에서의 마을만들기 사업과 기록을 연계한 사업이 있다면 소개해 주세요.

보통 마을 만들기 사업 과정 중에 주민 역량강화의 일환으로 자그마하게 '마을기록 만들기 사업'을 진행하는 경우가 많지요. 외부 사업팀이 들어와 주민들에게 오래된 사진을 모으고, 인터뷰도 하고, 책자도 제작하는 단기 사업을 합니다. 나중에 보면 그렇게 모여진 기록은 물론이고, 책자조차도 찾아보기 힘든 경우가 많습니다. 이렇다보니 기록이 소홀하게 다뤄졌다는 이야기도 나오는 거고요.

증평에서는 마을 만들기 사업 과정에 주민참여가 활발히 이루어지고, 짧은 기간 동안 마을의 모습이 많이 바뀐다는 점에 주목했습니다. 그래서 마을 만들기나 도시재생 사업이 추진되고 있는 마을의 주민이 '증평기록가 양성 프로그램'에 참여하시도록 적극 유도했습니다. 실제 통미, 죽리, 둥구머리, 뇌실, 윗집뜰 마을 등에서 증평기록가가 배출되었고요. 마을의 옛 기록 뿐만 아니라 사업의 과정과 결과가 기록으로 모이고, 기록집으로 제작되었습니다. 그 기록과 기록집은 증평군의 디지털 아카이브에 등록되어 증평의 기록으로 영구히 보존되고 공유, 확산됩니다. 우리 마을의 역사가 다른 마을에는 훌륭한 벤치마킹 사례로 탈바꿈하는 지점이지요. 그 덕분에 최근에는 '어떻게 마을 사업을 추진할 것인가'가 아니라 '마을 사업을 하면서 잘 기록하는 방법이 무엇인가'를 배우려는 전국 각지의 증평 방문도 이어지고 있습니다.

5. 마을기록은 '공공역사(公共歷史, public history)' 지역사의 중요한 분야지만 마을이 유지되고 발전할 수 있는 구심점을 만들어 나가는, 활용을 염두에 두고 사업을 수행해야 한다는 지적이 많습니다. 증평군의 마을기록 활용방안은 무엇인지요.

마을기록 뿐만 아니라 어떤 기록이든 활용될 것을 염두하고 생산되고 관리되어야 맞을 겁니다. 보존서고 깊숙이 먼지와 함께 쌓여있기만 하는 기록에서 어떤 의미와 가치를 찾아낼 수 있을까 싶습니다. 증평군에서는 지금까지 쭉 그래왔던 것처럼 '활용을 위한 마을기록 만들기'를 추진해나갈 계획입니다. 마을기록으로 기록집을 만들고, 전시회를 열고, 소식지나 웹진을 발행하고요. 전국 어디에서나 증평기록을 볼 수 있도록 증평 디지털 아카이브 안에 만들어진 온라인 마을 기록관(https://archives.jp.go.kr/info/village)도 잘 관리해 나가고요. 특히 강조하고 싶은 점은 그 과정에 늘 '증평 주민이 함께 하실 것'이라는 겁니다.

주민이 주인공이 되는 기록을 주민과 함께 모으고, 주민이 즐거워하시도록 기록을 다양하게 활용하고, 언제 어디서나 주민이 기록에 접근 가능하도록 디지털 아카이브를 운영하여 결과적으로는 주민이 우리 지역 역사의 주인이 되도록 하는 것이 증평군의 비전입니다.

2024 전국기초단체장 매니페스토 우수사례

공동체 강화 | **경북 청도군**

깡촌시골의 반란!
청도 삼삼오오 프로젝트!

· · ·

"할 수 있다, 하면 된다!"의 이념을 가진 새마을운동의 발상은 청도군에서부터 시작됐다. 근면, 자조, 협동의 정신이 마을 곳곳에 스며 끝내 비옥한 땅을 일구었다. 공동체는 인적자원의 집단지성이자 문제 해결의 가장 강력한 기여자라는 측면에서 진정한 가치를 뽐낸다. 백지장도 맞들면 낫고, 한 아이를 키우려면 온 마을이 필요한 것처럼, 마을 공동체의 상호믿음을 무엇보다 잘 알기에 이토록 갈고 닦아온 청도군이다.

농촌의 극심한 화두로 떠오르는 초고령화 문제, 이를 해결하기 위해 청도군은 청년 공동체의 자발적인 활동을 적극 지원했다. 지역사회의 지속가능성을 높이고 연대와 협력체계를 구축하기 위한 '청도 삼삼오오 프로젝트'이다. 주민이 주도하는 커뮤니티의 모델을 개발함으로써 다시 한번 전국 농촌 지역의 길잡이가 되고자 했다.

① 소통과 협력, 그리고 혁신의 공간! 청도 혁신센터 프로그램
  -주민의 목소리를 듣다

청도에서 보내는 일상, 부족한 점이 있을까. 주민의 목소리에 해답이 있다. 청도군은 청도 혁신센터를 기획하고 추진해 주민 요구를 직접 듣는 공론의 장을 활성화 시켰다. 먼저, 주민들이 발견한 청도의 필요를 이야기하기 위한 '일상의 00' 대화모임을 만들었다. 지역에 살면서 마음에 담아두었던 문제, 고민거리, 자랑거리를 터놓을 기회이다. 대화 주제는 교육·보육, 주거·커뮤니티, 여가·관광, 육아·진로 등의 12개의 주제로 진행했고 총 천명이 넘는 주민들이 팀을 나누어 참여했다. 자연친화적 놀이터의 사례, 자연을 활용한 예술치유, 청도 맨발 걷기길 조성, 건강한 밀키트 개발 등의 이야기와 아이디어가 있었다. 총 1,019명이 참여하여 추진하였으며 리더십 교육을 통한 퍼실리테이터를 교육하고 양성하여 개인의 성취감을 고취하였다. 다음으로, 20개 분야를 주제로 주민들이 자유롭게 토의 할 수 있도록 주민참여 라운드 테이블 '당신의 이야기를 들려주세요'를 개최하였다. 1부는 청도를 위한 '한줄 선언문'을 작성하고 주민들이 자유롭게 주제별로 토의하는 시간을 가졌다. 2부에서는 군수, 도의원, 군의원, 이장, 이주여성 모두가 모여 주민 참여 토크쇼에 참여했다. 청도에 온 계기, 살기 좋은 청도를 만들기 위한 노력, 청년들의 농업 및 창업과 관련된 고민거리, 발전 방향에 관한 생각들을 공유했다. 주민들이 평소 자각하지 못했던 개선점들을 솔직담백하게 발표하고, 지역에 관한 관심을 더욱 고취시킬 수 있었다. 세대 내, 세대 간 숙의와 토론으로 미래 비전을 재확립하는 시간이었다.

주민참여 라운드테이블 '당신의 이야기를 들려주세요'

② 유잼농촌 만들기!
청도군 농촌신활력플러스사업 추진 & 로컬 크리에이터 양성

농촌 신활력 플러스 사업추진단, 청년 후계농, 청년회의소, 4H 연합회가 뭉쳐 문화행사를 통해 청도군을 알렸다. 청도의 청년의 날을 기념하여 청년이 문화의 생산자이자 소비자인 능동적 주체로 지역의 활력을 끌어올렸다. 행정기관 주도의 행사가 아니라 지역주민들이 모여 직접 기획, 참여, 소통했다는 점이 놀랍다. 청명한 가을 저녁, 화양읍 야외공연장에서 초청 강사 특별 강연, 플리마켓, 문화공연, 야시장 먹거리 및 체험 부스가 화려하게 열렸다. "내가 군수다" 프로그램과 청소년 페스타에 대한 지원도 알차게 준비됐다. 청년이 관심을 두는 농업, 복지, 교육, 문화, 경제 등의 주제에 맞게 토론하며 공감대를 형성하는 시간도 가졌다. 지역에서도 꿈을 갖고 도전하는 청년들이 가득한 광장에 열기가 넘쳤다.

청도의 문제, 청도 청년들이 해결하기 위해 나섰다. 매월 마지막주 수요일 청년들이 자발적으로 모임활동을 하는 '청청두레'는 지역 현안과 문제를 발굴하고 해결을 모색하며 관심사에 따른 활동을 지원하는 청도 청년 상호협력 모임이다. 주요 활동으로는 토론의 장을 여는 아이디어 씽크빅, 식사 네트워킹 소셜다이닝, 야외 영화 상영회, 관내 하천의 쓰레기를 줍는 청도 한바퀴 등이 있다. 일과 후 문화 활동에 참여하면서 활동력과 생기를 충전했다. 아이들과 함께할 수 있는 활동도 마련해 공동 돌봄 문화가 자연스레 조성됐다. 관내창업 강연과 다도 수업으로 재능기부의 기회도 마련되었다. 현재까지 240명 이상이 참여하면서 공동체 네트워킹을 형성하는 계기가 되었다.

청년의날 행사(좌)/청청두레 모임활동(우)

청도의 로컬크리에이터도 여럿 탄생했다. 어린이들은 놀이터 디자인 워크숍을 통해 스스로 놀고 싶은 놀이터를 디자인했다. 집 앞 놀이터의 상상을 현실로 만드는 디자인 크리에이터가 된 것이다. 영상 제작에 관심 있는 주민 10명은 청도를 배경으로 한 재밌는 이야기들을 콘텐츠로 엮는 감독이 되었다. 마을기자단 19명은 청도 월간지 '월간경청'을 통해 마을 사람들을 인터뷰한 기사를 실었다. 무궁무진한 가능성을 토대 삼아 애향심과 성취감을 쌓아가고 있는 숨은 주인공들이 조명을 받는다.

③ 주도적이고 담대한 도전! 자생돌봄공동체 활성화

청도에는 '노는 엄마들'이 있다. 이름만 들으면 불량한 느낌이 들지만, 실상은 그렇지 않다. '노는 엄마들'은 "엄마가 행복해야 아이들도 행복할 수 있다"라는 슬로건을 내걸고 육아맘 10명이 자발적으로 구성한 자생돌봄공동체이다. 자녀와 부모교육, 공동육아, 캠프 및 놀이 프로그램을 기획하고 운영한다. 현재까지 아동청소년의 정서발달에 도움이 되는 미술심리 프로그램을 다수 추진했고, 청도맘 놀이활동가 교육과 팝업 놀이터 '놀장' 행사도 작지 않은 규모로 추진해 왔다. 놀거리, 즐길 거리가 부족한 시골에서 새로운 육아 모델을 추구하며 더욱 넓은 가족의 개념을 실현하고 있다. 엄마들에게도 해방감을 선사해 주는, 선물 같은 동력을 온 마을에 퍼트린다.

청도 자생돌봄공동체 활동 사진

매전면, 금천면에 거주하는 육아맘 10명은 '그로우 그루'라는 공동체를 만들어 활동 중이다. 육아와 교육의 열악한 환경을 극복하기 위해 방과 후 아이들에게 돌봄 프로그램을 제공한다. 매전문화센터가 아이돌봄거점센터가 된 것이다. 탁구 동호회에서 체육 수업을 하는 등 귀촌한 이웃들의 재능기부가 풍성하다. 남성현초등학교 학부모 20명은 '다로리마을 디자인단' 이라는 공동체를 꾸렸다. 주민 스스로 마을 자생력을 확보하고 지속 가능한 마을을 실현하고자 영유아와 초등생을 대상으로 교육 프로그램을 운영한다. 농촌유학체험, 마을탐험대, 스토리영어, 동네 잔치 같은 행사를 계속해 오고 있다. 바람떡을 빚고 어르신들에게 나눠주며 아이들에게 한식 체험과 더불어 웃어른과 유대감을 쌓고 공경의 마음을 갖도록 했다.

청도군 각지에서 뭉친 3개의 자생돌봄공동체는 상호협력하여 저출생 극복릴레이 현장 간담회와 돌봄 프로젝트를 함께 추진하기도 했다. 민간조직 간 소통과 연대가 활발해지면서 자율적인 돌봄 복지가 더욱 확산되고 있다. 새마을운동의 이념과 정신이 다시금 일깨워진 듯 하다. 인구 변화와 지방 소멸의 의제는 피할 수 없는 변화이다. 하지만 이를 새로운 시작의 기회로 만들고자 하는 움직임은 크게 꿈틀대고 있다.

인터뷰 Interview

청도군수
김하수

1. 이번 대회에서 청도군의 '일상의 공공'이라는 3~5명 정원의 대화모임과 '주민참여라운드테이블'이 호평을 받았습니다. 군수님이 생각하시는 소규모 주민대화모임과 주민참여라운드테이블이 갖는 의미는 무엇인지요.

청도군은 주민 자치와 군정 참여를 강화하기 위해 '일상의 공공'이라는 대화모임을 추진하여 주민들이 일상에서 공공 문제를 편하게 공유할 기회를 제공하였습니다. 이와 같은 작은 규모의 대화모임은 주민들이 자유롭게 의견을 나누고, 행정과 가까워지는 기회를 제공합니다. 또한 군정에 대한 신뢰를 높이고 주민들의 생생한 목소리를 정책에 반영할 수 있는 중요한 장치로 작용합니다.

주민 참여 라운드테이블은 주민들이 군정에 직접 참여해 정책 형성 과정에 의견을 내고, 지역 현안에 대해 함께 논의하는 자리입니다. 참여자들은 대화모임과 라운드테이블 행사에 참석하면서 편안한 분위기에서 자유롭게 의견을 나누었고, 행정과의 소통이 원활하다는 점에서 높은 만족도를 보였습니다.

이러한 프로그램들은 주민들과의 직접 소통을 통해 공공에 대한 신뢰를 높이고, 주민들이 자발적으로 군정에 참여할 기회를 만들어 줍니다. 그래서 주민 자치와 참여를 더 강화하는 데 큰 도움이 됩니다.

앞으로도 이러한 프로그램들을 더 확장해서, 더 많은 주민이 참여할 수 있도록 다양한 방안을 고민하고 있습니다. 그렇게 해서 주민들의 목소리를 더욱 폭넓게 반영할 계획입니다.

2. 청도군의 로컬브랜딩 '로컬 라이프가이더 워크숍' 은 무엇인지요.

'로컬 라이프가이더 워크숍'은 청도군의 로컬 브랜드를 강화하고 농촌 정착을 촉진하기 위해 마련된 프로그램입니다. 이 프로그램의 핵심은 농촌 생활의 다양한 경험을 가지고 있는 "로컬 라이프가이더"들을 양성하는 것입니다.

이 워크숍은 도시민들이 농촌 생활에 대한 이해를 높이고, 실제 경험을 바탕으로 청도군의 지역 문화, 음식, 자연을 체험할 기회를 제공합니다. 참여자들은 농촌에서의 하루를 시각화하는 활동에 참여하면서, 가이드들의 개인적인 이야기를 통해 농촌 생활이 얼마나 풍요로운지를 알게 됩니다. 이 프로그램은 농촌과 도시 간의 연결을 강화하고, 청도에서의 생활을 꿈꾸는 많은 분께 실질적인 정보를 제공하는 데 큰 도움이 될 것입니다. 이를 통해 인구 감소 문제를 해결하고 지역 경제를 활성화할 기회를 창출할 수 있을 것으로 기대하고 있습니다.

"로컬 라이프가이더 워크숍"과 같은 프로그램이 지속해서 운영된다면, 청도는 더욱 매력적인 지역으로 발전할 것입니다. 이는 단순히 도시민들이 농촌으로 이주하는 것을 넘어서, 지역사회와 함께 성장하고 발전하는 기회를 제공하는 기반이 될 것입니다. 청도군의 지속 가능한 발전을 위해 최선을 다하겠습니다.

3. 청도군의 로컬크리에이터, 시골언니 시즌2 그린대로도 소개해 주시지요.

"시골언니 시즌2: 그린대로"는 청도군의 중요한 로컬크리에이터 육성 프로그램입니다. 이 프로그램은 특히 20대와 30대 젊은 여성들을 대상으로, 우리 지역에서 새로운 기회를 찾아 창의적인 사업을 일구고자 하는 분들을 지원하고 있습니다.

청도군은 아름다운 자연환경을 자랑하는 지역이지만, 인구 감소와 지역 경제 활성화가 중요한 과제입니다. "시골언니 시즌2"는 청도의 자연 속에서 창의적인 활동을 통해 지역 경제에 활력을 불어넣을 수 있는 중요한 프로그램입니다. 이 프로그램을 통해 젊은 사람들이 청도에 정착하고, 지역사회와 상생하는 새로운 모델을 만들 수 있을 것으로 기대하고 있습니다.

참가자들은 숙박비와 체험비를 지원받으며, 전문가 멘토링과 지역 주민과의 네트워킹 기회도 제공됩니다. 이를 통해 참가자들이 로컬크리에이터로서 성장할 수 있는 발판을 마련해주고, 더 나아가 지역사회와 협력해 성공적인 창업 기회를 찾을 수 있도록 돕고 있습니다.

"시골언니 시즌2"와 같은 프로그램이 지속적으로 발전한다면, 청도는 젊은 창업자들이 모여드는 지역으로 변모할 것입니다. 이들은 단순히 사업을 시작하는 데 그치지 않고, 지역 경제 활성화와 공동체 발전에 크게 이바지할 것입니다. 앞으로도 우리는 지역사회의 긍정적인 변화를 위해 이런 프로그램들을 적극적으로 추진할 것입니다.

4. 청도 청년들이 청년의 문제뿐만이 아니라 청도의 문제에 나서고 있다는 점에서 큰 주목을 받고 있습니다. 청년이 지역문제에 적극 나설 수 있었던 배경은 무엇인지요.

최근 청도 청년들이 지역문제 해결에 적극적으로 나서고 있는 점은 매우 고무적입니다. 우리 청도군은 청년들이 참여할 수 있는 다양한 플랫폼과 프로그램을 제공하고 있으며, 이를 통해 많은 청년이 지역에 관한 관심을 가지게 되었습니다.

예를 들어, 청년 농장주 육성 프로젝트는 청년들에게 농업에 대한 이해를 높이고, 실질적인 기회를 제공하는 데 큰 역할을 하고 있습니다. 이 프로그램에 참여한 청년들은 지역 농업을 혁신하는 다양한 방안을 모색하며, 청도 지역의 특색 있는 농산물 생산에 기여하고 있습니다. 또한, 청년 창업 지원 프로그램은 청년들이 자신들의 아이디어를 실현할 수 있도록 도와주며, 이를 통해 청도 지역 경제를 활성화하는 데 큰 영향을 미치고 있습니다. 참가자들은 창업 과정에서 전문가의 멘토링을 받으며, 자신의 사업 아이디어를 실현할 기회를 얻고 있습니다.

청년들은 이제 더 이상 개인의 문제에만 집중하지 않고, 지역 전체의 발전에도 깊은 관심이 있습니다. 여러 청년 주도의 프로젝트들은 그들이 지역문제 해결에 직접 참여하고 있으며, 이는 청도군의 발전에 크게 기여하고 있습니다. 또한, 최근 청도군에는 청년 인구 유입이 증가하고 있다는 점도 주목할 만합니다. 청도군의 생활 인프라와 자연환경은 젊은 세대가 새로운 기회를 발견할 수 있는 최적의 조건을 갖추고 있습니다. 청년들이 지역사회와 함께 성장하는 모습을 보는 것이 저희의 목표입니다.

우리는 청년들이 청도에서 자신들의 꿈을 펼칠 수 있도록 지속해서 지원할 것입니다. 청도군은 앞으로도 청년들이 자발적으로 지역문제에 나설 수 있는 환경을 조성하고, 함께 성장해 나갈 수 있도록 최선을 다하겠습니다.

5. 청도군 청년 단체 '노는 엄마들'은 놀이 활동을 통해 지역문제를 해소하고 삶의 터전을 만들어 가고 있다는 데 시사하는 바가 적지 않습니다. 군수님은 놀이문화와 지역공동체는 어떤 의미를 가지고 있다고 생각하시는지요.

청도군 청년 단체 '노는 엄마들'의 활동은 매우 중요한 의미를 지닙니다. 이 단체는 놀이 활동을 통해 지역문제를 해소하고, 주민들의 삶의 질을 높이는 데 기여하고 있습니다. 놀이문화는 단순한 오락을 넘어서, 사람들 간의 소통과 협력을 촉진하는 중요한 매개체로 작용합니다.

예를 들어, '노는 엄마들'은 다양한 놀이 프로그램을 운영하여 부모와 자녀가 함께 소통할 기회를 제공합니다. 이러한 활동을 통해 주민들은 서로의 경험을 나누고, 이웃 간의 유대감을 강화하게 됩니다. 지역 주민이 자발적으로 모여 지역문제를 해결하는 자생 돌봄 공동체의 힘은 청도군의 지속 가능한 발전에 큰 영향을 미칩니다.

또한, 청도군은 이러한 자생 공동체를 통해 지방 소멸에 적극 대응하고 있습니다. 주민들이 주체가 되어 지역문제를 해결하고, 청년 인구 유입을 증가시키기 위해 다양한 지원을 아끼지 않을 것입니다.

놀이문화와 지역공동체의 결합은 단순히 즐거운 경험을 넘어서, 지역 주민들이 함께 성장하고, 소통하며, 더 나아가 지역사회를 더욱 활성화하는 기반을 마련하는 데 기여하고 있습니다. 이러한 점에서 '노는 엄마들'의 활동은 청도군의 비전과 목표에 매우 부합합니다. 앞으로도 청도군은 이러한 공동체와 협력하여 주민들이 행복한 삶을 영위할 수 있도록 최선을 다하겠습니다.

2024 전국기초단체장 매니페스토 우수사례

공동체 강화 | **서울 서초구**

"쓸수록 서초 하늘이 맑아진다"
서초코인 그린코인 운영

오늘 행복하고
내일이 기다려지는 서초

⋯

착한 일을 하면 스티커를 붙이던 한 장의 포도송이. 누구나 자신만의 칭찬포도를 완성하기 위해 몰두했던 기억이 있을 것이다. 포도알이 하나둘 보랏빛을 띨수록 마음에도 주렁주렁 알찬 열매가 열렸다. 다 자라 어른이 되어서도 뚜렷한 칭찬 몇 알 받는다면 더 잘할 수 있을 텐데, 하는 생각은 빛 바랜 욕심이었을까.

서초구는 흔쾌히 여백의 칭찬포도를 나누었다. 선행을 쌓고, 행복을 나누고, 일상생활 속 다양한 혜택을 누리게끔 서초코인을 주민들에게 전파했다. 한 가지 다른 점은 블록체인 기술이 접목되었다는 것이다. 블록체인 기반의 '착한 포인트'로 탄소중립을 실천하고, 자원 봉사를 권유하고, 재능 기부를 하며 사회적 가치를 실현할 수 있다. 지역공동체를 위한 보람의 지표로써 진정한 선(善)한 영향력을 공유한다.

서초코인, 그것이 알고싶다

가상화폐가 새로운 경제 활동으로 떠오르며 블록체인 기술에 대한 근본적인 이해를 필두로 삼고 있다. 블록체인이란 데이터 분산 처리 기술을 뜻하는 용어로, 분산화된 장부를 통해 네트워크에 참여하는 모든 사용자가 투명한 거래 내역을 유지할 수 있도록 돕는다. 중앙에서 모든 장부를 관리하는 행태가 아니기 때문에 중앙 관리자가 필요하지 않다. 개인과 개인의 거래인 블록이 시간의 흐름에 따라 순차적으로 연결된 사슬 구조를 가져 데이터를 위조하거나 변조하기가 어렵다는 게 특징이다. 동시에 데이터를 모으고 기록하는 데에 더없이 좋은 기술이라고 보고 있다. 따라서 현대 사회에서는 가상화폐 비트코인, NFT 등으로 유용하게 사용된다. 이는 무엇보다 서로 간의 신뢰를 기반으로 한다.

　서초코인은 이 블록체인 기술을 접목해 휴대폰 어플리케이션을 활용하여 착한 포인트를 쌓을 수 있도록 구성했다. 서초구민과 서초구 직장인 누구나 이용할 수 있으며 모바일 QR코드 스캔으로 쉽게 적립하고 사용할 수 있다. 지난 5년간 시스템을 구축하고 운영하기까지 수많은 노력이 있었다. 관련 조례를 개정하고 적립처와 사용처를 확대 발굴하며 지역 사회 내 다양한 문제들을 자발적으로 해결하고 지역 공동체가 모두 동참할 수 있도록 했다. 푸른서초환경실천단, 서초누비단 등 민간단체도 서초코인에 동참한다. 지난 해에는 우수 스마트도시 정책 해외 전시로 SCEWC 서울관을 운영했다. 서초코인 1코인 당 100원으로 환산되며 모으면 모을 수록 혜택과 보람이 함께 불어난다. 주민 서로가 긍정적인 영향을 주고받도록 하는 강력한 동기 부여를 만든 주역으로 자리했다.

서초코인 앱 화면

서초코인으로 ○○한다

 탄소중립 실천, 사회적 약자 보호, 자원봉사와 재능기부, 재난안전 예방, 건강증진 참여의 총 5가지의 다양한 영역에서 서초코인의 영향력을 엿볼 수 있다. 서초구와 공공기관, 기업, 민간사업장, 학교, 서초코인운영위원회의 전문가가 다 함께 협업하여 시스템을 구축했다. 행정조직 최대의 협력이라고 해도 과언이 아닐만큼 영향력이 크다.

 서초코인은 탄소중립 실천, 사회적 약자 보호, 자원봉사, 재난안전 예방, 건강증진 참여에 해당하는 활동을 했을 경우 적립이 가능하다. 탄소중립 실천 영역에서는 서초 탄소제로샵에서 옷걸이, 아이스팩 등 재사용 가능 물품을 전달하거나 수령하는 활동이 포함된다. 아파트 부녀회, 서초푸른환경실천단 등의 물물교환 장터 개최 시 재활용 물품 상호교환, 캠페인 참여, 장난감이나 육아용품을 기부하고 대여할 경우 각각 2코인이 쌓인다. 종이팩과 종이컵 수거에 참여할 경우에는 1kg 당 5코인을 얻을 수 있다. 사회적 약자 보호를 위한 서초누비단의 활동이 주목받기도 했다. 서초누비단은 서초구의 곳곳을 누비며 지역의 어려운 이웃을 찾아다니는 주민이다. 복지사각지대 위기가구를 발굴 및 신고하여 복지 대상자로써 서비스를 받을 수 있도록 도움을 주었다. 아동지킴이 착한 편의점에서는 '주민주도 아동학대 상시발굴단'이 활동했다. 의심사례를 발굴해 신고하며 이웃에 대한 상호 따뜻한 관심이 더욱 늘어났다.

 자원봉사를 실천하거나 건강증진 강좌를 수강하며 포인트를 적립할 수 있었다. 노인종합복지관에서 안내봉사, 배식봉사를 한 후 식권을 구매할 때 서초코인으로 결제해 밥 한끼를 해결할 수 있다. 60세 이상 어르신의 경우 요가, 단전호흡 강좌를 한번 수강하면 2코인 상당을 적립할 수 있어 많은 인기를 얻었다. 안전의 측면에서 지역을 보살피는 주민참여감독관과 자율방재단은 위험시설을 예찰하고 생활 속 위험요소를 발견해 신고했다. 헌혈을 통해서도 서초코인 적립이 가능하다. 서초구 내 헌혈의 집 또는 헌혈버스에서 헌혈을 할 경우 1회에 20코인을 받는다. 모인 코인들은 공영주차장 주차요금, 공연료 및 수강료, 육아종합지원센터 연회비, 늘봄카페 이용료 결제 등으로 다양한 곳에서 현금처럼 유용하게 사용할 수 있었다. 적립된 코인은 기부도 가능하다. 지역민들의 자긍심을 고취시키는 데 더할 나위가 없겠다.

서초코인을 사용하고 적립하는 주민들의 모습

주민들과 함께하는 착한 서초코인

서초코인을 통해 주민과 지역공동체 일원들이 환경, 사회, 경제, 재난 등 다양한 사회문제를 해결할 수 있을 것으로 기대된다. 현재까지도 이미 놀랄만한 성과를 기록했다. 탄소제로샵을 통해 회수된 물품은 142,000개이다. 이는 탄소배출량으로 환산 시 약 20,000kg의 이산화탄소 배출을 감소한 효과이다. 30년생 소나무를 3천 그루 심었을 때와도 동일하다. 아울러 60세 이상 어르신의 건강증진 참여로 의료비가 절감되고 우울증이 감소되는 등 미래에 야기될 사회적 비용도 절감되는 효과를 낳았다. 경로식당 배식봉사, 문화공연 등의 재능기부로 연간 약 14,000시간 동안 공동체 간의 협동 경험을 쌓았다. 청소년에게 올바른 사용법을 알려주고 실천을 이끌고자 '착한 서초코인의 날'도 개최했다. 청년 예술인들의 공연과 아나바다 장터, 자원봉사 상담소와 재활용 용품을 체험하는 부스로 구성되었다. 마을이 함께 하는 소통과 체험의 장이 자연스레 열린 셈이다. 그 밖에 국내외 어워즈에서의 수상과 해외전시회 참여로 지방 행정의 혁신에 기여하기도 했다.

서초코인을 애용하는 주민들은 삼삼오오 모여 작은 실천들에 대해 큰 보람과 만족감을 느낀다고 말했다. 각종 사회문제 해결을 위한 주민들의 자발적인 참여가 돋보인다. 향후에도 지속적으로 사용처를 대폭 늘리고 주민 간 선한 가치를 주고받는 활동을 개발해 발전시킬 계획이다. 어른들의 칭찬 스티커는 날이 갈수록 흥행하고 있다. 더 나은 스마트 도시 개발로 맑은 하늘을 만드는 서초구의 선구안이 전국으로 확산되길 바라본다.

인터뷰 Interview

서초구청장
전성수

1. 청장님이 생각하시는 서초코인의 순기능은 무엇인지요.

서초코인의 순기능으로 첫 번째, 기후변화, 사회적 불평등 같은 지역사회의 다양한 문제 해결을 위해 주민들의 자발적인 참여를 제시합니다. 이를 뒷받침하듯 서초코인의 활성화를 위해 주민들은 의견 제안, 해결책을 내고 지역사회에 주도적으로 참여하여, 지역사회의 지속 가능한 발전에 함께하고 있습니다.

두 번째로 서초코인은 주민들이 선한 의지를 가지고 다양한 활동을 실천하도록 제시합니다. 이를 통해 개인은 자부심과 만족감을 느끼며, 주변 이웃들과 긍정적인 영향을 주고받는 선순환 문화를 만들어 나가고 있습니다. 또한, 이런 보람의 지표인 서초코인을 주민 생활 밀접형 시설에서 제품을 구매하거나, 프로그램 수강료, 주차장 선불권 구매 등 다양한 방식으로 사용할 수 있어, 이러한 선한 행동이 지역 경제의 활성화에도 기여할 수 있습니다.

마지막으로 최근 서초코인 앱 고도화를 통해 주민들이 보다 쉽게 코인을 적립·사용할 수 있도록 개선했는데요. 위치 기반 서비스를 활용한 적립 및 사용처를 지도에 구현하여 주민들의 접근성을 높여 선한 활동을 손쉽게 실천할 수 있습니다.

2. 서초코인은 디지털·코인 기술과 선한 가치를 접목했다는 점에서 주목을 받았습니다. 새로운 기술이 선한 가치를 창출한다는 것은 어떤 의미가 있다고 생각하시는지요.

서초코인은 블록체인 기술과 선한 가치를 접목하여 지역공동체를 강화하고, 사회 문제 해결을 위한 혁신적인 방안을 제시했습니다. 이러한 방안은 현대사회에서 기술이 어떻게 사회적 책임을 다하는지 보여주는 우수사례로 생각됩니다.

오늘날 디지털 기술은 우리의 일상에서 필수적인 요소가 되었으며, 정보 접근성 향상, 소통의 편리함, 업무 효율성 증가 등 여러 긍정적인 변화를 가져왔습니다. 디지털 기술은 우리의 삶을 더 편리하고, 풍요롭게 만들어주는 좋은 도구인데요. 이러한 기술은 생산성, 경제적인 이익 등 물질적인 이익만을 추구한다는 우려도 많기 때문에, 사회적 가치 창출을 위한 기반이 동반되어야 합니다.

서초코인은 블록체인이란 획기적인 기술을 도입했지만, 사회적 책임과 윤리성까지 중요하게 고려한 정책사업입니다. 지역주민이 선한 활동을 실천하면서, 사회적 가치에 기여하여 궁극적으로는 지역사회 내 선한 영향력을 주고받는 것에 큰 의의가 있다고 생각합니다.

그리고 착한 서초코인이라는 하나의 디지털 플랫폼(앱)으로, 계층, 연령, 성별 구분 없이 서초코인 활동에 참여할 수 있는 기회를 제공함으로써, 누구도 차별받지 않고, 쉽게 사용할 수 있는 디지털 포용을 실천하며 공동체 의식을 강화하고 있습니다.

디지털 기술과 선한 가치의 접목은 지역공동체 강화와 사회 문제 해결을 위한 중요한 역할을 하고 있습니다. 이러한 접근을 통해 앞으로도 사회적 책임을 다할 수 있는 사업으로 확대 운영하도록 하겠습니다.

3. 신반포중학교와 공동 주관하는 '착한 서초코인의 날'을 개최한 바 있는데요, 어떤 취지에서 마련된 행사인지요.

앞서 착한 서초코인의 순기능에 대해서 말씀드렸는데요. 사회적 가치 실현은 어른들만이 실천해야 하는 덕목이 아닙니다. 미래를 이끌 주역인 청소년기부터 사회적 가치가 무엇인지 이해하고 실천하는 경험이 꼭 필요합니다. 특히 디지털 기술에 익숙한 우리 청소년들은 '착한 서초코인'을 통해 선한 가치를 직접 실천하는 데 많은 흥미를 느꼈던 것으로 생각됐는데요.

'착한 서초코인의 날'은 청소년들에게 선한 활동을 실천하고 사회적 가치를 경험할 수 있는 기회를 제공하는 의미 있는 행사였습니다. 이를 통해 학생들이 자신들이 지역사회에서 선한 영향력을 미칠 수 있는 한 사람이라는 것을 깨닫고, 그 깨달음이 개인보다는 나와 이웃, 친구 등 공동체의식을 강화할 수 있는 계기가 됐을 것으로 생각됩니다.

4. 올해 서초코인의 적립 분야와 사용처를 대폭 늘렸다면서요.

올해 서초코인은 적립 활동과 사용처를 대폭 확대하여 주민들이 더욱 다양하게 착한 서초코인 활동에 참여하고 실생활에서 적립된 서초코인을 쉽게 사용할 수 있도록 개선했습니다.

작년에는 6개의 활동으로 서초코인을 적립 받을 수 있었는데요. 올해는 23개로 확대하였습니다. 기존 자원봉사·재능기부, 탄소제로샵 재사용 가능 물품 전달, 투명페트병 수거, 복지사각지대에 놓인 위기 가구를 발굴하고 신고하는 활동, 건강 강좌 수강 외에도 재난·안전, 헌혈 등 활동을 추가하여 다양한 활동으로 서초코인을 적립 받고 있습니다.

탄소중립 실천 분야의 활동으로, 종이팩(종이컵) 수거로 1kg당 5코인을 적립할 수 있습니다. 서초구 내 커피전문점이나 제과점을 운영하는 소상공인도 서초코인 활동에 함께하고 있으며, 해당 시설에서 개인 컵 사용 시 2코인을 적립할 수 있습니다.

사회적 약자 보호를 위한 활동으로 일반 편의점을 '아동지킴이 착한 편의점'으로 지정하여 아동학대 의심사례 신고 시 10코인을 지급하고 있습니다. 사회적 가치 실현을 위한 활동으로 헌혈을 통해서도 20코인을 적립할 수 있습니다. 더불어 장애인의 지역사회 참여와 디지털 권리 보장을 위한 서리풀 숲속 상상학교 참여 시에도 5코인을 적립 받을 수 있습니다.

그리고 연초 서초코인 운영 조례 개정을 통해 적립 분야를 재난·안전 예방 활동으로 확대했는데요. 주민참여감독관 활동으로 주민 생활 밀접 시설에 대한 공사 감독 시, 5코인을 적립 받을 수 있습니다. 안전신문고 앱을 통한 생활 속 위험요소 신고 시에도 1코인을 받을 수 있으며, 위험시설물 예찰활동, 재난 복구 등 자율방재단 활동 시에도 5코인을 적립받을 수 있습니다.

서초코인 사용처도 크게 확대되었습니다. 서초코인과 서울페이 연계를 통해 카페, 음식점 등 서울페이 가맹점 12,300여 개소에서도 서초코인을 활용할 수 있습니다. 이렇게 사용처가 대폭 늘어난 만큼, 주민분들이 선한 가치를 실천할 수 있도록 활동들을 앞으로도 지속적으로 발굴해 나갈 예정입니다.

5. 서초코인 사업의 향후 계획에 대해 말씀해 주세요.

우선적으로 주민들이 선한 활동을 통해 서초코인을 적립할 수 있는 활동을 지속적으로 확대할 계획입니다. 다양한 적립 활동을 통해 주민들의 참여를 유도하고, 구민 간 협력을 기반으로 공동체 문화를 조성해 나가려고 합니다.
또한, 서초코인의 선한 가치를 널리 알리기 위해 홍보를 강화할 계획인데요.

특히 최근 서초구 내 가장 큰 문화공연 행사인 서리풀페스티벌 내 서초 스마트도시 페스타에서 서초코인 부스를 운영하여 수만명이 많은 관심을 보이셨습니다. 그중 1천 명의 서초구민, 직장인분들은 실제로 착한 서초코인 가입까지 진행하셨습니다.

그리고 고도화를 통해 앱 내 신설된 퀴즈, 룰렛, 만보기 등 다양한 참여활동들로 회원들의 꾸준한 관심을 유도하고, 매일 인센티브를 제공하고 있습니다. 올해 하반기부터 내년까지는 구청, 공공기관들 외에도 학교, 기업과의 파트너십을 구축하여 서초코인 활용 범위를 넓힐 것입니다. 그 외에도 SNS, 이벤트 등 다양한 홍보활동도 강화할 예정입니다.

우리 서초구는 주민, 학교, 기업, 소상공인 모두가 착한 서초코인에 참여할 수 있도록 다양한 노력을 기울일 것이고, 앞으로도 오늘이 행복하고 내일이 기다려지는 서초 공동체를 만들어 나가겠습니다.

2024 전국기초단체장 매니페스토 우수사례

공동체 강화 | **광주 광산구**

1명이 3세대를 1세대에 3명이 단짝되는 '1313 이웃살핌'

광산구

· · ·

영국의 '외로움부'에 대해 들어본 적 있는가. 2018년, 세계 최초로 외로움부(Ministry of Loneliness)를 신설한 영국은 사회적 고립에 대해 흡연, 비만과 동일한 공중보건의 영역이라는 문제의식을 선포했다. 이에 대한 전략으로 외로움 대처 캠페인, 파트너십과 협력한 사회적 처방과 같은 제도적인 대응에 힘썼고, 공적 논의를 지속적으로 진행하고 있다. 중요한 점은 외로움은 누구에게나 찾아오는 위험이라는 것이다. 대한민국을 살고 있는 우리는 외로움의 보편성에 대해 간과하고 있는 것 같다. 고독사 예방을 위한 정책과 사회적인 안전망의 선례가 존재하나, 범위를 넓혀 외로움에 집중해야 한다. 최악의 결과만을 중심에 두면 근본적인 원인은 협소해질 우려가 있다. 행위를 막는 데 초점을 맞추기 보다는 지역의 소통망을 존속하고 기세가 있는 정책들로 인식을 바꾸는 게 중요하다. 최종적으로 개인의 문제를 국가가 나누어 짊어줄 것이라는 어떤 믿음이 필요하다. 여기서 믿음은 희망과 같이 쓰일 수도 있겠다. 당장 여유가 있어야 뒤든, 옆이든, 돌아볼 여유도 생긴다. 국민의 고독하지 않을 권리를 지키는 것은 국가의 몫이다.

"마을이 곧 복지다." 광산구 내 투게더광산나눔문화재단의 뜻이다. 지역사회 스스로 협동과 연대를 실천해 마을의 복지일꾼을 키우고, 뿌리가 튼튼한 우애의 마을공동체, 그리고 풍요로운 인격적 관계와 존엄성을 살리는 공동체 복지를 지향한다. 광산구와 선한기업100+원탁회의, 투게더광산나눔문화재단, 기타 11개의 복지기관이 민관협력하여 「1313 이웃살핌」 사업을 추진했다. 누구도 외롭지 않는 광산을 만들기 위해서이다. 함께 돌보고, 서로 돌보고, 스스로 돌보는 주민주도형 상호돌봄망을 촘촘하게 구축했다는 점에서 바람직하다.

1313 이웃살핌의 협업체계

　1313 이웃살핌이란, 이웃지기 1명이 위기가구 3세대를 살피고, 이 위기가구 1세대에 이웃단짝 3명을 이어준다는 뜻이다. 이웃지기는 살핌이웃에게 함께 살아가는 이웃이 되어주고 또다른 이웃을 연결해주는 마을주민이다. 이웃단짝은 살핌이웃을 수시로 살펴볼 수 있는 가까운 곳에 사는 이웃주민을 가리킨다. 이웃지기는 마을주민 누구나 참여가 가능하다. 고립가구 살핌활동, 일상회복 지원, 이웃단짝 연결을 통한 인적 안전망 구축의 총괄은 복지정책과에서 맡았다. 총괄부서와 마을주민을 연결하는 참여기관으로 민·관·산·학 여러 방면의 15개의 기관이 협력했다. 동행정복지센터, 광산구지사협, 복지관 등 11개소의 유관기관은 이웃지기를 관리 및 양성하고 사례회의를 이끌며 복지자원을 연계해주는 데 큰 역할을 했다. 사회복지학 교수에게 슈퍼비젼을 받아 전문가로서의 자문을 얻었다. 광산구가 구축한 다양한 복지사업 추진을 위한 새로운 협력 모델인 선한기업 100+를 통해 기금마련을 통한 사업비를 후원받았고, 나눔문화재단을 통해 지정기탁금을 관리했다. 각자의 역할을 토대로 기본계획 수립을 위한 특별업무 TF팀을 구성했다. 의견을 조율하고 애로사항을 듣기 위한 유관기관 간담회를 열며 소통 과정을 거쳤다.

참여기관의 관계성

이웃지기활동, 공감소 운영

송정1동에서의 시범사업으로 걸음마를 뗐다. 사회적 고립도를 측정하기 위해 광주+광산형 통합돌봄 평가지를 이용했고 살핌대상은 성별과 소득기준에 상관없이 발굴했다. 그 후 송정1동을 포함한 사회적 고립 고위험군 거주 비율이 높은 12개 동을 선정해 사업을 확대했다.

본격적으로 이웃지기단을 공개모집했다. 이웃살핌에 관심이 있다면 누구나, 동별 선착순으로 지원할 수 있었다. 선발된 이웃지기 120명은 '광산함께돌봄학교'를 통해 돌봄과 인권, 마을과 주민 조직화, 담당 활동에 대한 교육을 받았다. 다음 단계로 이웃지기들의 활동사례를 공유하는 '1313공감소'를 운영했다. 공유, 공감, 소통의 의미를 담았다. 총 12개 동에서 월 2회 정도 추진했으며, 동별 각각 카톡방을 운영해 방문활동과 공지사항을 서로 공유했다. 이웃지기의 촘촘한 인적안전망이 마을에 안정감을 주었다.

이웃지기들은 자조모임프로그램을 만들어 동별 특성을 살린 사회적인 활동을 기획했다. 원예교실, 종이접기, 마을청소봉사 등 일상 속에서 어렵지 않게 사람과 살을 맞대며 성취감도 얻을 수 있는 시간을 구성했다. '천원한끼 식당'을 통해 이웃과 함께 식사하며 배고픔도 마음도 채웠다. 집밖으로 한걸음 나와 동네 마실도 다녔다. 노래교실, 색채놀이, 요리교실 등 다양한 힐링활동으로 사회적 처방 프로그램을 이끌었다. 이웃지기, 살핌이웃과 함께 도란도란 식사하며 친구 맺는 '도란도란 찬찬찬'도 성공적으로 마무리했다.

다양한 자조모임 활동 사진들

    홀로 외로움을 견디고 있던 사람들에게 따뜻한 손길을 건넸다. 장기 입원과 실업으로 어려움을 겪고 있던 주민, 저장강박증으로 열악한 주거 환경에서 생활하던 주민을 발견해 복지 도움을 주었다. 사회와 단절하고 살아온 30대 장애인 남매를 세상으로 이끌기도 했다. 형식적인 안부인사만 반복되었다면 마음을 열지 못했을 일이다. 이웃지기의 끈질긴 노력과 방문, 일상적인 관심이 씨앗되어 문 밖으로 나오는 싹을 틔웠다. 사회적 처방은 단번에 끝나는 것은 아니다. '연결사회'를 위한 건강한 동행이 지속되어야 할 것이다. 다시 혼자 고립되지 않도록, 돌봄이 계속되도록.

인터뷰 Interview

광산구청장
박병규

1. 위기 가구들의 고립 이유가 다양하다 보니 개별적인 맞춤형 서비스가 중요한데, 이에 대한 광산구의 대응책은 어떤 것들이 있는지요.

광산구는 동별로, 매월 2회 '1313공감소(공유·공감·소통)'를 개최하여 이웃지기들의 고립가구 방문 활동 내용을 공유하고 사회복지학 교수, 복지관 관장 등 전문가 슈퍼비전 제공을 통해 맞춤형 지원대책을 수립하고 있습니다.

'1313공감소'에는 동 행정복지센터 복지공무원과 복지관, 지역자활센터, 시니어클럽 등 연계 복지기관도 함께 참여하여 공적서비스뿐만 아니라 복지기관의 민간자원 서비스를 공유하여 폭넓은 맞춤형 서비스를 연계하고 있습니다.

2. 지난해 개최된 선한기업 100+ 원탁회의를 다시 한번 소개해 주세요.

선한기업 100+ 원탁회의 의미부터 설명드리겠습니다. 100은 목표 숫자이면서 전체, 가득함을 의미합니다. +는 모으고, 더한다는 뜻이지요. 원탁회의는 서열이나 순서에 얽매이지 않고 자유롭게 논의, 대등한 관계라는 의미합니다.

선한기업 100+ 원탁회의는 인구구조의 변화, 1인 가구의 급증, 사회적 단절로 인한 고독사, 기후변화 등 다양한 사회적 위협에 대응하는 공공부문의 한계를 극복하고자 시작되었습니다. 고독사 및 복지사각지대 발굴·지원을 위한 기업의 선한 영향력을 모아 복지공동체를 구현하려는 노력이 설립의 배경이라 할 수 있습니다.

> ▶ **선한기업 100+ 원탁회의**
> - 설립목적: 기업인의 나눔과 참여를 통한 지속성장 광산 복지공동체 구현
> - 대 표 자: 임영우
> - 소 재 지: 광주광역시 광산구 평동산단3번로 189(장록동)
> - 발 대 일: '23. 5. 31. ※ 법인설립일: 2024. 6. 20.
> - 참   여: 관내 중소기업 148개
> - 모 금 액: 4억5천만원(2024. 9. 30. 기준)

선한기업 100+ 원탁회의의 주요사업은 사회적 고립가구 발굴 및 정기적 돌봄을 통한 복지참여 활성화, 고립가구에 대한 나눔교육, 지역사회 나눔문화 확산 및 홍보사업, 이웃간 지지체계 지원으로 상호 돌봄망 구축 및 물적·인적 후원, 잠재적 자원을 활용한 복지서비스 사업 개발 및 취약계층 보호지원, 기타 법인의 목적을 달성하기 위해 필요한 사업 등이 있지요.

3. 예방적 의료·돌봄 전문 인력 육성을 위한 광산구의 '사회적처방 건강활동가' 사업은 무엇인지요.

사회적처방 건강활동가란 노쇠 진입 전 시민이 서비스 제공자와 대상자의 경계를 허물고, 사회적 처방을 매개로 활동 계획을 함께 실행·지원하는 상호 돌봄 커넥터입니다.

> **사회적처방 건강활동가 사업 개요**
> - 사업기간: 2024. 1. ~ 10.
> - 참여인원: 2024년 노인일자리 사회서비스형 참여자 100명
> - 수행기관: 광주의료복지사회적협동조합

사회적처방 건강활동가들은 건강관리소 건강측정 및 통합돌봄 대상자 중 선별된 사회적처방 대상자에게 방문을 통해 사회적처방 협의체 처방에 따른 맞춤형 프로그램 실행 지원 등을 하고 있습니다.

4. 올해 '광주광역시 광산구 공영장례 지원 조례'를 제정했다고 들었는데, 어떤 내용들이 담겨있는지요.

'광주광역시 광산구 공영장례 지원 조례'는 올해 6월 14일 시행되었습니다. 조례의 목적은 무연고 시신 등의 처리 및 저소득층 장례지원에 필요한 사항을 규정함으로써 고인의 존엄성을 유지하는 것이지요.

지원대상은 광산구에 주민등록을 둔 저소득층, 무연고 사망자, 사망자의 유족이 장례 처리 능력이 없는 미성년자, 중증장애인인 경우, 그 밖에 구청장이 필요하다고 인정하는 경우로 규정하고 있습니다.

지원방법은 현금지원 원칙(부득이한 경우 현물지원 가능)입니다. 다만, 타 법률과 중복지원은 불가합니다. 지원내용은 시신 운반비, 영안실 안치료, 수의 등 장례의식에 소요되는 비용 및 화장비용 등이 있지요.

5. 광산구 주민참여예산으로 진행되는 신흥동 빨래방은 어떤 사업인지요.

신흥동은 주택가가 많은 마을입니다. 그 특성상 독거노인 등 소외계층이 많이 거주하며, 대부분 대형빨래 곤란으로 가정 내 위생부족 및 건강생활에 위협을 받고 있습니다. 이와 같은 이유로 1인 가구 증가, 고독사, 사회적 고립 등 복지사각지대에 놓인 위기가구 발굴을 위한 주민주도의 촘촘한 안부살핌 시스템의 필요성이 큰 지역이고요.

신흥동 빨래방은 2024년 4월 지속사업으로 주1회 운영하고 있습니다. 신흥동 주민자치회(너랑나랑복지분과)가 신흥동행정복지센터 내 신흥빨래방에서 운영하고 있고요, 경로당, 어르신세대, 장애인가정 등 관내 소외을 대상으로 운영하고 있습니다. 몸이 불편한 소외계층 대상으로 주민들이 직접 세택대행서비스를 제공하고 안부살핌도 진행하고 있지요.